edition suhrkamp 2774

Frei ist, wer an der sozialen Praxis einer Gemeinschaft teilhat und sich als Teil eines »Wir« verstehen kann. Ein in unserer Gegenwart vielfach bestrittenes Menschenrecht. Doch ein gutes Leben ist nur das mit anderen geteilte Leben.

In diesem Essay erzählt Sabine Hark die Geschichte von Zugehörigkeit und Gleichheit, ausgehend von den Leben jener, deren Gemeinschaften mit Gewalt zertrennt werden, deren Hoffnungen auf ein gutes Leben an den Grenzzäunen der Macht zerschellen, deren Stimmen unerhört bleiben und deren Gleichheit mit Füßen getreten wird. Hark entwirft in einer zwischen Theorie und Dichtung oszillierenden Sprache ein machtsensibles politisches Ethos für ein plurales, demokratisches Zusammenleben, das Räume zum Atmen für die Vielen entstehen lässt.

Sabine Hark ist Soziolog_in und Professor_in für Gender Studies. Hark ist Mitherausgeber_in der Zeitschrift *Feministische Studien* und leitet das Zentrum für Interdisziplinäre Frauen- und Geschlechterforschung (ZIFG) an der TU Berlin. Bei Suhrkamp erschien zuletzt der Band *Vermessene Räume, gespannte Beziehungen. Unternehmerische Universitäten und Geschlechterdynamiken* (stw 224).

Sabine Hark

Gemeinschaft der Ungewählten

Umrisse eines politischen Ethos der Kohabitation

Ein Essay

Suhrkamp

Gefördert von der VolkswagenStiftung.

VolkswagenStiftung

Erste Auflage 2021
edition suhrkamp 2774
Originalausgabe

Druck: C.H.Beck, Nördlingen
Satz: Greiner & Reichel, Köln
Umschlag gestaltet nach einem Konzept von Willy Fleckhaus: Rolf Staudt
Printed in Germany
ISBN 978-3-518-12774-2

#SayTheirNames
Hanau | 19. Februar 2020

Gökhan Gültektin
Sedat Gürbüz
Said Nesar Hashemi
Mercedes Kierpacz
Hamza Kurtović
Vili Viorel Păun
Fatih Saraçoğlu
Ferhat Unvar
Kaloyan Velkov

Inhalt

Komm her zu mir, Du freier Bürger der Welt,
dessen Leben durch menschliche Moral gesichert ist
und dessen Existenz durch ein Gesetz garantiert wird,
und ich werde Dir erzählen, wie die modernen Verbrecher
und gemeinen Banditen die Lebensmoral zertreten
und die Gesetze der Existenz vernichtet haben.
Salmen Gradowski, 2019

Assoziation ist kein Luxus, sondern gehört zu den ureigensten
Bedingungen und Vorrechten der Freiheit.
Judith Butler, 2009

Denn alle Kreatur braucht Hilf von allen.
Bertolt Brecht, 2007

Noch fühlen wir. / Noch können wir lieben.
Noch fühlen wir / Mitleid. /
Es ist ein Glanz in allen Dingen. Ich habe ihn gesehen. /
Nun sehe ich klarer noch. /
Ein Glanz. Hab keine Angst.
Mariangela Gualtieri, 2007

Wer hat uns eingeredet, dass es gut und trefflich ist,
stets und ständig dazuzugehören?
Nur der Fremde versteht die Welt.
Olga Tokarczuk, 2019

Einleitung

Eine Bemerkung von Audre Lorde begleitete mich beim Schreiben dieses Buches. »Ein Lernprozess ist etwas, das du anstiften, buchstäblich anstiften kannst, wie einen Aufstand«, sagt sie in einem Gespräch mit Adrienne Rich, geführt im Sommer 1979.[1] Lorde berichtet von ihrer Erfahrung als Dozentin am John Jay College of Criminal Justice in Manhattan in den frühen 1970er Jahren. Politisch bewegte Jahre in den USA. Post-Civil-Rights-Movement-Jahre. Aufbruchsjahre. Aufständische Jahre. Kriegsjahre. Landesweit protestieren Studierende gegen die Beteiligung der USA am Krieg in Vietnam. Viele Universitäten sind deshalb im Frühjahr 1970 geschlossen. John Jay gehört nicht dazu. In Chicago hat die Polizei im Dezember 1969, wenige Monate bevor Lorde in Manhattan zu unterrichten beginnt, Fred Hampton und Mark Clark, zwei Schwarze Bürgerrechtler und Black-Panther-Aktivisten, im Schlaf erschossen.[2] Hampton ist 21 Jahre alt, als die tödlichen Kugeln ihn treffen, Clark 22. Zwei von 40 Black Panthers, die zwischen 1967 und 1970 von Polizei und FBI getötet werden.

In New York hatte John Jay sich im Rahmen des »Open Admissions«-Programms der City University für alle ortsansässigen High-School-Absolvent_innen* geöffnet, unabhängig von Testergebnissen, Noten oder ähnlichen traditionellen Leistungskriterien. Binnen weniger Jahre vervierfachte sich dadurch die Zahl der Studierenden am College und auch der Anteil Schwarzer und *of Color* Student_innen stieg deutlich an. Lorde hatte den Rektor der Hochschule davon überzeugen können, dass Seminare zu Rassismus angeboten werden müssten. Ihre Studierenden – mehrheitlich männlich, *weiß*, Schwarz, puerto-ricanisch, etliche davon auch im Seminarraum waffentragend, aber auch einige Schwarze Frauen, fast alle aus Lower Manhattan, *working-class background* – seien affiziert und agitiert gewesen von den politischen Ereignissen und Veränderungen auf dem Campus und darüber hinaus, berichtet Lorde. In ihren Seminaren sei es ihr vor diesem Hintergrund daher eher darum gegangen, Denkprozesse in Gang zu setzen, als »ganze Stöße von Informationen« weiterzugeben. *Confrontation teaching* nennt Lorde das – »Konfrontationsunterricht«.

Zu einem Aufstand anstiften, der ein Lernen ist. Zu einem Lernprozess anstiften, der ein Aufstand ist. Das Bild bleibt – bei mir – hängen. Weniger, weil wir jeden Aufstand gutheißen können oder gar sollten, im Ge-

* In diesem Buch wird der »Gender-Gap« (Unterstrich) verwendet, um in Personenbezeichnungen zwischen männlichen und weiblichen auch nichtbinäre Geschlechtsidentitäten typographisch sichtbar zu machen und einzubeziehen. Sollten Sie diesen Text laut vorlesen, wird darum gebeten, den Gender-Gap in Form des Glottisschlags beziehungsweise Verschlusslauts (wie beispielsweise im Wort »beinhalten«) mitzulesen.

genteil. Nicht jeder Aufstand ist ein demokratischer Aufstand. Auch nicht, weil ein Aufstand wild und verwegen ist, weil er den Geschmack von Freiheit und Abenteuer ahnen lässt – er ist und tut auch all das –, sondern weil das Bild des Lernprozesses, der ein Aufstand ist, darauf aufmerksam macht, dass ein Aufstand Ausdauer und Beharrlichkeit erfordernde Arbeit an der Freiheit ist. Aufbrechen-Können mag die »ursprünglichste Gebärde des Frei-seins« sein, wie Hannah Arendt 1959 in Hamburg in ihrer Rede anlässlich der Verleihung des Lessing-Preises feststellt.[3] Aufstehen und gehen und neue Fluchtlinien bahnen ist dennoch nur der erste Schritt. Schon dieser erste Schritt ist alles andere als einfach. Nicht alle können aufstehen und gehen. Bereits diesem ersten Schritt geht also voraus, dass wir etwas zu tun haben, es etwas zu lernen gibt: über die Bedingungen und Verhältnisse, die uns daran hindern, aufzustehen und zu gehen. Lorde hatte ihre Schwarzen Student_innen vor Augen, die sie befähigen wollte, ihre Situation in einer rassistischen, heterosexistischen und von rassifizierter sozialer Ungleichheit geprägten Gesellschaft zu begreifen – damit sie Verhältnisse würden verlassen können, die sie erniedrigen und verletzen, damit sie überleben. *Survival skills.* Für *weiß* positionierte und als ›einheimisch‹ eingeordnete Personen, die, wie ich selbst, in männlich dominierten, mehrheitlich *weißen* Institutionen lehren und schreiben, an diesen Orten aber als Subjekte nicht vorgesehen sind (weil ›weiblich‹ positioniert, weil geschlechtlich uneindeutig gelesen, weil lesbisch lebend, weil als ›Bildungsaufsteiger_in‹ und Klassenwechsler_in, weil ...), stellt sich die Aufgabe heute etwas anders dar. Denn neben die Aufgabe, das Erlernen solcher *survival skills* zu ermöglichen – *skills*, die wir brauchen, um die Verhältnisse der Verhinderung verstehen und verlassen zu können –, tritt die komplexe und komplizierte Aufgabe, zu vermitteln, wie wir je unterschiedlich in Dominanzkultur und in Verhältnisse von Über- und Unterordnung verwickelt sind. Wie Dominanzkultur also die einen privilegiert und schützt, während sie die anderen relegiert und ihre Existenz bedroht. Anstiften zum Verlernen von Dominanzkultur, zu *undoing dominance*, ist, mit anderen Worten, das Programm. Und das heißt: intersektional organisierte Verhältnisse der Unter- und Überordnung erkennen und verstehen lernen, uns mit ihnen konfrontieren und sie konfrontieren und ihnen die Loyalität verweigern. Das ist, was von uns verlangt ist. Dass wir dazu fähig sind, ist nur eine der Lektionen, die von Audre Lorde zu lernen ist. *Dismantle the master's house.*

* * *

Gemeinschaft der Ungewählten ist einer Frage gewidmet, die zu den dringlichen Fragen unserer Gegenwart gehört: der in allen Gesellschaften intensiv verhandelten Frage von Differenz und Zugehörigkeit. In der Sprache dieses Buches formuliert: Wem ist es gegeben, zu kommen, um zu bleiben und *in Gemeinschaft mit anderen* zu leben, sich also als Teil eines ›Wir‹ verstehen zu können? Es ist nicht das erste Buch zu dieser Frage und es wird gewiss nicht das letzte sein. Mich beschäftigt sie seit Langem. Bis in die Anfänge meiner wissenschaftlichen und politischen Auseinandersetzung mit der Welt lässt sie sich zurückverfolgen. Wissen wollen, wer Eine ist und wie sie geworden ist, wer zu wem und wozu gehört, wer von hier ist und warum, wer an welchen Orten vorgesehen ist oder nicht, was uns wie verbindet und trennt, wer wem Rechenschaft und Antwort schuldet, also Fragen nach dem Zusammenhang von Identität, Zugehörigkeit und Handeln, von Herkunft und Zukunft, treiben meine Neugier an.[4]

Wer sich als Teil eines ›Wir‹ verstehen kann, ist dabei eine Frage, die so ziemlich jeden Aspekt berührt, der unser Zusammenleben als endliche Wesen auf einem endlichen, dicht besiedelten und um Atem ringenden Planeten betrifft. Wie wir wirtschaften und haushalten, mit unseren eigenen Kräften und mit denen, die wir uns aneignen. Wie wir wohnen und arbeiten, konsumieren und uns fortbewegen. Wer sich wo ansiedeln kann, wer Zugang zu welcher Infrastruktur hat, vom Zugang zu sauberem Wasser und Brennstoff über den Anschluss an die digitale Infrastruktur und die Müllentsorgung bis hin zur Versorgung bei Krankheit und Pflegebedürftigkeit. Wie wir uns zueinander und füreinander in Beziehung setzen, wie wir für den Planeten, mit dem wir leben, und für die Arten, mit denen wir ihn uns teilen, sorgen. Woran wir glauben, wofür wir politisch streiten und wen wir wertschätzen. Wie und wovon wir wissen wollen und welches Wissen wir teilen. Wen und was wir für normal und schützenswert halten. Wie wir leben, lieben und sterben wollen. Kurz: *wie wir in der Welt sind* und *wie wir unser Zusammenleben gestalten*. Ich nenne das ein *Ethos der Kohabitation*, also eine Weise des Zusammenlebens. Erste Umrisse eines solchen Ethos zu zeichnen, ist, was ich mir mit diesem Buch vorgenommen habe.

Seinen Ausgang nimmt dieses Buch von Judith Butlers Ethik der Kohabitation. Während ich einige Implikationen dieser Ethik zu durchdenken suche, möchte ich allerdings auch eine Verschiebung vorschlagen. Indem ich nämlich nicht den Weg der *Ethik* wähle, sondern mich an den Entwurf eines *Ethos* wage. Es ist ein Anfang. Nicht mehr, nicht weniger. Angeboten wird keine ausgereifte Theorie, die auf all diese Fragen eine Antwort weiß; darauf, wie Gesellschaften am besten einzurichten wären. Was stattdessen hier auf dem Tisch liegt, ist eine Skizze für eine ganz und gar praktische, machtsensible *demokratische Lebensweise*. Eine Lebensweise, die auf der Sorge um uns selbst, um andere und um die Welt gründet und die ihre Richtschnur in der letztlich schlichten Einsicht gefunden hat, dass Menschen *im Plural* die Erde bewohnen, weshalb ausnahmslos allen das gleiche Recht zukommt, in der Welt gedeihen zu können. Je mehr wir freilich diesen Planeten verwüsten, je unwirtlicher wir die Gesellschaften, in denen wir leben, einrichten, je weniger diese ein gedeihliches Unterkommen bieten und je enger wir die Grenze um die Zone des Menschlichen und Lebbaren ziehen, umso gefährdeter ist dieses Recht zu gedeihen und umso mehr von uns werden sich – ob freiwillig oder gezwungenermaßen – auf den Weg machen, ihre Not zu wenden und ihr Glück ›anderswo‹ zu suchen. Und je mehr herrschaftliche Politiken der Unterscheidung und Trennung, der Geringschätzung und Missachtung und der Aufspaltung in Nützliche und Überflüssige, Vertraute und Fremde, in Normale und Deviante, Gewählte und Ungewählte an Raum gewinnen, umso mehr von uns werden aufstehen und gehen und alles daransetzen, das ›Wir‹ als etwas anderes neu zu entwerfen – und zwar nicht irgendwo, sondern mitten unter uns. Und wer könnte es uns verwehren?

Im Angebot sind Übungen im politischen Denken, herumstromernde Reflexionen zu jener dringlichen Frage der Gegenwart, wie wir das – globale – ›Wir‹ leben wollen. Übungen mit Denkgefährt_innen, versammelt in der Absicht, in demokratischen Konstellationen mit ihnen zu denken und zu schreiben. Nicht, um die Lücken in ihrem Denken nachzuweisen, sondern um sich in Beziehung zu setzen und Gemeinschaft mit ihnen zu schaffen. Und das heißt: Möglichkeit zu kreieren, Dissens und Kontroverse eingeschlossen. Manche von ihnen schon vor langem explizit als intellektuelle Gefährt_innen gewählt, andere im Verlauf der Arbeit an diesem Buch mir eher zugefallen, meinen Weg kreuzend, mir manchmal auch ungefragt etwas mitteilend. Eine Versammlung, in der gleichwohl jede Stimme zählt und gehört werden soll. Ein polyphoner Chor der Vielen. Die Litanei eines Aufstands, der längst im Gange ist. Auf den öffentlichen Plätzen und Straßen dieser Welt genauso wie im virtuellen Raum und in den mannigfaltigen Behausungen, in denen Menschen sich ein Obdach geschaffen haben, und sei dieses noch so provisorisch. In Hauskollektiven in Leipzig und Konstanz, in Einkaufs- und Kochkollektiven in Accra und Lagos oder in den Küchen feministischer Aktivist_innen in Buenos Aires, Mexiko-Stadt, Barcelona und Warschau; im Seminarraum, an der Werkbank oder auf dem Basketballplatz; im Gemeindegarten, in queeren Pflegenetzwerken und migrantischen Selbstorganisationen; auf Seenotrettungsschiffen, in den Camps für Geflüchtete und den Zufluchtswohnungen für diejenigen, die sexualisierter und häuslicher Gewalt entkommen sind. Überall dort, wo Menschen darauf beharren, dass auch ihre Leben zählen, sie bei ihrem eigenen Namen gerufen werden wollen. Wo sie darauf insistieren, dass sie nicht so, nicht auf diese Weise regiert werden wollen, sie sich selbst regieren wollen. Wo sie aufstehen und fortgehen aus Verhältnissen, die sie ermüden, ihre Kräfte erschöpfen und ihre Phantasie auszehren. *Etwas Besseres als den Tod finden wir überall*, sagt der Esel zum Hahn, zur Katze, zum Hund.

Gemeinschaft der Ungewählten nimmt den Staffelstab eines vorherigen, gemeinsam mit Paula-Irene Villa verfassten Buches auf. In *Unterscheiden und herrschen. Ein Essay über die ambivalenten Verflechtungen von Rassismus, Sexismus und Feminismus in der Gegenwart* (2017), hatten wir uns anlässlich der gewalttätigen Übergriffe auf der Kölner Domplatte in der Silvesternacht 2015/16 mit den Politiken rassistischen und sexistischen Unterscheidens, die in den Gesellschaften der Gegenwart noch immer produziert und mobilisiert werden, auseinandergesetzt. Beendet hatten wir *Unterscheiden und herrschen* mit ersten Überlegungen zu einem Denken in Differenz und mit der Forderung nach der Entwicklung einer Haltung, die gleichermaßen epistemisch wie politisch ist: ein Denken *mit* der Welt statt *über* diese, ein horizontales Denken, auf Augenhöhe mit den je anderen. Diese Haltung will dieses Buch weiter entfalten. Angedeutet ist bereits die Richtung, in die ich meine, dass sie entfaltet werden sollte: nämlich als machtsensible, demokratische Lebensweise, gegründet auf Praxen der Sorge – um uns, um andere, um die Welt. Ein *politisches Ethos*. Eine Politik der Interdependenz. *Caring democracy.* Zur Charakterisierung dieses Ethos habe ich zwei Begriffstriaden gefunden, die leitmotivisch und in Variationen die hier versammelten Denkübungen durchziehen. Ich nenne sie die drei A – Affinität, Ansteckung und Assoziation – und die drei R – Reziprozität, Rechenschaft und Responsabilität.

Ein weiterer theoretischer Begriff, der, wie bereits in *Unterscheiden und herrschen*, auch in diesem Buch von Gewicht ist, ist der in sozialwissenschaftlichen Debatten zu Fremdheit, Migration und Einwanderung sowie zu Rassismus, Sexismus und anderen Diskriminierungsverhältnissen einflussreich gewordene Begriff der »Dominanzkultur« der Psychologin und Rassismusforscherin Birgit Rommelspacher.[5] Rommelspacher versteht darunter eine komplexe, durch ein intersektionales Geflecht verschiedener Machtdimensionen strukturierte gesellschaftliche Formation. Diese Formation prägt und organisiert unsere gesamte Lebensweise, unsere Selbstinterpretation sowie die Bilder, die wir vom Anderen entwerfen, in Kategorien der Über- und Unterordnung. Dominanzkultur organisiert das Verhalten, die Einstellungen und Gefühle aller, die in einer Gesellschaft leben. Vor allem aber vermittelt sie zwischen gesellschaftlichen Strukturen und individuellen Dispositionen. Wenn das Ziel ist, eine demokratische Lebensweise buchstäblich zu erfinden, so scheint mir das der Hebel zu sein, an dem wir ansetzen müssen: an den Relais zwischen Strukturen und Individuen, Verhältnissen und Subjekten, die uns am Platz halten (sollen). Diese Relais verstehen und Dominanzkultur vergehen lassen, ihr Erbe aktiv ausschlagen. Das ist, was jetzt zu tun ist. Reziprok einander antworten und Rechenschaft geben von dem, was wir einander schulden.

Und dafür ist es wichtig, auch jene für Dominanzkultur so entscheidende Dimension, die *moralische Ökonomie der Affekte* nämlich, die das Individuelle und Soziale auf vielfältige und komplexe Weise miteinander verschaltet, in den Blick zu nehmen. Über- und Unterlegenheit sind ja nicht nur in die soziale Struktur unterschiedlicher gesellschaftlicher Felder eingezeichnet und entscheidend dafür, wem welcher Platz im gesellschaftlichen Gefüge zugestanden wird. Unter- und

Überlegenheit sind auch Empfindungen – Affekte –, die durch soziale Deutungsmuster praktisch wirksam werden. Zentral für die Konstitution eines ›Wir‹, das von einem ›ihr Anderen‹ unterschieden ist, sind beispielsweise Gefühle wie Liebe zum eigenen Land und zur eigenen Gruppe oder Hass, Angst und Abscheu gegenüber jenen, die wir als Fremde wahrnehmen. Gefühle tragen zur Festigung von Kollektiven bei, strukturieren, wovon wir uns affizieren und anstecken lassen, mit wem wir bereit sind, uns zu assoziieren, wen wir als zu uns gehörig an|erkennen und wen nicht.[6]

Emotionen und Affekte gestalten, anders gesagt, ganz wesentlich, wie wir in der Welt sind und sie mit anderen bewohnen. Was wir mögen oder ablehnen, wer uns nah oder fern, vertraut oder fremd erscheint, was wir fürchten und worauf wir vertrauen, was wir nützlich finden und was wir für schädlich halten, wofür wir uns verantwortlich fühlen und was uns nichts angeht, wird so für uns kenntlich als das, was wir als unser authentisches So-Sein empfinden und eben nicht als gesellschaftlich nahegelegt, als Muster, die wir tagtäglich einüben und in die wir uns einüben. Um diese moralische Ökonomie der Affekte, die Praktiken des Über- und Unterordnens privilegiert, hinter uns lassen zu können und stattdessen eine »Demokratie der Sinne«[7] zu befördern, müssen wir diese Ökonomie allerdings kennen und verstehen. Auch von ihr müssen wir Rechenschaft geben und der Tatsache Rechnung tragen, dass sie wirklich ist.

Methodologischer Knotenpunkt des Essay ist die

Figur der *Ungewählten*. Ich verstehe sie als theoretische Suchfigur. Eine Schwellenfigur: *liminal* auf der Schwelle zwischen Vergangenheit und Zukunft, *transversal* an den Grenzen des Menschlichen, *epistemisch* an der hierarchisch organisierten Trennung von (mannmenschlichem) Subjekt und (nicht-mannmenschlichem) Objekt. Schwellenfiguren ermöglichen Bewegungen in alle Richtungen und erweitern so unsere Blickwinkel. Die Figur der Ungewählten erlaubt es mir im Wesentlichen, sowohl retrospektiv als auch prospektiv zu arbeiten. Das heißt, die in die Zukunft weisende politische Arbeit der Neu-Erfindung einer demokratischen Lebensweise zu verbinden mit der retrospektiv ausgerichteten Trauerarbeit, die ich als essenziellen Teil des Verlernens von Dominanzkultur verstehe. Also vom Gegebenen ausgehend zu denken und dieses Gegebene zugleich als das in den Blick zu nehmen, was jetzt ist, aber nicht schon immer so war und schon gar nicht immer so sein muss. Die Operation der Kritik: das Gegebene durcharbeiten und es so der Veränderung zuführen.

Die Figur der Ungewählten ist die Figur einer solchen Kritik. Mit ihr können jene drei Aufgaben bearbeitet werden, die Judith Butler unlängst erneut als die Aufgaben der Kritik beschrieben hat: Diagnose – wir müssen beschreiben, was ist; Urteil – das, was ist, müssen wir hinsichtlich dessen, wie es auch sein könnte, beurteilen; Tun – sofern wir zu dem Schluss kommen, dass die Welt anders geordnet werden muss, müssen wir Schneisen für Veränderung schlagen.[8] Diesem

Verständnis von Kritik ist dieses Buch verpflichtet. Es will beitragen zu den Verhandlungen darüber, wie wir das globale ›Wir‹ leben wollen, ohne dabei das Gegebene schlicht zu übernehmen, etwa normative Annahmen gesellschaftlicher Stabilität oder angemessener Bedürfnisse, die in heteronormativer, androzentrischer und auf dem unbegrenzten Recht auf Eigentum gründender *weißer*, europäischer Bürgerlichkeit verankert sind. Und es will dazu beitragen, die oft nur schemenhaft erkennbaren Verhältnisse der Verhinderung systematisch(er) aufzuschlüsseln. Theoretisch folgt daraus, Vergesellschaftungs- und Denkformen als Teile desselben Herrschaftszusammenhangs zu konzipieren, den es zu entziffern gilt – Herrschaft also auch in den Kategorien aufzuspüren, mit denen wir uns Welt erschließen und sie deuten, und in den Formen, in denen wir Wissen gewinnen und es darstellen. Wissen und Sein sind in komplexen, machtgesättigten und nur schwer zu durchdringenden Verhältnissen ineinander verwoben; Verhältnisse, die zu entwirren wir dennoch gehalten sind. Und das schließt ein, dass wir unsere Sensibilität auch für jene Begriffe schärfen müssen, die wir selbst auf die Welt applizieren, dass die Kritik sich verdinglichenden Denkformen und rassifizierten, sexistischen, misogynen, homo-, trans- und cripfeindlichen Schreibweisen verweigert, sie sich resistent »gegen das ihr Aufgedrängte«[9] zeigt.

Gemeinschaft der Ungewählten sucht dieser Verflechtung von Vergesellschaftungs- und Denkformen und den damit verbundenen methodologischen und poetologischen Herausforderungen in mehrfacher Hinsicht Rechnung zu tragen: Im Verlauf werde ich zum einen immer wieder sowohl die Aufgaben und die Funktion kritischer Theorie heute reflektieren als auch die Frage erörtern, wie Schreibweisen beschaffen sein müssen, die von Herrschaft sprechen, ohne diese zu wiederholen. Zum anderen bringe ich theoretisch-kritische Reflexion und soziologische Gegenwartsdiagnostik in einen Dialog mit den Stimmen von Dichter_innen und Schriftsteller_innen, weil ich davon überzeugt bin, dass Dichtung und Literatur uns auf andere Weise als Theorie dabei helfen können, den in der Geschichte so unheilvoll wirksam gewordenen Nexus von Macht, Wissen, Sein zu durchdringen und der aufständischen Arbeit an der Freiheit Gestalt zu geben. Von den Dichter_innen »erwarten wir Wahrheit«, hat Hannah Arendt einmal gesagt, nicht aber »von den Philosophen, von denen wir Gedachtes erwarten«.[10] Anders als das philosophische, begriffliche Denken vermöge das dichterische Denken auch die verbliebenen Trümmer wieder zusammenzufügen. Erlösendes Schreiben. Alle Sorgen, zitiert Arendt die Schriftstellerin Isak Dinesen an anderer Stelle, seien dann zu ertragen, wenn wir »sie in eine Geschichte packen oder eine Geschichte über sie erzählen« können.[11] Dass wir von Dichtung Wahrheit und Erlösung erwarten dürfen, ist ein Gedanke, der auch in einem Satz der Schriftstellerin und Nobelpreisträgerin Toni Morrison aufscheint. »Die Kunst«, schreibt Morrison in einem Essay mit dem Titel »Der Preis des Wohlstands und die Kosten des Gemeinwohls«, »nimmt uns mit auf eine Reise, die über Kosten und Nutzen hinausgeht, die uns zur Zeugenschaft aufruft für die Welt, wie sie ist und wie sie sein sollte.«[12]

Dieses Buch bringt daher nicht nur bislang weitgehend getrennt verlaufende Debatten der internationalen und intersektionalen feministischen Theorie, des post- und dekolonialen Denkens und der Critical Race Studies sowie der politischen Theorie, der philosophischen Ethik und der soziologischen Gesellschaftstheorie zusammen, es verwickelt auch unterschiedliche Wissensformen – wissenschaftliches Wissen, aktivistisches Wissen, literarisches Wissen – in dieses Gespräch.

* * *

Zu meinen nachdrücklichen Erinnerungen an Audre Lorde gehört, wie sie Gespräche eröffnete. »Ich habe meine Arbeit getan. Und was ist deine Aufgabe?« oder »Hast du deine Arbeit getan?«, pflegte sie zu fragen, wenn wir sie nach ihren Lesungen oder Vorträgen mit Fragen bestürmten, immer noch mehr von ihr hören wollten. Der jungen Student_in, die ich damals war, fiel es schwer, auf diese Frage zu antworten. Wahrscheinlich blieb ich die Antwort schuldig. Geblieben aber ist die Frage. *Und was ist deine Aufgabe?* Antworten würde ich ihr heute mit diesem Buch. Mit dem ich dazu beitragen will, Wege zu finden, wie wir uns von unseren herrschaftlichen Gewissheiten und Gesten lösen können und wie wir lernen, sie zu verlernen.

In Gegenwart der Wirklichkeit schreiben

Prolog

»Wenn ich Sie also bitte, Geld zu verdienen und ein eigenes Zimmer zu haben, so bitte ich Sie, *in Gegenwart der Wirklichkeit* zu leben, ein allem Anschein nach kraftspendendes Leben, ob man es mitteilen kann oder nicht.«[1] Mit diesen Worten wendet sich die Schriftstellerin und Essayistin Virginia Woolf am Ende ihres berühmten Essays »Ein eigenes Zimmer« direkt an die Absolventinnen der *women's colleges* der Universität Cambridge. Es ist das Jahr 1928. Ausführlich hat Woolf zuvor davon gesprochen, wie vielgestaltig, unberechenbar und unzuverlässig das sei, was wir »Wirklichkeit« nennen. Doch egal, in welchen Gestalten diese Wirklichkeit auch in Erscheinung trete, immer mache sie das, was sie berühre, »fest und dauerhaft«. Woolf sieht die Aufgabe der Schriftsteller_in daher darin, die Entstehungsgeschichte dieser Festigkeit zu erzählen. Weil sie vielleicht mehr als andere die Möglichkeit habe, in Gegenwart der Wirklichkeit zu leben, müsse sie davon berichten, wie diese wirklich wird. Indem sie Wirklichkeit suche, sie sammle und uns Übrigen mitteile, könnten wir so die Welt, derart »von ihrer Umhüllung befreit«, deutlicher und intensiver wahrnehmen. »Denken Sie nach über die Dinge als solche«, fordert Woolf ihre Zuhörerinnen daher mit großer Dringlichkeit auf. Mit »den eigenen Worten und auf die eigene Weise« müsse eine schreiben, was sie denkt, erklärt sie in »Drei Guineen«.[2] Möglicherweise vorgebrachte Gründe, der Wirklichkeit auszuweichen, lässt Woolf nicht gelten. Ausreden seien das, nichts anderes als Ausdruck von Bequemlichkeit.

Vom Gegebenen her denken. So hat die Schriftstellerin und Dichterin Ingeborg Bachmann auch das Denken der Philosophin Simone Weil charakterisiert.[3] Denken »stellt eine Kraft dar«, notiert die erst 25-jährige Weil im Herbst 1934, nur wenige Jahre nach Woolf, aber schon in einer gänzlich anderen Welt zuhause, in ihrem ersten Denkheft, einem schlichten *cahier*. Das Denken, fährt Weil fort, habe allerdings nur dann eine Berechtigung, wenn es sich der Wirklichkeit annimmt und »ins materielle Leben eingreift«.[4] Ein Gedanke, den sie in *Über die Ursachen von Freiheit und gesellschaftlicher Unterdrückung* bekräftigt, jener Schrift, die ebenfalls im Herbst 1934 entsteht. Eine Kraft, argumentiert Weil hier, könne das Denken »nur dann sein, wenn es materiell notwendig ist«.[5] Dringlichkeit auch in Weils Tonlage. Bequemlichkeit lässt auch sie nicht gelten. Flucht vor der Wirklichkeit ist keine Option – allen voran für sie selbst – angesichts der den Menschen und seine Freiheit genauso wie die Erde und ihre Stoffe auslaugenden kapitalistischen Produktionsweise, wie sie so luzide in *Ursachen* analysiert, aber auch angesichts der stetig stärker werdenden, weltvernichtenden und Gesellschaft wie Gemeinschaft zerstörenden Kräfte von Faschismus und Stalinismus. Einen zweiten Weltkrieg hält Weil schon 1934 für unabwendbar. Totalitäre Regime, fürchtet sie, würden sich schon bald alle Gesellschaften untertan machen.

»*Wirklich leben heisst, diese Gegenwart zu realisieren* – ein Mittel unter vielen das Nie-Vergessen – und sie sich nicht in Vergangenheit und Zukunft auseinander schlagen lassen«, notiert Hannah Arendt im Juli 1950 im vierten Eintrag des ersten von insgesamt 28 Heften ihres Denktagebuchs.[6] Simone Weils Befürchtungen sind eingetroffen. Der Zweite Weltkrieg ist Wirklichkeit geworden – und hat eine Gewalt entfesselt, die wohl auch das Vorstellungsvermögen von Weil gesprengt hätte. In Auschwitz-Birkenau, Sobibor und Stutthof, in Babi Jar, Vilnius und Simferopol, in Ravensbrück, Hinzert und Hadamar, in Schmargendorf, Bad Kreuznach und Dessau hat der deutsche Faschismus die Welt vernichtet. Arendt ist wenige Wochen bevor sie diese Zeilen schreibt von ihrem ersten Besuch (West-)Deutschlands in die neue Heimat USA zurückgekehrt. Hinter ihr liegt eine Reise ins Land ihrer Herkunft und Vertreibung, eine Reise »nach dem Weltenbrand«. Im Auftrag der Organisation Jewish Cultural Reconstruction hat Arendt die US-amerikanische und britische Besatzungszone bereist, um die von den Nazis in ganz Europa geraubten jüdischen Archive, Handschriften, Bibliotheken und Kunstgegenstände aufzuspüren und zu restituieren. Erinnerungsarbeit am Material. Die junge BRD hat sie als tief gespalten erlebt. Gleichermaßen besessen vom Wiederaufbau wie davon, von der Katastrophe des Nationalsozialismus, der eigenen Schuld und Verantwortung nichts wissen zu wollen. Von einer Lebenslüge und von der Dummheit würden sie leben, diese Deutschen. Das schreibt Arendt an ihren in New York zurückgebliebenen Ehemann, den Philosophen Heinrich Blücher.[7] Eine »Unfähigkeit, nachträglich dem zu begegnen, was Wirklichkeit war«, attestiert sie ihnen 1959 in ihrer Rede anlässlich der Entgegennahme des Lessing-Preises in Hamburg. Was die Deutschen, das Wirkliche verleugnend, bloß das »Negative« nennen würden, konstatiert Arendt vor dem anwesenden Publikum, wollten sie »vergessen« und noch das Furchtbare würden sie »ins Sentimentale verfälschen«.[8]

Arendt hatte Nazideutschland schon 1933 verlassen. Dass ein Bleiben im Land der Schlächter und Henker ihr nicht möglich sein würde, hatten dessen Schergen sie schnell gelehrt. Es folgten bald zwei Jahrzehnte auf der Flucht und als Staatenlose zunächst im französischen und dann im US-amerikanischen Exil, bis sie 1951 Staatsbürgerin der USA wird. Wie es gelingen kann, sich »durch das andrängende Wirkliche verstören zu lassen«[9] und zu dem zu machen, was uns angeht, also eine ›erweiterte Denkungsart‹ zu praktizieren, ist nur eine der Herausforderungen, der Arendt sich wieder und wieder gestellt hat – und an der auch sie ein ums andere Mal scheiterte. Zeit ihres Denkens würde sie zudem darum ringen, wie ein – auch politischer – Neuanfang möglich ist, nachdem das radikal

Böse wirklich geworden, nachdem das passiert war, »was nicht hätte passieren dürfen [...] womit man sich nicht versöhnen kann, was man als Schickung unter keinen Umständen akzeptieren kann, und das, woran man auch nicht schweigend vorübergehen darf«.[10] Eine ›Stunde Null‹ hat es nicht gegeben und kann es nicht geben. Neu beginnen aber können und müssen wir – eingedenk der Vergangenheit, aber nicht an diese gekettet, und ohne Gegenwart und Zukunft von ihr beherrschen zu lassen. Erinnern, trauern und von neuem beginnen: reparatives Tun.

»Leben lernen in der Gegenwart« verlangt wiederum einige Jahrzehnte später, auf dem Höhepunkt des Kalten Krieges, auch die feministische Theoretikerin Christina Thürmer-Rohr in den 1980er Jahren von ihren Zeitgenoss_innen, die allgegenwärtige Bedrohung durch die ökonomische und militärische Nutzung der Atomkraft vor Augen.[11] Alles, »was wir zu tun haben«, erklärt sie, haben wir »jetzt zu tun«, die Bewährungsprobe finde jetzt statt. Diese »ganze verrottete Gegenwart« sei »unsere einzige Gelegenheit«. Nur sie berge »den Stoff, um unsere Kräfte zu entwickeln«. *»Lernen, wirklich gegenwärtig zu sein«*, fordert noch einmal vierzig Jahre später die Wissenschaftstheoretikerin Donna Haraway. Angesichts »gefräßiger Kriege und Extraktivismus und angesichts der Verelendung von Milliarden Menschen und anderen Krittern für etwas, das ›Profit‹ oder ›Macht‹ genannt wird«, müssten wir »unruhig bleiben« und eine Praxis entwickeln, »die es uns ermöglicht, in einer dichten Gegenwart und mit-

einander gut zu leben und zu sterben«.[12] *Stay with the trouble*: weicht dem Elend nicht aus und den Elenden nicht von der Seite, fordert sie uns auf.

In Gegenwart der Wirklichkeit leben. Denkend ins materielle Leben eingreifen. Unruhig bleiben, die dichte Gegenwart realisieren und aus ihr den Stoff unserer widerständigen Kräfte gewinnen. Sofern ein Buch selbst ein Ethos haben, das heißt ein Anliegen verfolgen und zu einem reflektierten Tun anstiften kann, hat es in diesen Sätzen seinen Kompass gefunden. Doch mit hehren Worten allein ist es nicht getan. Sie bleiben eitle Geste, wendet sich das Denken nicht auch gegen sich selbst. Kritik ist niemals außerhalb, ist immer immanente Kritik und intimer Teil dessen, was sie kritisiert. Sie lebt von der Gesellschaft, die sie in den Blick nimmt. Wo die Theoretiker_in dies vergisst und die eigene Komplizenschaft mit hegemonialen Mächten und Werten wie auch mit wissenschaftlich generierten kategorialen Klassifikationen und Erkenntnisweisen nicht zu ihrem Gegenstand macht, macht sie sich gemein mit dem, was sie zu dekonstruieren vorgibt. Und wo sich die Theoretiker_in nicht provinzialisiert, sie die gesellschaftlichen Verhältnisse ausblendet, die ihr das Denken ermöglichen, praktiziert sie den »Gottesblick«, ein Denken aus der scheinbar sicheren, geschützten und über den Dingen schwebenden Position aufgeklärter Objektivität *über* die Welt und ihre Anderen, statt *in* der Welt und *mit* der Welt, statt *mit anderen*.[13]

Der Gefahr, über die Welt, statt mit der Welt zu

denken, ist, mit einiger Wahrscheinlichkeit, vielleicht besonders ein gegenwartsdiagnostisches Schreiben ausgesetzt. Ein Schreiben also, das im Moment des Sichereignens versucht, sich auf die Gegenwart einen Reim zu machen. Denn nicht nur ist der Abstand zu dieser Gegenwart besonders gering, sie existiert objektiv auch ›als solche‹ nicht, sondern immer nur als so oder anders gesichtete Ordnung der Dinge, die sich uns als notwendig so seiend aufdrängt. Die Dinge, die Tatsachen, Sichtweisen und Argumente, die einen Sachverhalt ausmachen, ja selbst die Personen, die diese Sichtweisen und Argumente vortragen, sind ja nicht einfach ›da‹, sondern werden so oder so gestiftet. Eine Art von Person, sagt der Wissenschaftstheoretiker Ian Hacking, tritt zu genau jener Zeit, da diese Art selbst erfunden wird, ins Leben; die Kategorie und die ihr zugeordneten Menschen treten »Hand in Hand« auf.[14] Zudem hat an dieser gestifteten Ordnung der Dinge auch die in der Absicht der Kritik angefertigte Beschreibung ihren Anteil. Gegenwart wird uns zu sehen gegeben – und wir geben sie anderen so oder so zu sehen. Gegenwart ist das Ergebnis moralischer und politischer Ökonomien, die unsere Aufmerksamkeit ausrichten. Etwas wird ins Licht gerückt. Das erzeugt einen Schatten, verdunkelt dadurch anderes. »Fragen des Sehens und der Sichtbarkeit«, argumentiert die Medienwissenschaftlerin Johanna Schaffer, lassen sich nicht trennen »von Fragen der Subjektivität und den gesellschaftlichen Macht- und Herrschaftsverhältnissen«.[15]

›Die‹ Gegenwart unterliegt zudem einer anderen Zeitlichkeit als das Schreiben über sie. Ihre Beobachtung und Beschreibung findet zwar *innerhalb* dieser Gegenwart statt, ist unhintergehbar in diese verwickelt und trägt selbst dazu bei, *wie* diese wirklich ist. Beobachtung und Beschreibung hinken den Ereignissen dennoch immer hinterher. Der Reim folgt den Dingen nach. Was der schreibenden Person zu einem gegebenen Zeitpunkt als andrängendes Wirkliches angetragen wird, was sie als Gegenstand ihrer Sorge wahrnimmt, als *matter of care*,[16] scheint anderntags womöglich schon überholt, überlagert von anderen, nicht minder drängenden oder uns als drängend nahegebrachten, unsere Aufmerksamkeit und Zugewandtheit einfordernden Ereignissen. Das Signum der Gegenwart ist Kontingenz. Wir nehmen Wirklichkeit abhängig davon wahr, welche Verbindung zwischen Ereignissen gestiftet wird, womit dieser oder jener Sachverhalt gebildet wird. Welche Festigkeit die Wirklichkeit also annimmt, wie Virginia Woolf es ausdrücken würde. Ob wir beispielsweise ein Ereignis wie den Übersprung des Corona-Virus auf den Menschen als unvermeidliche Naturkatastrophe, als Folge der Zerstörung der Artenvielfalt, als »chinesische Krankheit« oder gar als göttliche Strafe beschreiben, oder ob wir die Existenz eines solchen Virus grundsätzlich leugnen und als Verschwörung der Herrschenden gegen die Bürger_innen skandalisieren.

Ist Wirklichkeit abhängig davon, welche Sachverhalte gebildet werden und wie diese dann wiederum die Wahrnehmung anderer Sachverhalte als solche verunmöglichen oder erschweren, müssen wir zunächst einmal klären, was genau sich uns zeigt, was uns zu sehen gegeben wird, und von wo aus Aussagen über die Welt gemacht werden. Statt sie bloß hinzunehmen, sie vermeintlich nur zu registrieren und nüchtern zu beschreiben, müssen wir die Struktur der Sachverhalte erfassen. Und das heißt, sie sowohl in ihrer Relation zu anderen Sachverhalten und zur Welt als Ganze als auch hinsichtlich ihrer inneren Verfasstheit in den Blick zu nehmen und daraufhin zu untersuchen, was genau auf welche Weise in einen Zusammenhang gebracht und uns als Gegenstand der Sorge angetragen wird.

Zu verstehen, was uns als andrängendes Wirkliches nahegelegt wird, und Wissen über jene Verhältnisse der Verhinderung hervorzubringen, ist die eine Aufgabe. Die zweite ist, andere Sachverhalte zu bilden und als neues andrängendes Wirkliches nahezubringen. Auch das ist, was dieses Buch zu tun versucht.

Das andrängende Wirkliche

> Kein Gemeinsames ist möglich, sofern wir uns nicht weigern, unser Leben und unsere Reproduktion auf dem Leid anderer zu gründen und uns als von ihnen getrennt wahrzunehmen.
>
> *Silvia Federici, 2012*

Gekommen, um zu bleiben

»Gekommen, um zu bleiben – wir gehen nicht mehr weg/Gekommen, um zu bleiben – wie ein perfekter Fleck« heißt es im Refrain eines Songs der Band Wir sind Helden.[1] Im unverblümten, schnoddrigen Berliner Tonfall verhandeln die Verse von Judith Holofernes, Sängerin und Songwriterin der Band, die Frage, der dieses Buch gewidmet ist und die zu den gleichermaßen drängenden wie umstrittenen Fragen unserer Gegenwart gehört: Wem ist es gegeben, zu kommen, um zu bleiben? Genauer: Wem wird das Recht zugestanden, *in Gemeinschaft* mit anderen zu leben? Von welcher Art wäre ein solches Recht und worauf gründet es? Und, schließlich, welchen Anforderungen müssen die dringend benötigten neuen Formen von Politik und Sozialität, die neuen Arrangements des Zusammenlebens, das Protokoll für eine tatsächlich von und mit allen geteilte, also eine wahrhaft demokratische Welt gerecht werden? Horizontale Formen des *In-der-Welt-Seins* will ich sie vorerst nennen. Formen, in denen die unteilbare moralische Gleichheit aller Menschen vorausgesetzt ist, und die auf den Dreiklang von *Reziprozität*, *Rechenschaft* und *Responsabilität* gestimmt sind. Und die mindestens zwei – nicht eben voraussetzungslose – Bedingungen erfüllen müssen: Sie dürfen nicht auf dem Leid anderer gründen, wie die feministische Theoretikerin Silvia Federici argumentiert, und sie müssen so beschaffen sein, dass sie *ausnahmslos allen* erlauben, ein lebbares, von Zwang und Gewalt (einschließlich staatlicher Gewalt) befreites Leben *mit* anderen führen zu können. Dafür tritt auch dieses Buch ein. Schließlich werden wir alle bleiben – wie ein perfekter Fleck. Wohin sollten wir auch verschwinden?

›Gekommen, um zu bleiben‹, ist nur eine andere Art zu sagen, dass wir alle »das gleiche Recht haben, die Erde zu bewohnen«,[2] wie Judith Butler in *Anmerkungen zu einer performativen Theorie der Versammlung* sagt, angelehnt an Überlegungen Hannah Arendts.[3] Und das wiederum ist nichts anderes als ein unmissverständliches »Bekenntnis zur Gleichheit«.[4] Niemand von uns, führt Butler in ihrer kritischen Relektüre von Arendt aus, sei ausgesucht worden. Ohne Zustimmung aller anderen sind wir auf der Erde erschienen. Wir alle sind daher »Ungewählte«. Und mehr noch: Wir sind »alle *gemeinsam* ungewählt«.[5] Ungewählte Kohabitation, also der Umstand, dass wir die Welt auch mit jenen teilen (müssen), die wir uns nicht ausgesucht haben, begreift Butler allerdings nicht nur als Voraussetzung und Bedingung »unserer politischen Existenz«.[6] Diese unabweisbare Tatsache berge nämlich auch ein Potenzial, und zwar das Potenzial, neue Formen von Sozialität und Politik entstehen zu lassen, die über die uns bekannten, »von Gier getriebenen und kläglichen Bindungen« hinausgehen.[7]

Das uns allen gemeinsame Ungewählt-Sein enthält damit auch einen Auftrag: den Auftrag, »Institutionen und Strategien zu entwickeln«, die »die Ungewähltheit des offenen und pluralen Zusammenlebens aktiv erhalten und bekräftigen«.[8] Pluralität, so hat schon Arendt argumentiert, ist Conditio sine qua non der Politik. Denn nicht *der* Mensch, sondern *die* Menschen bevölkern die Erde.[9]

Der uns allen gemeinsame Umstand, ungewählt zu sein, verpflichtet uns daher nicht nur zur aktiven Bekräftigung eines pluralen Zusammenlebens, vielmehr schulden wir einander auch etwas, das weit darüber hinausgeht. Nämlich »Institutionen zur Erhaltung von Menschenleben zu schaffen, ohne Teile der Bevölkerung als gesellschaftlich tot, überflüssig oder wesenhaft lebensunwert und somit unbetrauerbar zu behandeln«.[10] Würden alle Leben, so hat Butler diesen Gedanken jüngst in *Die Macht der Gewaltlosigkeit* weiterentwickelt, »von Anfang an als betrauerbar betrachtet, als Leben, das potenziell verloren werden kann, und gäbe dieser Verlust von Anfang an Anlass zur Trauer«, dann würden wir die Welt vielleicht in einer Weise organisieren, »dass dieser Verlust verhindert und dieses Leben vor Schaden und Zerstörung bewahrt würde«.[11]

Das andrängende Wirkliche

Die Überlegung, der Frage nach dem ›Wir‹, nach Gemeinschaftlichkeit und den Praktiken horizontalen, egalitären Zusammenlebens ein Essay in Buchlänge zu widmen, reift 2018. In diesem Jahr beginnt der Sommer in Mittel- und Nordeuropa bereits im April. Lange Monate der Dürre und der überdurchschnittlichen Temperaturen folgen: verheerende Waldbrände, austrocknende Flüsse, sinkende See- und steigende Meeresspiegel, versteppende Äcker und immer neue Hitzerekorde. *Heißzeit* wird das deutsche Wort des Jahres.

Der Planet Erde ächzt. Schon lange, jetzt aber zunehmend auch spürbar für die *fortunate few* im nordwestlichen Winkel der Welt. Die Luft droht ihm auszugehen. Dabei ist es wohl genauer, zu sagen: *Wir* rauben dem Planeten die Luft zum Atmen. Es ist ein menschlicher Eingriff in seine chemische und physikalische Struktur und seine Stoffwechselprozesse, der aller Wahrscheinlichkeit nach irreversibel ist. Eine ökologische Schwellensituation, allgemein *Anthropozän*[12] genannt, oder, präziser sicherlich, *Kapitalozän*: eine kapitalistische »Welt-Ökologie«, mit einem Begriff des Soziologen und Umwelthistorikers Jason Moore. Eine Ökologie, in der in einem jahrhundertelangen, den Planeten und seine Kräfte auslaugenden Prozess die Akkumulation von Kapital, das Streben nach Macht und die Produktion von vermeintlich billiger oder gar kostenfrei zur Verfügung stehender und vollständig verwertbarer Natur – einschließlich der Kräfte und des Lebens der Menschen – zu einem vorgeblich organischen Ganzen verbunden wird.[13] Von einer globalen, mehr noch einer planetarischen Bedrohung, die in nie gekannter Weise und ob wir es wahrhaben wollen oder nicht unser aller Handlungshorizont bestimmt, spricht der Historiker Dipesh Chakrabarty in seinen im Februar 2015 an der Yale University gehaltenen Tanner Lectures.[14] Eine Bedrohung, so Chakrabarty, die, mit einem Begriff des Philosophen Karl Jaspers, ein »Epochenbewusstsein« verlange, das heute notwendig allen kulturellen, politischen und ökonomischen Differenzen vorgeschaltet sein müsse.

Im Juni 2018 hatte ich dank eines Forschungsfreisemesters meinen Schreibort an die mecklenburgische Ostseeküste verlegen können. Ein Seefahrtsort an einem zum Westen hin ausgerichteten Küstenabschnitt. »Das schönste Land der Welt«, diktiert Gesine Cresspahl im Roman *Jahrestage* dem »Genossen Schriftsteller«, dem Alter Ego Uwe Johnsons über diesen schmalen Landstrich zwischen Bodden und Meer in die Schreibmaschine, wissend, dass es nie ein Ort der Idylle war.[15] »Heute weiß ich, daß die Ferien von anderer Art waren.«[16] Lange zuvor schon hat Gesine dem Kind Marie von den während des Krieges in den 1940er Jahren existierenden Konzentrationslagern in den nahe gelegenen Ortschaften Barth und Rövershagen erzählt. Als »Vorhof des Verschwindens«, wo keiner fragt, »wohin einer noch gehen könnte«, kommt Jahrzehnte später Ed Bendler die zum selben Archipel gehörende Insel Hiddensee vor, wohin es ihn, diesen Chronisten in Lutz Seilers Roman *Kruso*, verschlagen hat.[17]

Bei sehr klarer Luft sind bisweilen in der Ferne die Kreidefelsen der dänischen Insel Møn zu sehen. Von hier aus wagten sich einst Menschen in Schlauch- oder Faltbooten, auf selbstgebauten Surfbrettern, winzig kleinen Segeljollen oder auch nur schwimmend aufs Meer, um ihren Staat, die DDR, zu verlassen. Im Gepäck nur sich selbst und die »Sehnsucht nach Weite und Ferne«, wie der Strahlenphysiker Rommstedt, Krusos Ziehvater, Bendler gegenüber anmerkt.[18] Kaum 20 Seemeilen, einmal quer über die Kadetrinne, über das gefährlichste, weil extrem flache Fahrwasser der Ostsee, sind es bis zur dänischen Insel Falster. Zum Greifen nah. Die längst ins Meer gestürzten mächtigen Betonquader, Überreste einer in den 1930er Jahren von der deutschen Wehrmacht ins Hohe Ufer hineingebauten Bunkeranlage, erinnern noch heute und wohl eher unfreiwillig an die Gefahr, der sich die Flüchtenden aussetzten, um unter den Augen der Staatsmacht »über die Ostsee in die Freiheit« zu gelangen.[19] Die Nationale Volksarmee der DDR hatte die Wehrmachtsbunker erweitert; deren »6. Grenzbrigade Küste« nutzte sie zur Beobachtung des Geschehens an und vor der Küste. Eine Flucht, die viele nicht überlebten. Verschwunden, ertrunken in der Ostsee.

Wenn ich in jenem Sommer 2018 nach einem langen Schreibtag von meiner abendlichen Schwimmroutine unweit der Bunkeranlage zurückkehre, berichten die TV-Nachrichten von den Wagnissen, die Menschen eingehen, um über ein anderes Meer, das Mittelmeer, in ihre ersehnte Zukunft zu gelangen. Allzu oft haben *Tagesschau* und *heute-journal* allerdings nur das tragische und oft tödliche Scheitern dieser Versuche mitzuteilen. Im Juni 2018 steht über mehrere Tage die Odyssee eines Schiffes im Zentrum der Berichterstattung. Das von der zivilgesellschaftlichen Organisation SOS Méditerranée betriebene Rettungsschiff *Aquarius* irrt, auf der Suche nach einem aufnehmenden Hafen, tagelang im zentralen Mittelmeer umher. An Bord und aus akuter Seenot gerettet: einige Hundert Menschen. Die meisten von ihnen können nicht schwimmen, viele haben das Meer vielleicht niemals zuvor gesehen. Sie haben sich mit der vagen Hoffnung auf ein anderes, ein sicheres, ein besseres Leben auf den Weg nach Europa gemacht – ein Kontinent, von dem ihre Vorstellungen meist ebenso vage sind wie die von ihrer persönlichen Zukunft. In oft überfüllten, dem Wellengang heillos ausgelieferten Schlauchbooten, in kaum hochseetauglichen, bisweilen morschen Holzbooten wagen sie die Überfahrt. Boote, ausgestattet mit altersschwachen Motoren, ohnehin zu wenig Treibstoff, Rettungswesten, Trinkwasser und Proviant. Boote, die mit Sicherheit nicht dafür gebaut wurden, um mit ihnen ein Meer zu überqueren, von einem Kontinent zu einem anderen zu reisen.

Der Innenminister der Bundesrepublik Deutschland, zuständig auch für Bau und ›Heimat‹, Horst Seehofer, erklärt im Deutschen Bundestag, er sehe keine Notwendigkeit, die von der *Aquarius* vor dem Ertrinken erretteten Menschen aufzunehmen. Noch im selben Sommer wird Seehofer Migration als die »Mutter aller politischen Probleme« ausmachen.[20] Der Minister verschanzt sich hinter ›Europa‹ und beruft sich auf die Verordnung 604/2013 der Europäischen Union, die sogenannte Dublin III-Verordnung, mit der sich die europäischen Staaten darauf verständigt haben, dass Geflüchtete dort Asyl beantragen müssen, wo sie zuerst europäischen Boden betreten. Deutschland grenzt nicht ans Mittelmeer. Deutschland ist nicht zuständig. Das ist die ebenso knappe wie unmissverständliche Botschaft des Ministers.

Die Odyssee des Schiffes endet nach gut einer Woche im spanischen Valencia. Doch bevor die Behörden den sicheren Hafen zuweisen, muss die *Aquarius* bereits von anderen Schiffen mit Lebensmitteln und Wasser versorgt werden, weil die eigenen Vorräte zur Neige gehen. Aufgrund von Sicherheitsbedenken wird eine Mehrzahl der Überlebenden noch auf hoher See auf zwei italienische Schiffe transferiert; gemeinsam nehmen die drei Schiffe Kurs auf die spanische Küste. Am 17. Juni legen sie im Hafen von Valencia an und die 629 Frauen, Männer und Kinder (123 von ihnen sind minderjährig und unbegleitet) gehen an Land.[21]

SOS Méditerranée, eine humanitäre Organisation zur Rettung Schiffbrüchiger, wurde von Bürger_innen

Europas im Mai 2015 in Reaktion auf das bewusste Unterlassen der Seenotrettung durch die Europäische Union und das daraus resultierende Sterben im Mittelmeer gegründet. Im Verbund mit Teams in Deutschland, Frankreich, Italien und der Schweiz finanzierte und organisierte SOS Méditerranée gemeinsam mit Ärzte ohne Grenzen von Februar 2016 bis Dezember 2018 den Betrieb des Schiffes *Aquarius* und verantwortet seit Juli 2019 den Einsatz der *Ocean Viking*. Rund 33 000 Menschen haben allein diese beiden Schiffe von Beginn der Einsätze im Sommer 2015 und bis zum Zeitpunkt, da ich dieses Buch beende, im Mai 2021, aus dem Meer gezogen. Von der Irrfahrt der *Aquarius* im Juni 2018 bis zum Herbst 2019 nahm die Bundesrepublik Deutschland insgesamt 225 aus Seenot gerettete Menschen auf.[22] Durchschnittlich sechs Menschen starben im Jahr 2018 jeden Tag im zentralen Mittelmeer. Mindestens 2275 Tote sollten es in jenem Jahr insgesamt werden.[23] Leben, für die nicht Sorge getragen wurde. Körper, die nicht zählten.[24] Es ist ein langsamer, ein quälender, ein verlassener Tod. Ein Tod durch Ersticken: weil das Wasser die Luft zum Atmen raubt.

Nachdem ein weiteres Rettungsschiff, betrieben von der Organisation Mission Lifeline, ebenfalls über mehrere Tage auf die Zuweisung eines Hafens warten muss, entsteht im Juni 2018 binnen weniger Tage aus einer privaten Messenger-Gruppe heraus die Bewegung »Seebrücke«. In deren Namen gehen bis zum Sommer 2021 Hunderttausende auf die Straße oder setzen sich in anderen Formen für die Rettung und Aufnahme der übers Mittelmeer kommenden Menschen ein. Eine halbe Million Menschen, die dies zu ihrem *matter of care*, zu ihrem Anliegen der Sorge machen. Im immer noch sommerlichen Oktober 2018 schließlich mobilisiert das ebenfalls erst wenige Wochen zuvor unter dem Namen »#unteilbar« entstandene Bündnis fast eine Viertelmillion Menschen aus dem gesamten Bundesgebiet, die ihre Anliegen auf die Straßen Berlins tragen und für eine andere Republik, eine offene und freie Gesellschaft, für Solidarität statt Ausgrenzung, für radikale Gleichheit und soziale Rechte demonstrieren. Dafür, dass alle gedeihen können.[25]

Mit Beginn der Covid-19 Pandemie im März 2020 müssen SOS Méditerranée, Mission Lifeline und andere Seenotrettungsorganisationen ihre Aktivitäten vorerst einstellen. Über Monate liegen die Schiffe in Häfen vor Anker. Weil die Europäische Union ihre Grenzen schließt und mehrere, an das Mittelmeer angrenzende EU-Staaten ihre Häfen zu »unsicheren Zonen« erklären. Das deutsche Innenministerium, immer noch unter Führung von Horst Seehofer, fordert die zivilgesellschaftlichen Organisationen Anfang April 2020 schriftlich auf, »derzeit keine Fahrten aufzunehmen und in See gegangene Schiffe zurückzurufen«.[26] Im Sommer 2020 verbietet der Innenminister mit Rückendeckung der Kanzlerin deutschen Ländern und Kommunen, selbstständig Geflüchtete aufzunehmen. 1111 Tote registriert die Internationale Organisation für Migration der Vereinten Nationen für 2020, mehr als 11 000 Menschen werden im Laufe des Jahres von der libyschen Küstenwache abgefangen und zurück nach Libyen gebracht.[27] Auf der griechischen Insel Lesbos brennt in der Nacht vom 8. auf den 9. September 2020 das EU-Lager Moria ab, nachdem mehrere Fälle einer Corona-Infektion registriert worden waren. Fast 13 000 Geflüchtete sind wochenlang ohne Obdach, Nahrung und Wasser, campieren in Straßengräben, auf Friedhöfen, in behelfsmäßig errichteten Zelten ohne Möglichkeit, die in der Corona-Pandemie so lebenswichtigen Hygiene-Regeln – Abstand-Halten und regelmäßiges Händewaschen – einhalten zu können. Die Grenze zwischen jenen, die es wert sind, im Leben gehalten zu werden, und jenen, die als verzichtbar gelten, wird weiter befestigt. Europa schottet sich ab. Auch im Mittelmeer, Europas *Vorhof des Verschwindens*, geht das Sterben weiter. Unser Meer – *mare nostrum*. So hatten die Römer es einst genannt, um ihren Herrschaftsanspruch über dieses Meer und die an es angrenzenden Territorien zu dokumentieren.

Zurück im August 2018, ziehen Neonazis und rechte Hooligans durch die Straßen von Chemnitz und machen gleichermaßen Jagd auf Personen, die als nicht-deutsch wahrgenommen werden, wie auf Journalist_innen und Gegendemonstrant_innen.[28] Es gelingt ihnen, mitten in Deutschland einen rassistischen Ausnahmezustand zu etablieren. Leib und Leben von in Chemnitz lebenden geflüchteten Personen und Migrant_innen sind durch den Staat nicht mehr geschützt. »Wir sind das Volk« und »Ausländer raus« sind noch die harmlosen unter den lauthals herausgebrüllten Parolen dieser Tage. Ideologisch getragen von »besorgten« Chemnitzer Bürger_innen, verbündet sich der faschistische »Flügel« der Partei Alternative für Deutschland (AfD) um den Thüringer Politiker Björn Höcke erstmals öffentlich sichtbar mit den marodierenden Nazibanden, den mehrheitlich, aber nicht ausschließlich, männlichen Aktivist_innen von Pegida, Pro Chemnitz, den Identitären und der verbotenen Heimattreuen Deutschen Jugend. Gemeinsam führen sie den sogenannten Trauermarsch an, der vorgeblich dem Gedenken an den Chemnitzer Daniel H. gilt. Dieser war wenige Tage zuvor bei einer Messerstecherei unter jungen Männern zu Tode gekommen. Als Tatverdächtige hatte die Polizei zwei Personen mit syrischer beziehungsweise irakischer Staatsbürgerschaft verhaftet.

Es ist der 1. September 2018, der 79. Jahrestag des völkerrechtswidrigen deutschen Überfalls auf die Zweite Polnische Republik, der den Beginn des Zweiten Weltkriegs markierte. Es war auch der Beginn der Shoa – der Genozid an den europäischen Jüd_innen – und des Porajmos – der Völkermord an den Sinti_zze und Rom_nja. Der Beginn der Ermordung all jener, mit denen die Deutschen die Erde und die Welt nicht zu teilen bereit waren, wofür sie sich ein aus der Ergreifung von Macht entspringendes Recht selbst erteilten, das es nicht gibt: das Recht, zu entscheiden, »wer die Erde bewohnen soll«. Mit diesen Worten hatte Hannah Arendt sich im Epilog ihrer Schrift *Eichmann in*

Jerusalem direkt an Adolf Eichmann gewandt, an den Organisator der sogenannten Endlösung, die vollständige Vernichtung aller europäischen Jüd_innen. Über viele Monate hatte Arendt den Prozess gegen Eichmann in Jerusalem begleitet, seine kalte Ungerührtheit erlebt, seine gleichermaßen alltägliche wie monströse Gewöhnlichkeit mit ansehen und seine erschütternde Unfähigkeit ertragen müssen, sich zum eigenen Tun in ein Verhältnis zu setzen, selbst zu denken und eigene, mündige, vielleicht sogar dissidente Urteile zu fällen. Arendt wiederum wendete ihr eigenes Diktum, dass niemand das Recht habe, zu entscheiden, wer die Erde bewohnen dürfe, gegen Eichmann. »Keinem Angehörigen des Menschengeschlechts« könne zugemutet werden, »mit denen, die solches wollen und in die Tat umsetzen, die Erde zusammen zu bewohnen«. Dies sei, so befand sie, »der einzige Grund«, warum er sterben müsse. Zu Recht hätte das Jerusalemer Gericht ihn daher zum Tode verurteilt. Eichmann hat Arendts Worte weder hören noch lesen müssen. Es sind Worte dieser Art, die die Richter im Dezember 1961 im Jerusalemer Gerichtshof nicht an den Angeklagten Eichmann zu richten gewagt hatten, wie Arendt bedauernd konstatierte.[29]

Was sich an jenem 1. September 2018 in den Straßen von Chemnitz ereignet, macht für alle, die es sehen wollten, deutlich, wie tief sich antidemokratische Haltungen, Hass und Gewalt in den Kapillaren des Nachwende-Deutschlands festgesetzt haben. Gewiss, weder ein gänzlich neuer Umstand noch eine neue

Erkenntnis. Rassistische, antisemitische, antiziganistische[30] und allzu oft verharmlosend als »fremdenfeindlich« bezeichnete Gewalt gehören zu Erfahrung und Geschichte sowohl der alten BRD wie der DDR. An Hauswände und Mauern geschmierte rassistische und antisemitische Parolen und nationalsozialistische Symbole, unverhohlen gegenüber Kindern ausgesprochene Warnungen vor der angeblichen Hinterlistigkeit der allenthalben nur mit dem Z-Wort bezeichneten Sinti_zze und Rom_nja, antisemitische Witze, rassistische und homofeindliche Beleidigungen an den Stammtischen, im Parlament und im Hörsaal, Sexismen und Frauenfeindlichkeit im Alltag: all das gehört zu den Erfahrungen meines Aufwachsens in der Bonner Republik. Im Sommer 1981, ich hatte eben die letzten Abiturprüfungen bestanden, bereiteten mich fünfzehn deutsche Professoren und Publizisten mit ihrem »Heidelberger Manifest« auf das geistige Klima vor, das an westdeutschen Hochschulen angetroffen werden konnte. Mit großem Nachdruck warnten die Unterzeichner des Manifests, unter ihnen ein ehemaliger Vertriebenenminister der Bundesrepublik und bekennender Nationalsozialist, Theodor Oberländer, vor einer »Unterwanderung des deutschen Volkes« und der »Überfremdung« seiner Kultur und seines »Volkstums« durch zu viele zuziehende »Ausländer und ihre Familien«.[31]

Und ja, auch tödliche, faschistische Gewalt kannte die Bonner Republik, selbst wenn sie nichts davon wissen wollte. Das Attentat auf das Münchner Oktoberfest im Herbst 1980 galt jahrzehntelang als das Werk eines emotional verwirrten Einzeltäters, seine faschistische Gesinnung und sein Mittun in der rechtsradikalen »Wehrsportgruppe Hoffmann« blieben bei den Ermittlungen und im Prozess unberücksichtigt. In der kollektiven Erinnerung der Nation einen Platz fand weder der Brandanschlag auf eine Geflüchtetenunterkunft in Hamburg im August 1980, bei dem zwei Menschen getötet wurden, noch der Brandanschlag auf ein Wohnhaus in Duisburg 1984, bei dem sieben Menschen zu Tode kamen. Beide Anschläge gelten heute als rechtsextrem motivierte Gewalttaten. Rechte studentische Verbindungen und schlagende Burschenschaften gehörten als junge Student_in in Mainz in den frühen 1980er Jahren zu meinem Alltag. Ihre Mitglieder stellten uns nach, wenn wir auf dem Campus unterwegs waren, um die Veranstaltungen des Autonomen Frauenreferats zu bewerben, zerrten unsere Flyer aus den dafür vorgesehenen Aufstellern, rissen unsere Plakate von den Wänden und scheuten auch nicht davor zurück, uns handgreiflich daran zu hindern, die Plakate überhaupt erst anzubringen.

Doch erst die rechte Gewalt in den frühen 1990er Jahren, die wie ein die Sinne und den Verstand vergiftender Mehltau das gesamte Land befallen hatte, stellte eine für die weitere Geschichte der vereinigten Bundesrepublik folgenschwere Zäsur dar. Jetzt war sie überall, alltäglich, fand vor den Augen aller statt. Sie schüchterte ein und wurde toleriert, sie wurde geduldet und rationalisiert und schuf in jenen Jahren »national befreite Zonen«. Heute trägt sie indirekt zur Legitimation der Ängste von »besorgten Bürgern« bei, die sich freilich weniger um rechte Schläger sorgen als – in einer bemerkenswerten phantasmatischen Verschiebung – um die »Überfremdung« der autochthonen Deutschen, um die »Frühsexualisierung« ihrer Kinder, oder um geschlechtersensible Sprech- und Schreibweisen und die Einrichtung von Gender-Studies-Studiengängen an deutschen Hochschulen.

Baseballschlägerjahre – so hat der Journalist Christian Bangel jene Jahre genannt.[32] In den pogromartigen Angriffen auf vietnamesische Vertragsarbeiter_innen und auf Geflüchtete und ihre Unterkünfte, 1991 in Hoyerswerda und 1992 in Rostock-Lichtenhagen – hier auch gegen die aus Platzmangel notgedrungen auf der Wiese vor der Zentralen Aufnahmestelle für Asylbewerber_innen von Mecklenburg-Vorpommern nächtigenden und vornehmlich aus Rumänien geflohenen Rom_nja –, hatte diese faschistische Gewalt ihr Ventil gefunden und das moralische Vakuum des frisch vereinigten Deutschlands sichtbar werden lassen.[33]

After times

In *Democratic Vistas*, erschienen 1871, beschreibt der Schriftsteller Walt Whitman Zeiten des Umbruchs, Zeiten eines moralischen, eines gesellschaftlichen und politischen Vakuums, als *after times*, »kommende Zeiten«.[34] Whitman suchte in diesem Essay, die Zukunft der Demokratie in den Vereinigten Staaten von Amerika nach dem Ende des Bürgerkriegs und der formalen Abschaffung der Sklaverei zu ergründen. »After times« beschreibt einen gesellschaftlichen Schwellenzustand, ein Moratorium. Es sind Zeiten, in denen bis dato geltende Lebensweisen und die gesellschaftlichen Übereinkünfte des Zusammenlebens bereits zerbrochen sind, ein neues Ethos, eine neue Lebensweise und die neue Form der Gemeinschaft aber noch kaum erkennbar und die Zukunft offen ist. Ein Interregnum, umstellt von den Zombies der sterbenden Zeit, die nicht abtreten wollen, deren Botschaft aber längst schon nicht mehr verstanden wird. Eine Zeit, in der, mit dem geflügelten Wort des Philosophen Antonio Gramsci, »das Alte stirbt und das Neue nicht zur Welt kommen kann«.[35] Die Zeit der Monster. Eine »Atmosphäre der Heuchelei« und der »Leere der Herzen«, in der der »Glaube an die Menschlichkeit« verloren gegangen sei, schreibt Whitman.[36] Alles komme in solchen Zeiten auf den Prüfstand und müsse neu ausgehandelt werden – vom Widerstand gegen die Versklavung von Menschen bis zum Kampf für die Rechte von Frauen. Und dieser Prozess der Neu-Aushandlung, so seine nüchterne Diagnose, könne sich – und würde sich oft genug – auch in gewalttätiger Form ereignen.

After times sind auch die Jahre und Jahrzehnte nach der Vereinigung der beiden deutschen Staaten. Das mit Hoyerswerda und Rostock-Lichtenhagen in all seiner Hässlichkeit sichtbar gewordene deutsche Vakuum ist bis heute nicht gefüllt. Ein Vakuum, das ganz gewiss auch eine Spätfolge der, in vielerlei Hinsicht noch immer nicht begriffenen, nationalsozialistischen Gewaltgeschichte ist – einer Geschichte, an der die Deutschen in ihrer Mehrzahl willig partizipierten und von deren vielfältigen und bis heute wirksamen Verwerfungen und Zerklüftungen sie nichts wissen wollten und wollen. Sentimentales Erinnerungstheater statt wahrer Zeugenschaft. Auf dem Spiel stand und steht daher noch immer das Ethos unserer Demokratie: Welche Art von Gesellschaft, welche Art von Demokratie wollen wir sein? Wie gestalten wir das ›Wir‹ und wem billigen ›wir‹ – wer ist das? – das Recht zu, Teil dieses ›Wir‹ zu sein? Wen also sind wir bereit, als Gleiche anzuerkennen?

Das moralische Vakuum zeigte sich, die innerdeutsche Grenze überbrückend, auch in den rassistischen Brandanschlägen im November 1992 auf das Haus der Familie Arslan in Mölln, bei dem Bahide Arslan sowie ihre Enkelin Yeliz Arslan, zehn Jahre alt, und deren Cousine Ayşe Yılmaz, vierzehn, getötet wurden, und im Mai 1993 auf das Haus der Familie Genç in Solingen, bei dem Gürsün İnce und Hatice Genç sowie

Gülüstan Öztürk, zwölf Jahre alt, Hülya Genç, neun, und Saime Genç, vier, starben. Weniger als drei Jahre später, im Januar 1996, wurden Maiamba und Nsuzana Bunga, Françoise, Christine, Miya, Christelle, Legrand und Jean-Daniel Makudila, Rabia El Omari und Sylvio Amoussou bei dem bis heute nicht aufgeklärten Brandanschlag auf eine Unterkunft für Geflüchtete in Lübeck getötet. Und auch der schließlich zu lange von den deutschen Ermittlungs- und Justizbehörden nicht als Rechtsterrorismus erkannte, infame Terror der Gruppe Nationalsozialistischer Untergrund, die zwischen den Jahren 2000 und 2006 insgesamt neun rassistisch motivierte Morde verübte, hatte unabweisbar deutlich gemacht: Nicht alle Leben zählen. Enver Şimşek, Abdurrahim Özüdoğru, Süleyman Taşköprü, Habil Kılıç, Mehmet Turgut, İsmail Yaşar, Theodoros Boulgarides, Mehmet Kubaşık und Halit Yozgat sind die Namen der Opfer dieser faschistischen Terrorbande, die moralisch und juristisch auch den Mord an der Polizistin Michelle Kiesewetter zu verantworten hat.[37]

In Chemnitz gelingt es Höcke und seinen Mitstreiter_innen im deutschen Herbst 2018 in größerem Maßstab, die destruktiven Affekte von rassistisch motivierten Bürger_innen so zu stimulieren, dass sie diese in großer Zahl an ihre Partei binden können. Eine explosiv aufgeladene Ökonomie des Ressentiments bildet die Plattform für die Allianz mit neurechten Denker_innen wie dem Verleger und Publizisten Götz Kubitschek, dem Initiator von Pegida, Götz Bachmann, und dessen Mitläufer_innen sowie mit den militanten, bislang in der Nationaldemokratischen Partei Deutschlands (NPD) organisierten Neonazis und dem »Flügel« der AfD. Das Projekt einer völkisch-nationalen Demokratie hat hier deutlich sichtbar Gestalt angenommen.[38] Ein Zombie aus der untoten deutschen Geschichte, die Spukgestalt der völkischen Gemeinschaft, ist aus den Kulissen getreten.

Aus der Welt herausgestoßen

Ich habe die Geschehnisse aus dem Jahr 2018 nicht zufällig ausgewählt. Es sind, wie gesagt, aus meiner Sicht emblematische Ereignisse, die auf tiefgreifende Verwerfungen im kulturellen, gesellschaftlichen, politischen und sozialpsychologischen Gefüge Deutschlands und weit darüber hinaus verweisen. Ereignisse in *after times*. Emblematisch aber auch deshalb, weil es sich trotz allem um nur einzelne Glieder in einer Kette, um nur einige wenige unter vielen vergleichbaren Ereignissen handelt, auf die ich an dieser Stelle hätte Bezug nehmen können. Vieles kommt hier in den Sinn, selbst dann, wenn wir unseren Blick auf Europa beschränken. Die fortgesetzte Behinderung der Seenotrettung durch die Europäische Union und ihre Mitgliedsstaaten, die europäische Kollaboration mit der libyschen Küstenwache, die die Boote im Mittelmeer stoppt, um die Migrant_innen zurück nach Libyen zu bringen, wo sie unter horrenden, menschenrechtswidrigen Bedingungen interniert werden.[39] Die ebenso menschenrechtswidrigen Zustände in den von der EU als »Registrierungs- und Aufnahmezentren« eingerichteten Elendslagern auf den griechischen Inseln. Zehntausende Geflüchtete harren dort unter erbärmlichen Bedingungen teilweise seit Jahren aus, finden weder Aufnahme in die Staaten Europas, noch können sie zurück in die Türkei, über die sie größtenteils den Weg nach Griechenland gefunden haben. Von der *Schande Europas* spricht Jean Ziegler, Soziologe und einstiger UN-Sonderberichterstatter für das Recht auf Nahrung, nachdem er das Lager Moria im Frühsommer 2019 zusammen mit Menschenrechtsorganisationen wie der in Frankfurt am Main ansässigen NGO medico international besucht hatte.[40] Im September 2020 ist Moria abgebrannt. Die Zukunft der Überlebenden ist ungeklärt.

Emblematisch sind jene Ereignisse des Jahres 2018 schließlich, weil sie das gleichermaßen unersättliche wie illusionäre Verlangen spätmoderner, unter schwindender Souveränität leidender Staaten und Subjekte nach kategorialer Reinheit und Unterscheidung, nach dem »Spektakel der Mauer«[41], nach Einhegung und Grenzen ans Licht bringen. Weil sie das Verlangen bezeugen, eine allen gemeinsame Welt, für die wir gemeinsam Sorge tragen, aufzuteilen in gegeneinander abgeschottete, verstreute und insulare Territorien. Auch die aus der immer schon wütenden Pandemie der Gewalt herausragenden, extremistischen, rassistisch und antisemitisch motivierten und vom Hass auf Frauen sowie von antifeministischem Ressentiment geprägten Mordanschläge – am 7. April 2020 in Celle, am 19. Februar 2020 in Hanau, am 19. Oktober 2019 in Halle – ebenso wie die islamistisch motivierten Anschläge – im Dezember 2016 auf dem Berliner Breitscheidplatz und im Herbst 2020 in Nizza, Paris und Wien – oder die beinah täglichen Attentate der Taliban an jedem beliebigen Ort in Afghanistan, von Boko Haram in Nigeria, oder der Allied Democratic Forces im Kongo zeugen von dem Begehren, die Welt nicht mit anderen gemeinsam bewohnen zu müssen, und von der Bereitschaft, dies mit aller zur Verfügung stehenden Gewalt durchzusetzen. Ein Begehren, das sich ebenso in den alltäglichen Übergriffen auf die Unterkünfte von Geflüchteten zeigt wie in Pöbeleien auf der Straße, in rassistisch motivierten Schikanen der Polizei gegenüber *Black People of Color*, in Morddrohungen und verbalen Attacken gegen Frauen, Queers, politisch Andersdenkende in den sozialen Medien. In den oft subtilen, nicht selten aber auch unverhohlen artikulierten Rassismen, die den deutschen Alltag prägen und von denen jede Schwarze und *of Color* Person berichten kann. Eine an ausnahmslos allen gesellschaftlichen Orten und in allen Institutionen präsente Wirklichkeit, sei es Schule oder Hochschule, öffentliche Verwaltung oder Polizei, queerer Club oder schwule Dating-App, Krankenhaus oder Gerichtssaal, Theater oder *Tatort*-Krimi, Fußballstadion oder Schwimmbad.

Ein zugegeben unvollständiges Kaleidoskop deutscher Wirklichkeit, globaler Wirklichkeit. Dennoch andrängendes Wirkliches, dem kritische Theorie sich heute mehr denn je annehmen muss. Denn was an ihm erfahrbar und kenntlich wird, ist die weltweit wachsende Bereitschaft, Menschen aus der gemeinsamen Welt hinauszudrängen und ihnen Gemeinschaft zu verweigern. Und zwar indem ihre moralische Gleichheit ausgesetzt und in Frage gestellt wird. Indem ein Unterschied gemacht wird zwischen denen, die zählen, und jenen, die verzichtbar sind: zwischen Gewählten und Ungewählten. Darauf verweist auch die Zunahme autoritärer Einstellungen in Teilen der Bevölkerung und das Erstarken manichäisch strukturierter Unterscheidungen wie wir/ihr und von hier/von dort.[42] Die also oft gewaltförmige Fundamentalisierung des Unterschieds zwischen »Menschen wie wir« und »keine Menschen wie wir«, um eine Formulierung des Philosophen Richard Rorty aufzunehmen.[43]

Menschen wie wir und keine Menschen wie wir. Der Ton der *VerAnderung*.[44] Der Ton, der die Debatten um Meinungsfreiheit und Zensur, um geschlechtergerechte Sprache und rassistische Hassrede, um die Rechte von LGBTIQ* und reproduktive Selbstbestimmung, um Kultur, Religion und Einwanderung, Migration, Flucht und Asyl, in gleicher Weise grundiert und oft auch dominiert, wie vielerorts die Politik und das Regierungshandeln – auch in westlichen Demokratien. Der Ton, der während einer allzu langen 45. Amtszeit die Verlautbarungen und Tweets aus dem Weißen Haus in Washington durchzog und bis heute die Kommuniqués aus dem Kreml in Moskau, aus dem Rashtrapati Bhavan in Neu-Delhi oder dem Palácio do

Planalto in Brasilia prägt. Ein Ton, der die Gewalt der Straße und die der Attentäter von Hanau, Halle und München, von Christchurch, Orlando, Pittsburgh und Utøya, von Nizza, Paris, Wien und Dresden legitimiert. Skandiert im Rhythmus von »unterscheiden und herrschen«.[45] Die Begleitmusik für Diskriminierung und Marginalisierung, Entwürdigung und Demütigung, für den Kurs der Trennung und Auflösung von Bindung, der Zerrüttung der Demokratie. Die Tonart, in der die Privilegien jener gerechtfertigt werden, die beanspruchen, zuerst da gewesen zu sein. In der das Mehr oder Weniger an sozialer Wertigkeit intoniert wird. Die Tonart, die Gleichheit disponibel macht, im Grundakkord des chauvinistischen ›wir sind besser, richtiger, letztlich menschlicher als ihr‹. Der Ton des Hasses, der Fremdmachung, der Dehumanisierung.

Weltweit erleben wir, dass xenophobe, demokratiefeindliche, faschistische Kräfte erstarken, dass Politiken der Exklusion und Fremdmachung an Raum gewinnen und das Zusammenleben der Menschen bedrohen. Wir erleben die Alltäglichkeit von Sexismus und Misogynie, von Homo- und Transfeindlichkeit und von sexualisierter Gewalt gegenüber Frauen und Kindern.[46] Von Ausgrenzung und Herabsetzung, der Verweigerung von Respekt, Würde und Anerkennung, der Erfahrung, ignoriert und übergangen, vernachlässigt und »aus der Welt herausgestoßen« zu werden, eine Formulierung von Christina Thürmer-Rohr.[47] Kurzum: Die Erfahrung, als entbehrlich zu gelten und entsprechend behandelt zu werden, prägt auch in Verfassungsdemokratien den Alltag und das Leben allzu vieler Menschen. Die Würde des Menschen *ist* antastbar.

Einmal mehr schmerzlich verdeutlicht das im Frühjahr 2020 die Tötung von Breonna Taylor, einer 26-jährigen medizinisch-technischen Assistentin, die am 13. März in Louisville im US-Bundesstaat Kentucky nach einem langen Tag in der Klinik – es ist die Zeit, in der Personen mit ihrer Ausbildung als »systemrelevant« gelten, die Zeit der Covid-19-Pandemie – in ihrem eigenen Bett von Polizisten erschossen wird. Die Polizei hat sich aufgrund eines vagen Verdachts gegen Taylors Ex-Partner und auf Basis eines sogenannten *no-knock warrant*, also eines Haftbefehls, der es der Polizei erlaubt, ohne Ankündigung ein Haus oder Grundstück auch gewaltsam zu betreten, Zutritt zu ihrer Wohnung verschafft.[48] Am 23. September erklärt die Grand Jury, das Gremium der Geschworenen, das im US-amerikanischen Rechtssystem über die Zulassung einer Anklage entscheidet, die Schüsse für rechtens und entscheidet, keinen der drei beteiligten Polizisten anzuklagen. Auch die gleichermaßen willkürliche Tötung von George Floyd – auch er US-amerikanischer Staatsbürger – durch einen *weißen* Polizeibeamten am 25. Mai 2020 in Minneapolis, Minnesota, bezeugt, dass die moderne Demokratie nicht alle Leben schützt. Dass auch sie gewisse Formen von Gewalt toleriert, darunter sowohl ungesetzliche wie unter Umständen exzessiv ausgeweitete staatliche Gewalt. Dass die Vorstellung, Gewalt sei in der Moderne verschwunden, folglich ein Mythos ist.[49]

Durch Gewaltandrohung und -ausübung Welt kleiner zu machen, Welt zu vernichten, ist das sicherlich nicht immer explizit erklärte, dennoch das unverkennbare Ziel der Feinde der Demokratie. Denn insofern jeder Akt der Gewalt einen Angriff auf das unteilbare Recht darstellt, »in der Welt zuhause zu sein«,[50] Gewalt damit Gleichheit suspendiert und negiert, zerstört sie unweigerlich Welt, die nur existiert in der Vielfalt von Perspektiven. Und sie tut dies auch mit epistemischen Mitteln: indem sie ohnehin schon marginalisierte, ausgefranste, nur diffus vernehmbare Stimmen verstummen lässt, diese stört, verkürzt, verballhornt; indem sie sie abschiebt ins Niemandsland jenseits des hegemonialen *logos*, ihnen *auctoritas* raubt.[51] Doch Gewalt zerstört nicht nur, sie ist auch kreativ. Gewalt schafft etwas: Räume, die nur den einen erlauben, »zu atmen, zu begehren, zu lieben und zu leben«,[52] wie Judith Butler sagt, während sie den anderen den Atem raubt, sie in die Nichthörbarkeit, das Nichtverstehbare und die Unlebbarkeit verbannt.

»I can't breathe.« Die mittlerweile weltweit bekannten letzten Worte George Floyds, als ein Polizist ihm in Minneapolis die Luft zum Atmen nimmt. Fast neun Minuten hat er Floyd im Würgegriff, sein Knie auf Floyds Hals. Der Würgegriff, eine gängige, seit Jahrzehnten regulär zur Ausbildung gehörende Praxis der US-amerikanischen Polizei in nahezu allen Bundesstaaten. Geschultes Töten. Drei weitere Polizisten schauen zu, die damals 17-jährige Schülerin Darnella Frazier filmt das Geschehen mit ihrem Smartphone. Sie wird sich später Vorwürfe machen, nicht eingegriffen zu haben. Niemand greift ein.[53] *I can't breathe.* Auch die letzten Worte von Eric Garner, der am 17. Juli 2014 im New Yorker Stadtteil Staten Island im Würgegriff eines Polizeibeamten stirbt. Niemand greift ein. *I can't breathe.* Worte, für die Kayla Moore, eine Schwarze, trans Frau, vielleicht nicht einmal mehr die Zeit findet, als die Polizei in der Nacht des 13. Februar 2013 in Berkeley, Kalifornien, in ihr Haus eindringt und sie aufgrund einer Verwechslung und Fehleinschätzung ihrer psychischen Verfassung überwältigt.[54] Kayla Moore liegt auf dem Bauch, niedergerungen von sechs Polizist_innen, die versuchen, ihr Handschellen anzulegen und ihr eine Kapuze über den Kopf zu ziehen. Nur wenige Minuten später atmet sie nicht mehr. Eine Mund-zu-Mund-Beatmung hätte ihr Leben womöglich gerettet. Sie unterbleibt. Weil die Polizist_innen Kayla Moores mentalen Zustand falsch beurteilen, oder weil sie sich ekeln vor einer Schwarzen, 150 kg schweren, trans Frau? Kayla Moore ist tot, als kurze Zeit darauf die Sanitäter_innen eintreffen. *I can't breathe.* Es ist Rassismus, der Kayla Moore, Breonna Taylor und George Floyd die Luft zum Atmen nimmt.

I can't breathe ist das Signum einer Ära, die Gewalt favorisiert. Das Signum aber auch von Black Lives Matter (BLM), jener 2013 von drei jungen, US-amerikanischen Schwarzen Aktivistinnen, Alicia Garza, Patrisse Cullors und Opal Tometi, initiierten und inzwischen international agierenden Bewegung, die sich engagiert gegen Gewalt gegen Schwarze Menschen und *People of Color*. Regelmäßig organisiert BLM Proteste und Demonstrationen gegen die Tötung Schwarzer Personen durch Polizeibeamte, gegen die Praxis des sogenannten Racial Profiling, gegen Polizeigewalt und institutionellem Rassismus.[55] Hunderttausende mobilisiert BLM weltweit im Sommer 2020. Wie in der Kampagne »Say Her Name«, die 2015 von der Rechtswissenschaftlerin Kimberlé Crenshaw und dem von ihr mitbegründeten African American Policy Forum initiiert wurde und in der jene Fälle aufgearbeitet werden, in denen Schwarze, weibliche Personen Opfer von Polizeigewalt wurden, kämpft auch BLM dafür, dass die Opfer öffentlich erinnert werden, um sie so in Gemeinschaft zu halten.

Vor der Gefahr, dass Zorn zur Quelle der Politik, dass mit Zorn Politik gemacht wird, dass Angst vor und Wut auf »verachtete Minderheiten«, von denen »es jetzt das Land zu säubern« gelte, stimuliert und Ressentiment zum wesentlichen Kitt gesellschaftlichen Zusammenhalts werde, hatte der Ökonom Lester Thurow schon Mitte der 1990er Jahre gewarnt.[56] Diese Warnung ist seitdem kontinuierlich wiederholt und mindestens genauso oft überhört worden.[57] Die Kölner Silvesternacht 2015/16 erwies sich in diesem Zusammenhang als Tipping-Point und ließ sie ein weiteres Mal laut werden: jene Stimmen, die schon wenige Monate zuvor, im kurzen Sommer des Willkommens

2015, die greifbar gewordene Kultur der Hospitalität verunglimpft und aktiv bekämpft hatten, und die auch nun wieder eine vermeintliche »Migrationskrise« sowie den bevorstehenden Kollaps Europas beschwörten. Es sind diese Stimmen, angetrieben von einem ›heiligen‹ Zorn und der gefühligen Überzeugung moralischer Überlegenheit, die das Ende Europas herbeireden und die die Angst vor »Überfremdung«, unüberbrückbarer Differenz und »Andersartigkeit« schüren. Die ihre Vision der Abschottung, Exklusion, Trennung und der Verweigerung von Gemeinschaft mit anderen als erstrebenswert darstellen, sie gar wirklich werden lassen wollen. Es ist die dystopische Vision einer zweigeteilten Welt von Gewählten und Ungewählten, der sie sich verschrieben haben und die unser aller Zukunft sein soll. Eine »saubere, gesunde und sichtbare Welt« auf der einen Seite, eine »Welt der Übriggebliebenen, zurückgelassen im Dunkeln, in der Unsichtbarkeit und Krankheit« auf der anderen, wie es der Anthropologe Michel Agier mit Blick auf die weltweite Internierung von Migrant_innen und Geflüchteten formuliert.[58]

Ebenjene Dystopie, die Vision einer zweigeteilten Welt Gewählter und Ungewählter, macht jene Ereignisse des Sommers 2018 – die Weigerung Europas, die Geflüchteten willkommen zu heißen einerseits, die Wiederkehr einer völkischen, zutiefst rassistischen Idee von Gemeinschaft in Chemnitz andererseits – nicht nur zu Sinnbildern des andrängenden Wirklichen, es macht sie auch zu theoretisch relevanten Ereignissen. Sie veranschaulichen – und das vielleicht gerade in ihrer komplementären Unterschiedlichkeit – *erstens*, dass *in Gemeinschaft leben* kein universell geltendes Recht ist, dessen Status geklärt ist und das vorbehaltlos jeder und jedem zukommt. Sie veranschaulichen *zweitens* aber auch, dass es kein Recht ist, auf dem wir umstandslos bestehen können, weil Gemeinschaft ambivalent ist. Denn sosehr wir sie brauchen, wir uns bisweilen nach ihr sehnen mögen, ist Gemeinschaft zugleich ein vielfach kontaminiertes, ein schwieriges, vielleicht sogar korrumpiertes Konzept. Eine Idee und Praxis, der vielleicht gerade in Deutschland, mit der Erfahrung der im und durch den Nationalsozialismus entfesselten faschistischen Gewalt, mit Argwohn begegnet wird und auch weiterhin begegnet werden sollte. Schließlich hat die von den Nazis betriebene und von weiten Teilen der deutschen Bevölkerung akzeptierte und gelebte völkische Vergemeinschaftung gezeigt, dass Gemeinschaft eben nie nur Zugehörigkeit, Teilhabe und Selbstregierung meint, sondern auch

Ausschluss und Ausgrenzung, letale Gewalt und Vernichtung einschließen kann. Praktiken der Vergemeinschaftung können gewalttätige, weltvernichtende Phänomene sein – und sind es auch. Gemeinschaftlichkeit und Genozid können zwei Seiten derselben Medaille darstellen. Der Völkermord an den europäischen Jüd_innen, der Genozid an Sinti_zze und Rom_nja, die Verfolgung und Ermordung von Schwulen und Lesben, von sogenannten Asozialen und von Menschen mit geistigen, körperlichen und seelischen Beeinträchtigungen, die Ausplünderung Europas und der Sowjetunion, die millionenfache Auslöschung der Leben von Belarus_innen, Ukrainer_innen, Pol_innen – all das gehört untrennbar zur Geschichte der NS-Volksgemeinschaft. Auf der einen Seite steht die Gemeinschaftlichkeit – vom Geist der Kameradschaft durchdrungene Hitlerjugend-Freizeiten und beseelte Gemeinschaftserlebnisse im Bund Deutscher Mädel –, auf der anderen Seite Ausgrenzung und faschistische Gewalt.[59] Dieser Ambivalenz, die dem Konzept und der Geschichte von Gemeinschaft inhärenten Abgründe und Verwerfungen, der ihr eigenen Ausgrenzungs- und Gewaltgeschichte muss heute jede Reartikulation von Gemeinschaftlichkeit Rechnung tragen.

Die Neuerfindung von Gemeinschaftlichkeit, die Suche nach einer neuen Sprache des Gemeinsamen, jenes Protokoll einer wahrhaft demokratischen Welt ist daher auch vor dem Hintergrund dieser Gewaltgeschichte ein ebenso dringliches wie komplexes Anliegen der Gegenwart. Worum es dabei gehen muss, ist einigermaßen klar. Nämlich imperial grundierte Dominanzkultur zu verlernen und Formen des Zusammenlebens entstehen zu lassen, die Herrschaft aktiv entsagen. Und dafür dürfen wir weder auf die gewaltförmige Verdinglichung von Differenz setzen, wie wir es beispielsweise in der rassistischen Ideologie des von der Identitären Bewegung vertretenen Ethnopluralismus finden, noch auf das Gift übertriebener Ich-Bezogenheit als Heilmittel vertrauen, also darauf, dass jede_r Einzelne nur für sich selbst, nicht aber für andere verantwortlich ist. So wenig dies daher die letztlich nostalgische Wiederbelebung normalisierter, egal in welcher Hinsicht homogener, gar völkisch kodierter Kollektive bedeuten kann, wird es ebenso wenig damit getan sein, für befriedete, eingehegte oder eingebettete Versionen eines (kontraktuellen) Liberalismus zu werben. Vermögen diese doch unsere Bindung aneinander lediglich zu denken als vertragsförmig geregeltes Verhältnis vermeintlich souveräner und über sich selbst verfügender Subjekte, die sich wechselseitig Unbehelligtheit zusichern. Und dies wird als Imagination des demokratischen Zusammenlebens zumindest so lange nicht ausreichend sein, wie solche Aktualisierungen nicht oder kaum in den Blick nehmen, wie sehr der ökonomische Zwilling des politischen Liberalismus – der Kapitalismus – seit Jahrhunderten von den »sieben billigen Dingen« – Natur, Geld, Arbeit, Fürsorge, Nahrung, Energie, Leben – zehrt und die Leben der Vielen und des Planeten auslaugt.[60] Die Ermächtigung und Freiheit der einen also auf der Enteignung und Unfreiheit der anderen beruht und die zweifellos existierende koloniale, rassistische und sexistische Gewaltgeschichte des Liberalismus und der liberalen Demokratien nicht in der Bilanz auftaucht.[61]

Gerade weil wir uns im historischen Überhang global verflochtener Herrschaftszusammenhänge als ungleich Positionierte begegnen, wir folglich die Arbeit an einem neuen Gemeinsamen nicht auf Augenhöhe beginnen, wird es nicht ausreichen, das Soziale als im Prinzip bereits symmetrisch konstruierten Raum der Gegenseitigkeit vorzustellen. Es braucht mehr, als dass wir uns unserer wechselseitigen Pflichten und Rechte aneinander erinnern und uns auf als zivil geltende Standards einigen, um ein radikal egalitär gestaltetes Zusammenleben wirklich werden zu lassen. Einmal abgesehen davon, dass bereits diese Standards auf ihre wenigstens impliziten normativen und normalisierenden Gehalte hin untersucht werden müssen, sind die Aufgaben sehr verschieden, abhängig davon, aus welcher historischen, sozialen, politischen und moralischen Position heraus wir jeweils die Arbeit aufnehmen. Privilegien nicht einzulösen, eine »imperiale Lebensweise«[62] zu verlernen, aktiv Nein zu einer über Jahrhunderte geformten Sozialisierung durch Dominanzkultur zu sagen, verlangt etwas anderes, als sich aus einer Position ebenfalls über Jahrhunderte geformter Enteignung heraus als politische Bürger_in neu zu entwerfen. Wenn die liberale Demokratie, wie die Historikerin Hedwig Richter argumentiert, im Wesentlichen ein Projekt des 19. Jahrhunderts und der neu entstehenden bürgerlichen Elite war,[63] eine Weise des Zusammenlebens und Sichregierens also, das von *weißen*, cis-männlichen, heterosexuell lebenden und mit dem Recht auf Eigentum ausgestatteten Bürgern erdacht und ins Werk gesetzt wurde, braucht es im 21. Jahrhundert für die Demokratie des kosmopolitischen Zeitalters, für eine Demokratie der Vielen, dringend eine neue Vision von Bürger_innenschaft. Eine bürgerliche Revolution 2.0 wird nicht ausreichen, sie kann nicht einfach in die Zukunft hinein verlängert und dort vollendet werden – weil sie von Anfang an nicht universal gedacht, weil sie eine *bürgerliche* Revolution war: Eine »Geschichte der Sieger, der besitzenden Männer«, schreibt die politische Theoretikerin Isabell Lorey.[64]

Ein dringliches Anliegen ist die Suche nach einer neuen Sprache des Gemeinsamen aber noch aus einem weiteren Grund. Stetig verblasst die Erfahrung, mit anderen in Gemeinschaft zu leben, mehr, franst das Recht auf Gemeinschaft aus und wird fragiler. Beständig wächst weltweit die Zahl derer, denen es vorenthalten ist, sind allzu viele verwiesen in ein Leben auf der Flucht oder in Haft, relegiert in ein Dasein an den Rändern, in einen Körper, der nicht der ihre ist, in die liminalen Grauzonen der Lager auf griechischen Inseln, an der amerikanisch-mexikanischen Grenze, in der Wüste Libyens, in all den ungezählten Flüchtlingslagern der Welt, dort, wo internationale humanitäre Hilfe und polizeiförmig organisierte Versicherheitlichung oft ununterscheidbar ineinandergreifen. Abgeschoben in ein von Rassismus und Sexismus, von Homo-, Trans- und Cripfeindlichkeit getränktes, Physis und Psyche der Menschen beschädigendes Leben; ein Leben in Subalternität und Überflüssigkeit, Prekarität und Unhörbarkeit. Wohl niemals zuvor in der Geschichte war die Zahl derjenigen, die um ihren »Standort in der Welt«[65] gebracht worden sind, um eine Formulierung Hannah Arendts aus ihren Ausführungen zu den »Aporien der Menschenrechte« aufzugreifen, größer als heute. Laut der UNO-Flüchtlingshilfe mussten niemals zuvor mehr Menschen ihr Zuhause aufgeben oder haben vielleicht auch nie ein Zuhause erlebt.[66]

Ohne Standort in der Welt

Ohne Standort in der Welt zu sein – gegenwärtig ist das zweifellos die Erfahrung von immer mehr Menschen auf allen Kontinenten: Weil sie vor Krieg und gewaltförmig ausgetragenen Konflikten, vor Terror und Verfolgung fliehen oder sie von mafiösen Banden, korrupten, autoritären oder diktatorischen Regimen und Milizen beherrscht, verschleppt, versklavt oder vertrieben werden. Weil sie in den Augen der in ihrem Land Mächtigen die falschen Menschen lieben, an den falschen Gott glauben, der falschen politischen Überzeugung anhängen, dem falschen Geschlecht angehören. Weil der rassifizierte Kapitalismus in einem inzwischen 500-jährigen Prozess ungleiche, gewaltförmige »Austauschverhältnisse zwischen den Zentren der Akkumulation von Kapital und (wechselnden) Peripherien geschaffen hat, in denen ›natürliche Ressourcen‹ – seien dies mineralische, energetische und agrarische Rohstoffe oder ›billige‹ Arbeitskräfte – als ›Gratisproduktivkräfte der Natur‹ zur Verfügung standen«.[67] Weil durch Entwaldung und Brandrodungen von gewaltigem Ausmaß, durch die Versiegelung von Böden, die Erschöpfung von Wasserressourcen und die Plünderung von Rohstoffen die Lebensgrundlagen von Menschen vernichtet worden sind. Weil Dürren und Überschwemmungen in Folge der menschengemachten Erderwärmung, die Vergiftung von Luft, Böden und Gewässern, die Patentierung und Monopolisierung von Saatgut[68] und Impfstoffen sowie die stetig voranschreitende Vernichtung der Artenvielfalt[69] ihre Subsistenzweisen zerstört haben. Weil Kasino-Kapitalismus, digitale Finanzmarktspekulation, die ungebremste Expansion der Märkte, IWF-Strukturanpassungsprogramme und von der Weltbank durchgesetzte Schuldenpolitiken Menschen in ökonomische Abhängigkeit, Verelendung und Armut treiben. Also weil Menschen ›anders‹ lieben, dissident denken und schlicht von einem selbstbestimmten Leben träumen. Weil sie weggehen müssen, um bei sich anzukommen. Weil sie rationale, ökonomische Entscheidungen treffen und sich dorthin aufmachen, wo sie ein ausreichendes Einkommen erwarten und hoffen, ein sicheres Leben führen zu können – und sie auf diesem Weg oft genug kriminalisiert, entrechtet, drangsaliert und ausgesetzt werden oder gar sterben.

Mehr als 270 Millionen Migrant_innen, die sich dauerhaft in einem anderen Land niedergelassen haben, zählen die Vereinten Nationen im Jahr 2019. Das sind rund 3,5 Prozent der Weltbevölkerung. Rund 80 Millionen Menschen befinden sich aktuell auf der Flucht,[70] geschätzte 10 Millionen Menschen auf der Welt gelten als staatenlos, nur 4,2 Millionen von ihnen sind erfasst.[71] Nicht wenige werden in Lagern geboren und sterben dort auch – und das teilweise seit Generationen, wie in den Lagern für Palästinenser_innen im südlichen Libanon. Von einer »protracted refugee situation«, einer auf Dauer gestellten Flüchtlingssituation, sprechen die Vereinten Nationen.[72] Rund 40 Millionen Menschen, darunter 30 Millionen Mädchen und Frauen und jede_r vierte minderjährig, lebten 2016 laut Schätzungen der International Labour Organization der UN in zeitgenössischen Formen der Versklavung, rund 25 Millionen von ihnen in Zwangsarbeit und 15 Millionen in Zwangsehen und Zwangsprostitution.[73] Zusammengerechnet stellen Geflüchtete, Staatenlose und die Opfer von Menschenhandel, Zwangsarbeit und Zwangsprostitution damit knapp weitere zwei Prozent der Weltbevölkerung. Das sind weit mehr Menschen, als Deutschland Einwohner_innen zählt.

Es ist dieses oft, aber nicht immer extrem prekarisierte, »transnationale Nomadentum« und besonders die ihm aufgezwungene Lebensform, die in vielerlei Hinsicht zum Inbegriff der gegenwärtigen globalen Lebensverhältnisse geworden ist und die, so der Anthropologe Didier Fassin, »das Imaginäre der Gesellschaften der Gegenwart heimsucht«.[74] Ein Leben *ohne Standort in der Welt*, eingekapselt in die Unmittelbarkeit einer überwältigenden Gegenwart und ohne verlässliche Zukunftsaussichten. In provisorischen Behausungen ausharrend, abgeschnitten von Herkunft, Sprache und der »Vertrautheit des Alltags«, von der »Einfachheit der Gebärden und dem ungezwungenen Ausdruck der Gefühle«, wie Hannah Arendt in ihrem Essay »Wir Flüchtlinge« deren Existenz charakterisiert.[75] Dystopisches Sinnbild einer Welt, die zu lernen versäumt hat, »Tag und Nacht in Gesellschaft *aller* Menschen« voranzugehen, um eine Formulierung von Frantz Fanon, Psychiater und postkolonialer Theoretiker, aufzunehmen.[76] Auch Sinnbild einer Welt, die diesen Verlust nicht zu betrauern weiß, weil sie sich ihm nicht einmal bewusst ist. Ein Verlust, der gleichwohl eingewoben ist in die Textur der Gesellschaften der Gegenwart, in ihre Institutionen und Praktiken, ihre Sitten und Gebräuche, ihre Denkweisen und moralischen Gepflogenheiten, in ihre Wissensbestände und ihr Vorstellungsvermögen. In eine Welt freilich, die das Wissen um diesen Verlust aktiv verdrängt und unterdrückt, und zwar seit jenem Moment im 15. Jahrhundert, als die »Europäer der Alten Welt auf die Völker und Kulturen der Neuen Welt stießen« und sich die Frage stellten, ob jene, auf die sie dort trafen, »echte Menschen« seien, wie der Soziologe Stuart Hall in seinen im April 1994 in Harvard gehaltenen *DuBois Lectures* beschreibt.[77] Den Spuren dieses über viele Jahrhunderte hinweg ausgebildeten, gewaltförmigen Verlustes zu folgen und ihn zu unserem *Commons* zu machen, zu dem, was uns gemeinsam ist und was uns etwas angeht, ist die dringliche Aufgabe kritischer Theorie, heute vielleicht mehr denn je.[78]

In Gesellschaft aller Menschen

Gemeinschaft der Ungewählten verhandelt die Frage nach dem Recht, zu kommen und zu bleiben und in Gemeinschaft mit anderen zu leben, als Frage eines politischen *Ethos*. Damit meine ich im weitesten Sinne eine Lebensweise, die sowohl die Art und Weise unseres In-der-Welt-Seins als auch die Organisation unseres Zusammenlebens umfasst. Es handelt sich also nicht um eine persönliche, ganz und gar individuelle Haltung, Überzeugung, Vorliebe oder Meinung, sondern um einen Zusammenhang: von Tun und Verhältnissen, Praktiken und sozialer Ordnung. Ganz ähnlich definiert die Sozialphilosophin Rahel Jaeggi Lebensform: als Zusammenhang »von Praktiken und Orientierungen und Ordnungen sozialen Verhaltens«.[79] Ethos umfasst also das Tun der Einzelnen, aber auch das, was dieses Tun bedingt, was es anleitet, beispielsweise das moralische Gefüge oder das ebenfalls das Handeln strukturierende (auch wissenschaftliche) Wissen einer Gesellschaft. Auch individuelle wie kollektive moralische Urteile, die wir implizit oder explizit im und durch unser Tun fällen und mit denen wir über Zugehörigkeit oder Ausschluss entscheiden, gehören dazu. Beispielsweise die Entscheidung, ob die Menschen in den Elendslagern auf Lesbos von den Staaten Europas aufgenommen werden, oder ob sie weiterhin an der Grenze zum Menschlichen festgesetzt und gezwungen werden, dort auszuharren. Als »Übung in Triage« beschreibt der Autor und Aktivist John Washington in seiner Studie *The Dispossessed. A Story of Asylum at the US-Mexican Border and Beyond* die gegenwärtige Asylpolitik. Tagtäglich werde entschieden, wer des Schutzes wert sei und wer nicht, wer dazugehören dürfe und wer nicht, wer leben dürfe und wer nicht.[80] Ein Ethos konstituiert und stabilisiert mithin – *for better or worse* – Gemeinschaft. Und es grenzt diese von anderen Gemeinschaften ab.

Von welcher Beschaffenheit müsste nun im konzeptionellen Kontext eines *Ethos* als Zusammenhang von Tun und Verhältnissen ein solches prinzipiell allen eignendes Recht zu kommen und zu bleiben sein? Handelt es sich um eine Gnade, gewährt nach Belieben? Um simple Höflichkeit, die es gebietet, jenen, die an meine Schwelle treten, den Eintritt nicht zu verwehren und ihnen den Stuhl zur Rast nicht vorzuenthalten? Um eine soziale Konvention also? Beides, Gnade und soziale Konvention, würde den Ansprüchen an eine demokratische Lebensweise, die rechtsstaatlichen Prinzipien und dem auch praktischen Bekenntnis zu Freiheit und Gleichheit aller Menschen verpflichtet sowie am Grundsatz der Interdependenz ausgerichtet ist, nicht genügen. Haben wir es stattdessen mit einem unveräußerlichen Menschenrecht zu tun? Immerhin hat sich die internationale Staatengemeinschaft mit der im Dezember 1948 verabschiedeten Allgemeinen Erklärung der Menschenrechte genau hierzu bekannt: dass es »Dinge gibt, die wir allen Menschen schulden, ungeachtet dessen, wie fremd sie uns scheinen mögen«.[81] Die Menschenrechtserklärung erkennt auch ein unteilbares moralisches Recht auf Gemeinschaft an: das Recht nämlich, eine Familie zu gründen (Artikel 16). Auch im universellen Recht auf Staatsbürgerschaft, wie es Artikel 15 der Erklärung vorsieht, ist das Recht auf Gemeinschaft – in diesem Fall als Zugehörigkeit zu einem politischen Gemeinwesen – protokolliert. Wie es freilich um die Unveräußerlichkeit dieser Menschenrechte, wie überhaupt um das »Recht, Rechte zu haben«,[82] bestellt ist, hat Hannah Arendt in ihren bereits zitierten Ausführungen zu den Aporien der Menschenrechte eindrucksvoll aufgezeigt. Seitdem können wir wissen, dass sie nur so viel wert sind, wie es starke Staaten gibt, die bereit sind, sie zu garantieren. Die Menschenrechte müssten also Bürger_innenrechte – *citizenship* – und nicht bloßes Menschenrecht sein. Zum »Recht der Rechtlosen«, dem Recht derjenigen, die selbst nicht in der Lage sind, für ihre Rechte einzutreten, seien die Menschenrechte im 21. Jahrhundert verkommen, diagnostizierte der Philosoph Jacques Rancière vor einigen Jahren. In der Folge seien sie immer häufiger als ideologisches Rüstzeug für militärische »humanitäre Intervention« benutzt worden.[83] Selbst wenn wir diese Ansicht Rancières für überzogen halten sollten, vom »Anspruch einer jeden menschlichen Person, von der Weltgesellschaft als juristische Person anerkannt und geschützt zu werden«, wie die Philosophin Seyla Benhabib fordert, sind wir auch im Jahr 2021 weiter entfernt denn je.[84] In vielen Fällen ersetzt die ungleich unschärfere Diagnose der Vulnerabilität das Recht auf Rechte. Als Person ohne Rechte konstituiert zu werden, betrifft vor allem die wachsende Zahl von Staatenlosen und Geflüchteten, es betrifft aber auch eine nicht unerhebliche Zahl von Bürger_innen auch in demokratisch verfassten Nationalstaaten. In den Vereinigten Staaten von Amerika beispielsweise verlieren rechtskräftig Verurteilte in 48 Bundesstaaten ihre Bürgerrechte aufgrund der sogenannten »3 Strikes, You're Out«-Gesetze, nach denen gänzlich unabhängig von der Schwere des jeweiligen Vergehens bei der dritten Verurteilung automatisch eine lebenslange Haftstrafe verhängt wird. Mehr als sechs Millionen US-Amerikaner_innen, darunter unverhältnismäßig viele Schwarze Bürger_innen, ist aktuell auf dieser Grundlage das Wahlrecht entzogen – und damit das Recht, über ihre Belange und ihr Leben mitzuentscheiden.[85]

Wie unverbrüchlich also ist das Recht auf Zugehörigkeit und Gemeinschaft, und was wäre seine Grundlage? Von der Notwendigkeit »für uns alle, zu spüren, dass dies unsere Welt ist«, spricht die Historikerin, Feministin, Bürgerrechtsaktivistin und Gründerin des A-cappella-Ensembles Sweet Honey in the Rock, Bernice Johnson Reagon,[86] auf dem West Coast Women's Music Festival 1981 im kalifornischen Yosemite-Nationalpark – Land, auf dem vor der Ankunft der *weißen* Europäer_innen und deren gewaltsamer Aneignung dieses Landes Shoshones und Paiutes gesiedelt hatten. Es sei nicht einfach für sie, hier zu sein, beginnt Johnson Reagon ihren Vortrag. Sie könne kaum atmen, ihre Lungen seien nicht an die Höhe gewöhnt. Die Festivalorganisator_innen hätten offenkundig nicht bedacht, dass auch die Höhenlage eines Ortes eine Zugangsbarriere sein könne, als sie entschieden, das Festival in Yosemite, rund 600 Meter über dem Meeresspiegel, stattfinden zu lassen. *There is a lesson in bringing people together where they can't get enough oxygen, then having them try to figure out what they're going to do when they can't think properly.*

Das ›Wir‹, fährt Johnson Reagon fort, müsse aber »so groß wie möglich« sein, dafür gelte es, Sorge zu tragen. Schließlich seien wir »so ziemlich am Ende einer Zeit angelangt, in der wir einen Raum haben können, der ›nur für uns allein‹ ist – nur für die Menschen, die wir dort haben möchten«. Die Illusion, dass wir alle für uns sein könnten, sagt Bernice Johnson Reagon im Sommer 1981, wenige Monate nachdem Ronald Reagan als 40. Präsident der USA ins Weiße Haus eingezogen ist, sei endgültig vorbei. Niemand könne mehr davon ausgehen, dass wir nur mit jenen Menschen zusammenleben würden, die so sind wie wir selbst. Schließlich seien wir alle gekommen, um zu bleiben, und niemand habe vor, irgendwo anders hinzugehen. Wer es stattdessen vorziehe, unter sich zu bleiben, wer es vorziehe, in vergitterten, abgeschotteten Räumen zu leben, habe ohnehin keine Chance, zu überleben. Denn die Türen solcher Räume würden dereinst schlicht »rot angestrichen« und so jenen, »die das Sagen haben« und sich bereit machten, »das Haus zu säubern«, den Zutritt ungemein erleichtern. Worte von damals ungeahnter prophetischer Kraft. Nur wenige Wochen nachdem Johnson Reagon gewarnt hatte, dass niemand zurückgelassen werden dürfe, wenn wir alle überleben wollten und wir uns nicht auf vermeintlich sichere und uns sichernde Unterscheidungen wie innen/außen, sicher/riskant, fremd/vertraut, eigen/fremd verlassen dürften, wurden die ersten Fälle einer bis dato unbekannten Erkrankung öffentlich, die die US-amerikanische queere Community bis ins Mark erschüttern und im Laufe des Jahrzehnts allein in den USA mehr als 100 000 Menschen das Leben kosten sollte. Das HI-Virus hatte die Bühne betreten und würde genau diese vermeintlich sicheren Unterscheidungen für immer pulverisieren. Die »Aids-Krise«, die auch und vielleicht vor allem ein Ergebnis von Staatsversagen und staatlich forcierten Nekropolitiken war, »hatte uns direkt mit den Konsequenzen von Separatismus und Liberalismus konfrontiert«, wie der Aktivist und Queer-Theoretiker Douglas Crimp am Ende jenes verheerenden Jahrzehnts feststellte.[87]

Im Jahr 1795 hatte der Philosoph Immanuel Kant von »Hospitalität« gesprochen, dem »Recht eines Fremdlings, seiner Ankunft auf dem Boden eines anderen wegen, von diesem nicht feindselig behandelt zu werden« und sich »zur Gesellschaft« anbieten zu dürfen.[88] *Sich zur Gesellschaft anbieten dürfen.* Für Kant ein universelles Recht, keine philanthropische Gefälligkeit, die gewährt werden kann oder auch nicht.[89] Ein unbedingtes Recht, das – ganz ähnlich, wie es zweihundert Jahre später Bernice Johnson Reagon verstand – allen Menschen »vermöge des Rechts des gemeinschaftlichen Besitzes der Oberfläche der Erde« zusteht. Schließlich habe »niemand an einem Orte der Erde zu sein mehr Recht« als alle anderen. Ein »Besuchsrecht«, nicht das Recht auf Eigentum an diesem oder jenem Territorium – weil uns die Erde nicht gehört beziehungsweise weil sie allen gleichermaßen gehört, Commons ist, nicht Eigentum. Von einem universalen »moralischen Recht auf globale Bewegungs- und Niederlassungsfreiheit« spricht heute auch der Philosoph Andreas Cassee.[90] Es handele sich dabei um ein Recht, wie er überzeugend ausführt, das nur mit Gründen eingeschränkt werden darf. Grundsätzlich sei es nämlich »das gute Recht jedes Menschen, sich auf der Oberfläche des Planeten, den wir gemeinsam bewohnen, frei zu bewegen, und jede Ausnahme von diesem Grundsatz bedarf einer Rechtfertigung durch andere entsprechend gewichtige Ansprüche«.

Frage ich im Lichte dieser Argumente danach, was uns daran hindert, das ›Wir‹ »so groß wie möglich« zu machen, wie Johnson Reagon sagt, was uns davon abhält, das Angebot zur Gesellschaft zu machen oder anzunehmen, in Kants Formulierung, und woran der

Versuch scheiterte, mit Fanon gesprochen, »Tag und Nacht in Gesellschaft aller Menschen« voranzugehen, insistiere ich zugleich auf der Unveräußerlichkeit des Rechts, mit anderen in einer Gemeinschaft der Gleichen zu leben. Ein solches Recht auf Gemeinschaft ist ein ebenso unteilbares moralisches Recht wie jenes Recht auf globale Bewegungsfreiheit, von dem Cassee spricht. Es dokumentiert unsere moralische Gleichheit. Weil wir nicht ohneeinander können und, ob gewollt oder nicht, einander brauchen, um zu überleben. Weil wir nur in Gemeinschaft miteinander aushandeln können, was uns angeht und wie wir uns regieren wollen. Weil wir ohneeinander verlassen sind, wie Hannah Arendt sagt.[91]

Dabei geht es mir nicht um die Wiederbelebung eines schmachtenden, nostalgischen, konservativen Verlangens nach Gemeinschaftlichkeit. Auch die Sehnsucht nach einer wie auch immer gearteten ›guten alten Zeit‹, sei es des Nationalstaates, der heterosexuellen Kleinfamilie oder nach der parochialen, dörflichen Gemeinschaft, soll nicht mobilisiert werden. Die Rehabilitation solch tribaler Vorstellungen kann nicht nur nicht anders als ideologisch sein, sie versperrt auch den Weg in die Zukunft, insofern sie diese auf das klägliche Abziehbild einer selbst schon kläglichen, weil imaginären Vergangenheit reduziert. Geschichte als Spiegelkabinett. Und schließlich treibt auch die Sorge um Kontinuität gegen die als Unbill erlebte Kontingenz der Geschichte mich nicht um. Es geht mir weder um Eindeutigkeit oder Bestimmtheit noch um den vermeintlichen Verlust von Unverwechselbarkeit durch den Kontakt mit anderen. Reinheit, Homogenität und Identität, klare Grenzen, eindeutige Zugehörigkeit und Beherrschbarkeit, all das ist meine Sache nicht.

Zwischen der Skylla solipsistischer Singularitäten und der Charybdis homogenisierender Vergemeinschaftung gilt es also, einen Weg ins heterogene Offene zu finden. Hinter Autonomie gibt es hier kein Zurück, sie ist unzweifelhaft eine soziale Tatsache. Autonom sind wir, wir wollen unser Leben selbstbestimmt leben, für uns und die Dinge, die uns angehen, Verantwortung übernehmen, uns selbst regieren. Doch autonom sind wir niemals allein, sondern immer nur »gemeinsam mit anderen«.[92] Wir existieren »von Grund auf« nur durch entsprechende andere, sind Mitmensch, ehe wir »auch Individuum« sind, und ein »Moment der Verhältnisse«, in denen wir leben, wie es das Frankfurter Institut für Sozialforschung um Theodor W. Adorno und Max Horkheimer schon in den 1950er Jahren konstatiert. Unter der »Einwirkung des Liberalismus«, darauf beharren die Frankfurter entschieden, hätten wir uns freilich »vollends daran gewöhnt, die Monade als ein Absolutes, für sich Seiendes, zu denken«.[93] Doch statt aus dieser gleichermaßen antiquierten wie anhaltend gefährlichen, die Welt und die Leben bedrohenden, monadischen Souveränitätsfiktion auszusteigen, erleben wir politisch seit geraumer Zeit den Aufstieg von Regimen, die auf ebendieser Souveränitätsfiktion basieren – von Indien über Russland, Belarus, die Türkei, Ungarn und Polen bis hin zu den USA und Brasilien – und im gesellschaftlichen Leben deren beständige, groteske, spektakelhafte Überdrehung. Virtuell ins Unendliche ausgeweitete, kommerzialisierte Zonen egozentrierter Selbstgestaltung anstelle der Erprobung nichtsouveräner, aufeinander verwiesener Formen von Sozialität und Sein[94] und der Erkundung von Möglichkeiten zur Erweiterung und Vertiefung demokratischer Selbstbestimmung. Emanzipation, die sich erschöpft im Recht jeder und jedes Einzelnen, sich von den anderen zu unterscheiden – eine »Gemeinschaft der Herausgeputzten«, wie der Soziologe Zygmunt Bauman es so unnachahmlich formuliert hat.[95] Eine privatisierte Moderne, die im Moment ihrer Inauguration gesellschaftliche und individuelle Emanzipation, Gleichheit und Freiheit auseinanderriss und die Freiheit der Einzelnen als gegen andere zu verteidigendes Privateigentum entwarf. *Phantombesitz*.[96] Gesellschaft ist hier zur Beute geworden. Nicht länger vorstellbar als Raum der Solidarität, vielmehr degradiert zum Ermöglichungsrahmen unserer unternehmerischen Aktivität, deren privilegierter Modus Konkurrenz, nicht Kooperation ist.

Das mit dieser Wendung entstandene gesellschaftliche und moralische Vakuum füllt heute mehr denn je das Placebo Identität und seine Surrogate: Heimat, Kultur, Nation, Religion, Volk. *Identität* – der aus der Flasche gelassene Geist, das Kollektivität und Solidarität zersetzende Ferment. In deren Namen soziale und kulturelle, ökonomische und nationale Grenzen gezogen, Rechte und Zugehörigkeit erteilt oder verweigert und Inklusion regulierende Normen formuliert werden. Politiken der Feindschaft. Fader Nachhall einer dünnen liberalen Vision, die uns nur als *Wolf unter Wölfen* beziehungsweise – in einem nur vordergründig ziviler anmutenden Bild – als nutzenmaximierende, auf den eigenen Vorteil bedachte *Homines economici* zu denken vermag. Und die vor allem die Freiheit der Gewählten auf der Unfreiheit der Ungewählten gegründet hat, deren nur leise vernehmbare Stimmen beständig gestört und daran gehindert wer den, ein ›Wir‹ zu sprechen. Verweigerung von Gleichheit ist die paradigmatische Geste der Macht.

Die Aufgaben der Kritik

Die »wirklich wesentliche Frage in Bezug auf ein Buch ist doch: Hat es irgendeiner menschlichen Seele geholfen?«
Walt Whitman, 1871

Epistemische Gewalt

»Wer die Behinderung oder Verunmöglichung, ein ›Wir‹ sprechen zu können, theoretisch als Verweigerung von Gleichheit und paradigmatische Geste der Macht beschreibt, darf von epistemischer Gewalt nicht schweigen«, bin ich versucht, mir an dieser Stelle selbst eine Flaschenpost zu schicken.[1] *It's the epistemic structure, stupid!* Im Volltext: Herrschaft ist auf Wissen angewiesen, funktioniert im Modus des Wissens. Sie basiert auf semantischer Kontrolle *»dessen, was ist«* – das Mittel der Wahl für die Herrschaft der Wenigen über die Vielen, so der Soziologe Luc Boltanski.[2] Die gesellschaftliche Konstruktion der kognitiven – und affektiv ambivalent aufgeladenen – Schemata, mit deren Hilfe wir uns Welt erschließen und ihre Ordnung an|er|kennen, dürfen wir daher nicht außen vor lassen, wollen wir verstehen, wie die Relais zwischen Verhältnissen und Subjekten, die uns am Platz halten, funktionieren. Denn es sind genau die wissensbasierten Wahrnehmungs-, Denk-, Bewertungs- und Handlungsmatrizen, die uns, eingelassen in unseren Habitus, nicht nur die Welt, sondern auch uns selbst in den Begriffen von Herrschaft zu verstehen geben. Welt wird uns zu sehen gegeben. Sie ist, wie sie eben ist: hierarchisch geordnet, ausgerichtet an der Legitimität der gegebenen Grenze des Menschlichen, sortiert in Gewählte und Ungewählte.

Schon diese flüchtige Beschreibung dessen, was der Soziologe Pierre Bourdieu *symbolische Gewalt* nennt, und wovon epistemische Gewalt eine privilegierte Spielart ist, macht deutlich, warum es im Kontext dieses Buches, das auch den herrschaftlichen Zusammenhang von Denk- und Vergesellschaftungsformen zu adressieren sucht, notwendig ist, über *epistemische Gewalt* zu sprechen. Und, mehr noch, warum es notwendig ist, epistemische Gewalt zu brechen, wenn die vor uns liegende Aufgabe darin besteht, das ›Wir‹ neu zu denken, ein horizontales, demokratisches In-der-Welt-Sein zu begründen und eine neue moralische Ökonomie der Gleichheit ins Werk zu setzen. Was ist epistemische Gewalt, in welchen Gestalten tritt sie in Erscheinung und, vor allem, was sind, im Lichte der Effekte einer solchen Gewalt, die Aufgaben der Kritik?

In aller gebotenen Kürze können wir epistemische Gewalt als Gewalt in Wissensform beschreiben.[3] Sie ist insofern eine herausgehobene Spielart symbolischer Gewalt, als die Zustimmung der Beherrschten zu der über sie ausgeübten Herrschaft darauf gründet, dass diese – in der Regel – nur über solche Mittel zur Erschließung von Welt verfügen, die die Beherrschten mit den Herrschenden gemein haben. Obgleich das nicht bedeutet, dass Herrschaft passiv und unbewusst erlitten und hingenommen wird, sondern sie vielmehr in Kämpfen und gegen Widerstände durchgesetzt werden muss, kommen die Beherrschten schwerlich umhin, jene Mittel auf sich selbst und ihre Position im sozialen Gefüge anzuwenden. Sosehr sie sich auch kritisch gegen die Verhältnisse wenden, in die sie gestellt sind, und Ungerechtigkeiten anprangern – und sie tun das –, ist es nahezu unausweichlich, dass ihnen die Herrschaftsverhältnisse zunächst als *doxa*, als natürlich erscheinen, das heißt als gegeben und nicht gemacht.[4] »Die symbolische Macht«, erläutert Bourdieu in *Die männliche Herrschaft*, »kann ihre Wirkung nicht ohne den Beitrag derer entfalten, die ihr unterliegen und die ihr nur deshalb unterliegen, weil sie sie als solche [als Unterworfene] *konstruieren*«, sie also als Unterworfene zurechtgemacht werden.[5] Als die »hypnotische Macht der Dominanz«[6] hat Virginia Woolf dies beschrieben. Pierre Bourdieu wiederum spricht von symbolischer Gewalt als einer magischen Kraft, die ihre Wirkung gleichsam unsichtbar, dafür aber umso nachhaltiger entfaltet.

Werden die Beherrschten auf der einen Seite also genötigt, sich durch die Brille der Herrschaft zu sehen, ohne diese Verzerrung umstandslos erkennen zu können, bewahrt epistemische Gewalt auf der anderen Seite die Herrschenden davor, die Beherrschten *überhaupt* zu sehen. Und das heißt auch: »sich um sie zu kümmern, sie zu berücksichtigen, sie zu kennen, sie zu bedenken«.[7] Auf diese epistemische Ungerechtigkeit, das Privileg des Nichtwissens, hat jüngst noch einmal die Philosophin Elsa Dorlin in *Selbstverteidigung. Eine Philosophie der Gewalt* hingewiesen. Es ist ein Privileg, das den Herrschenden »Zeit für sich selbst« verschafft – weil sie von den anderen nicht wissen, ihre Leben nicht bedenken müssen. Ausdruck einer asymmetrisch strukturierten moralischen Ökonomie, die jenen in den herrschenden gesellschaftlichen Positionen erlaubt, »sich selbst kennenzulernen, sich selbst zu lieben, sich selbst zuzuhören, sich selbst zu kultivieren«. Nichts anderes also als das: Dominanzkultur zelebrieren, ermöglicht durch eine Epistemologie der Ignoranz. Durch die Chance, mit anderen Worten, von der Bedrängnis der anderen nicht wissen zu müssen und die Rolle, die *race* und Gender in der Strukturierung von Welt und Wissen spielen, ausblenden zu können.[8] »In der Unschuld liegt das Verbrechen«, erklärt der Schriftsteller James Baldwin in seinem berühmten Brief »Mein Kerker bebte« an seinen Neffen.[9] Einhundert Jahre liegen zwischen diesem Brief und der im September 1862 mit der *Emancipation Proclamation* verfügten Abschaffung der Sklaverei in den Staaten der Konföderation. Einhundert Jahre, die die Schwarzen Amerikas nur um ein Weniges der Emanzipation nähergebracht haben.

Epistemische Gewalt hat viele Gesichter. Sie bedient sich nicht nur des Wissens als Mittel – das tut sie auch –, sie hat vielmehr selbst die Gestalt von Wissen angenommen. Gewalt materialisiert in Theorien und

Methoden, in sich als Wissenschaft tarnenden sexistischen Klassifikationen und rassistischen Taxonomien, die Abstufungen des Menschlichen definieren und so die Anderen auf Abstand halten. Gewalt, geronnen in technischen Normierungen und digitalen Algorithmen, in gesetzlichen Normen und administrativen Verordnungen; ganz allgemein in der diskursiven Infrastruktur und den symbolischen Ökonomien, in denen wir situiert sind und uns bewegen und mit deren Hilfe wir uns eben ›Leute (zurecht) machen‹. Gewalt, die die Weisen durchdringt, wie Welt durch und im Wissen gerastert wird, die für uns durch Wissen intelligibel wird. Die in unterschiedlichen Formen in Erscheinung tritt, nicht zuletzt derart, dass die Artikulation nur bestimmter Sachverhalte ermöglicht wird, während andere Sachverhalte aus der Sprache ausgeschlossen beziehungsweise nur in entstellter Weise in sie eingeschlossen werden. Wir können epistemische Gewalt daher auch als eine Form von *Wahrheitspolitik* verstehen, die mit und durch Wissen reguliert, was in einer gegebenen historischen Situation als ›wahr‹ beziehungsweise ›vernünftig‹ gelten kann, die also unsere *Rationalitätsordnung* organisiert, beispielsweise die von Geschlecht oder *race* – ich werde im folgenden Kapitel darauf zurückkommen. Der Philosoph Michel Foucault spricht hier von den Bedingungen, innerhalb derer etwas »im Wahren« sein kann.

Wahrheitspolitik ist dabei keine abgehobene Angelegenheit, fern des Alltags. Im Gegenteil: Sie berührt auch die Grenzen dessen, wie und was wir sind, was wir werden können, sie definiert die Grenzen unseres Seins. Wissen ist beteiligt an dem, was Pierre Bourdieu so elegant und knapp *vision du di-vision du monde social*, Visionen der Teilung der sozialen Welt, genannt hat. Es ist Wissen, das das verständliche Feld der Subjekte erzeugt, das definiert, wie wir uns haben begreifen können und wie wir begriffen werden, das bestimmt, wie wir von uns selbst wissen können – und wer wie gesehen wird oder auch nicht. Wissen positioniert uns (auch) als männlich oder weiblich, als ›normal‹ geschlechtlich oder deviant, als rassifiziertes oder unmarkiertes Subjekt, als medizinische Risikogruppe, die in der Pandemie besonderen Schutzes bedarf, als zu Recht im öffentlichen Raum anwesende Gruppe oder als eine, die die gesellschaftliche Ordnung besonders gefährdet und deshalb verschärft zu kontrollieren ist.

Die ein Sein konstituierende Macht epistemischer Gewalt zeigt sich darüber hinaus auch in den Formen sprachlicher Adressierung, die wir erfahren, das heißt in den Weisen, in denen wir je unterschiedlich in Sprache und Sein hineingeholt werden. Auch sie sind Teil von Dominanzkultur, eine der unendlich vielen Praktiken von Unter- und Überordnung, über die wir verfügen. Auf diesen Aspekt epistemischer Gewalt, nämlich in entstellter Form in Sprache eingeschlossen, auf gewaltvolle Weise adressiert zu werden und gerade dadurch unhörbar, un|an|erkennbar zu sein, hat Toni Morrison im Hinblick auf rassistische sprachliche Strukturen wiederholt hingewiesen. Als »schwarze Schriftstellerin«, schreibt Morrison, kämpfe sie »mit einer und durch eine Sprache, die versteckte Anzeichen rassischer Überlegenheit, kultureller Hegemonie und abfälliges Ausgrenzen von Menschen und ihrer Sprache [...] machtvoll beschwören und noch verstärken« könne.[10] Es sei deshalb erforderlich, »Wege zu finden, um die Sprache von ihrer manchmal unheimlichen, oft trägen und fast immer voraussagbaren Verwendung von rassisch geprägten und festgelegten Ketten zu befreien«.

Und insofern die Art, wie wir je unterschiedlich in Sprache und Sein hineingeholt werden, auch die Regeln des *Gehörtwerden*-Könnens organisiert, berührt Morrisons Forderung, Sprache von »rassisch geprägten und festgelegten Ketten zu befreien« auch die Frage, wie wir die Regeln des *Sprechens* verändern müssen, damit marginalisierte, subalterne Stimmen Gehör finden. Die Philosophin Gayatri Chakravorty Spivak hat dies in ihrem berühmten Text *Can the Subaltern Speak?* in die Frage gekleidet, ob sich aus den »auf groteske Weise falsch transkribierten Namen« je eine »Stimme zusammensetzen« lässt.[11] Spivak macht hier auf einen wichtigen Aspekt aufmerksam: Die Subalterne wird nicht deshalb nicht gehört, weil sie schweigt. Im Gegenteil: Sie führt eine Rede, sie spricht. Doch ihre Rede wird nicht gehört, weil sie nicht unter ihrem eigenen beziehungsweise nur unter verzerrtem Namen geführt werden kann, weil ihre Stimme diffus und ausgefranst ist, weil Macht ihre Sinnwelt und damit die Intelligibilität ihrer Rede zerstört hat.

Ganz ähnlich analysiert auch der Philosoph Jonathan Lear diesen Prozess der Zersetzung von Intelligibilität. In *Radikale Hoffnung. Ethik im Angesicht kultureller Zerstörung*, das die Geschichte der Zerstörung der Kultur der Crow zum Thema hat, beschreibt Lear den Verlust der eigenen Begriffe, mit denen ein Narrativ aufgebaut werden kann, als Moment der Zerstörung ihrer Kultur. Lear versteht das als einen »*echten Verlust*, nicht bloß einer, der aus einer bestimmten Perspektive beschrieben würde«: der »*echte Verlust einer Perspektive*«.[12] Ein Verlust, den wir daher auch als Epistemizid beschreiben können. Denn es geht nicht nur darum, *wer* die Gelegenheit erhält, (m)eine Geschichte zu erzählen, sondern auch um die Frage, in *welchen* Begriffen und Sinnhorizonten diese Geschichte erzählt wird und welche Perspektiven überhaupt existieren. Erzählt aber werden *wir*, ob wir es wollen oder nicht, ob wir die Geschichten mögen oder nicht, ob wir über die Begriffe verfügen, in denen wir erzählt werden und uns erzählen können oder nicht. Diese Erzählungen verorten uns, sie beschreiben unser So-Sein, beschreiben, wer wir für andere sind und als was wir für sie gelten; sie definieren den Abstand, den wir zum Menschlichen und zur Macht einnehmen (können). Ist darüber hinaus die Welt zerstört, in der die Begriffe, in denen wir uns erzählen, Sinn machten, und wurde der Zusammenhang zwischen den Menschen, ihren Begriffen und dem, was ihnen zugehörig ist, gewaltsam zerrissen, können auch ihre Erzählungen nicht mehr verstanden werden, verlieren die Handlungen und die Identität derjenigen, die in jener

Welt lebten, ihren Sinn. Ihre Rede kann nur noch als Gestammel gehört werden. Subalternes Sprechen.

Den Geistern folgen

Wenn Wissen also selbst (auch) Gewalt sein kann, teilhat an der Organisation unserer Rationalitätsordnung, an der Vision der legitimen Teilungen der Welt, daran, wie wir uns Leute zurechtmachen, wie kann Kritik dann ihren drei eingangs von mir beschriebenen Aufgaben gerecht werden? Also zu beschreiben, was ist; das, was ist, zu beurteilen hinsichtlich dessen, wie es auch sein könnte, und schließlich, abhängig von diesem Urteil, Schneisen für Veränderung zu schlagen. Kann epistemische Gewalt überhaupt mit den Mitteln des Wissens gebrochen werden, wenn die Kritik von der Kultur lebt, die sie zu kritisieren sucht, wie Adorno sagt? Was genau braucht es, um den Aufstand, der ein Lernprozess ist, der wiederum selbst ein Aufstand ist, zu initiieren, zu ihm anzustiften?

Ein Rat der Soziologin Avery Gordon kann uns hier als Kompass dienen. In *Ghostly Matters. Haunting and the Sociological Imagination* schreibt Gordon, wir müssten bereit sein, den »Geistern dorthin zu folgen, wohin sie uns führen«, und dabei dürften wir weder ihre Herkunft und Zugehörigkeit leugnen oder ihnen abschließend gedenken, noch sollten wir versuchen, uns ihrer zu entledigen.[13] Ein ohnehin aussichtsloses Unterfangen, insistiert Gordon, stellten Geister doch eine fortwährende Präsenz dar, die die ihnen gebührende Aufmerksamkeit einzufordern wüssten und die immer dann auftauchen würden, wenn das Problem, das sie verkörpern oder dessen Symptom sie darstellen, nicht länger eingedämmt und verdrängt, nicht länger nicht gesehen werden kann.[14] Aber gerade weil die Geister nicht weggehen werden, die Erinnerung an den Aufstand nicht gänzlich verblasst ist, können sie uns dabei helfen, »uns das vorzustellen, was verloren ging, was nie wirklich existierte«.[15]

Ja, möchte ich Gordon zurufen, die Geister *sind* unter uns, sie drängen an die Oberfläche, ringen darum, gehört zu werden. Je mehr wir sie für vogelfrei erklären, sie auf Distanz zu halten suchen, umso mehr suchen sie das Imaginäre unserer Gesellschaften heim. »Ceux qui sont morts ne sont jamais partis«, die Toten haben uns niemals verlassen, wir müssen nur lernen, sie zu hören, heißt es in »Les Souffles«, »Atem«, einem Gedicht des senegalesischen Dichters Birago Diop aus dem Jahr 1943.[16] Wir können ihren Atem hören – wenn wir es wollen. Den Atem von Breonna Taylor, George Floyd und Kayla Moore. Den Atem von Mercedes Kierpacz, Gökhan Gültekin, Sedat Gürbüz, Hamza Kurtović, Said Nesar Hashemi, Vili Viorel Păun, Fatih Saraçoğlu, Ferhat Unvar und Kaloyan Velkov. Wir können sie hören. Jene anderen Stimmen, die nie gehörten Geschichten, die Menschen sich über sich selbst, ihre Herkunft und ihre Zukunft erzählt haben und weiterhin erzählen. Die Geschichten der anderen Entwürfe ihrer selbst, ihrer Fähigkeiten, ihres Wissens und ihrer Erfahrungen, von denen ihre geraubten *belongings* künden, die, verdinglicht zu musealen Artefakten, der ästhetischen Erbauung *weißer* Europäer_innen dienen.[17] Wir können sie hören, jene Leben in den Nischen zweigeschlechtlicher und heterozentrischer Normen, auf den Müllhalden unserer behäbigen Wohl|an|ständigkeit, in der globalen Matrix der Kolonialität. Sie alle sind versammelt »in dem zugleich leeren und bevölkerten Raum all jener sprachlosen Worte, die dem, der ihnen ein Ohr leiht, einen dumpfen Lärm von unterhalb der Geschichte vernehmbar machen«, um Michel Foucaults unnachahmliche Worte zu borgen.[18] Genauso wie die von Generation zu Generation weitergegebenen Traumata, die gleichermaßen unsere Fähigkeit zur Imagination der Zukunft beschneiden wie sie unsere Antworten auf die Herausforderungen der Gegenwart zurechtstutzen und unseren Blick auf die Geschichte trüben. Sie werden nicht Ruhe geben, uns nicht alleine lassen, jedenfalls so lange nicht, wie wir uns der Aufgaben, die sie uns hinterlassen haben, nicht angenommen haben. Und genau deshalb dürfen wir die Geister weder fliehen noch dürfen wir sie musealisieren. Wir müssen vielmehr verstehen lernen, was sie zur »Selbstverständigung der Zeit über ihre Kämpfe und Wünsche« beizutragen haben.[19] Sie können uns dabei helfen, die Verluste zu vergegenwärtigen und unsere Verstrickung in die Verhältnisse von Unter- und Überordnung zu verstehen. Und auch dabei, Wege zu finden, wie diese Verluste zu betrauern sind und welche Formen von

Rechenschaft, Reparatur und Restitution angemessen wären. Und zwar um der Möglichkeit willen, dass es anders hätte sein können und immer noch anders sein kann, dass ein anderes ›Wir‹ möglich ist – »if we all use our voices for a better place«.[20]

Für diese Arbeit der Erinnerung und der Trauer – eine epistemische, eine analytische und zugleich reparative Arbeit, eine auch das Subjekt der Erkenntnis erschütternde Arbeit, weder kontemplativ noch auf Selbstbestätigung aus – braucht es zunächst die Bereitschaft, in Gegenwart der Wirklichkeit zu leben, wie Woolf, Weil und Arendt es fordern. Und es braucht den Willen, sich vom andrängenden Wirklichen verstören, sich davon anstecken zu lassen und es zu dem zu machen, was uns angeht. Es braucht die Bereitschaft, die Jahrhunderte währende Geschichte der Verwandlung von Menschen, ihren Körpern und dem, was ihnen in welcher Form auch immer zugehörig und heilig ist, in global zirkuliertes Rohmaterial, mit dem die kapitalistische Maschine gefüttert wird, nicht länger zu leugnen.[21] Die Geschichte der Verweigerung von Gleichheit muss real werden. Weil sie wirklich ist. Die Geschichte von Gewalt, Enteignung, Entfremdung und Verdinglichung muss erzählt und angehört werden – und zwar nicht um des schieren Erzählens willen, sondern weil wir es einander schulden.

Den Geistern zuhören und mit allem, was uns zur Verfügung steht, übersetzen, was sie (uns) zu sagen haben. So hat James Baldwin die Aufgabe der Schriftsteller_in beschrieben. Zeugin sein, unter allen Umständen die Geschichte erzählen. Hinsehen und berichten. Etwas, das geschehen ist und nicht erzählt wird, hört auf zu existieren und verschwindet, pflichtet die Schriftstellerin und Nobelpreisträgerin Olga Tokarczuk bei.[22] Es brauche daher die zärtliche Erzähler_in, die sich dem Wagnis aussetzt, alles zu sehen und ihren »Blick eingehend und behutsam auf ein anderes Sein« richtet, »auf etwas, das nicht ›Ich‹« ist. Hannah Arendt hätte hier von erweiterter Denkungsart gesprochen, davon, dass wir versuchen müssen, die Welt aus einem anderen als dem eigenen Blickwinkel zu sehen.

Und schließlich braucht es für diese Arbeit der Erinnerung und der Trauer die Wiederbelebung dessen, was wir mit Judith Butler das »Denken des Möglichen«[23] nennen können: ein Denken, das nicht nur zu erfassen sucht, *wie die Welt ist*, sondern auch, *wie sie sein könnte*. Als den »zukunftsweisenden Charakter« der kritischen Theorie hat Butler dies an anderer Stelle beschrieben, ausgerichtet »auf die Bedingungen eines lebenswerten Lebens, auf Gerechtigkeit und das Ende aller Ausbeutung«.[24] Der Zukunft zugewandt, aber immer eingedenk der geschichtlichen Gebundenheit des Denkens, wissend, dass die gesellschaftlichen Verhältnisse und Entwicklungen in die Struktur der Theorie eingeschrieben sind, diese umstellt ist von Vorkonstruiertem, das auch auf die Theoretiker_in einstürzt.[25]

Wenn das nach einem strammen Programm klingt, so ist damit längst noch nicht ausgemacht, welche Rolle »Theorie« konkret einnehmen kann in einem Projekt der Schaffung eines gemeinsamen, praktischen Standpunkts der »Herrschaftsabsage«, einem Begriff von Christina Thürmer-Rohr.[26] Wie also sähe sie konkret aus, jene theoretische Version der Haltung eines entschiedenen *I would prefer not to* – ich möchte lieber nicht – gegenüber Dominanz und Unterwerfung, wie sie Bartleby, der Schreiber aus Herman Melvilles berühmter Erzählung praktiziert?[27] So jedenfalls verstehe ich Frantz Fanons Bild ›in Gesellschaft aller Menschen‹ voranzugehen: Ich möchte lieber nicht an Dominanz und Unterwerfung partizipieren. Auch im Denken und Forschen nicht. Um eine DIY-Anleitung zur Revolution, geliefert von jenen, denen die gesellschaftliche Arbeitsteilung das Privileg beschert hat, die soziale Bedingtheit ihres eigenen Tuns nicht zwingend bedenken zu müssen, kann es gewiss nicht gehen, auch wenn sich die kritische Theoretiker_in der Maxime verschrieben hat, denkend ins materielle Leben einzugreifen, wie Simone Weil fordert. Abgesehen davon müsste es zunächst einmal eine Verständigung darüber geben, was unter Revolution verstanden wird. Allzu oft nämlich immer noch Barrikade und den Sturm auf die Bastille, den maskulin-heroischen, gewaltförmigen und gewalttätigen Umsturz alter Verhältnisse und nicht die zweifelsohne mühsamere, weniger glamouröse Arbeit der Erfindung neuer, egalitärer, füreinander sorgender gesellschaftlicher Beziehungsweisen.[28] Beziehungsweisen, die den beiden eingangs von mir formulierten Kriterien gerecht werden: nicht auf dem Leid anderer zu gründen, und so beschaffen zu sein, dass sie *ausnahmslos allen* erlauben, ein lebbares, von Zwang und Gewalt befreites Leben *mit* anderen führen zu können.

In welcher Form aber kann Theorie und intellektuelle Kritik ansonsten zur Herrschaftsabsage beitragen, dazu, uns die Welt *anders* vorzustellen und ein egalitäres Imaginäres zu erfinden? Also die Schneisen der Veränderung schlagen und Wege ausloten, die es ermöglichen, jene zu hören, die in der Geschichte marginalisiert, brutalisiert, beschämt und zum Schweigen gebracht worden sind, um so eine Bürger_innenschaft der Vielen wirklich werden zu lassen. Was kann Theorie beisteuern zum Vorhaben, die virulenten Formen von Entwürdigung und Entrechtung, Enteignung und Entmenschlichung, die vielen Gestalten körperlicher und emotionaler Versehrung nicht nur analytisch zu erschließen, sondern auch ihre weitere Zirkulation zu unterbinden? Ein in der Tat ja nicht unbescheidener Auftrag. Damit kritische Theorie ihm gerecht werden kann, müssten im Lichte des bislang Gesagten meiner Meinung nach mindestens zwei Bedingungen erfüllt sein. Kritische Theorie, die ja immer schon auch epistemische Kritik gewesen ist, muss, um das noch einmal zu wiederholen, *erstens* heute mehr denn je Vergesellschaftungs- und Denkformen als Teil desselben zu entschlüsselnden Herrschaftszusammenhangs konzipieren.[29] Und dies schließt zwingend auch das eigene Denken und Wissen ein. Kritische Theorie muss sich auch gegen sich selbst wenden, ihre Eingebundenheit in den Herrschaftszusammenhang als Teil ihres Lehrbestandes begreifen, wie schon Horkheimer gefordert hat.[30] Und das verlangt zum Beispiel, »unsere Gewohnheit in Frage zu stellen, die gemeinsame Welt ausschließlich anhand politischer Konzepte und Kategorien zu untersuchen, die wir beim Stöbern in bestimmten, favorisierten Philosophien gewidmeten Bücherregalen gefunden haben«, wie die Kulturwissenschaftlerin Ariella Aïsha Azoulay anmerkt.[31] Wir dürfen die Welt also nicht allein aus den historisch immer schon privilegierten – *weißen*, männlichen, okzidentalen, europäischen – Perspektiven und unter Verwendung der immer schon privilegierten Kategorien betrachten. Schlicht und ergreifend also: den Kanon befragen und ihn zerlegen, ihn auseinandernehmen. *Undoing dominance*. Es verlangt, eine Einsicht ernst zu nehmen, die wir der Schriftstellerin und Philosophin Simone de Beauvoir verdanken: »dass jeder Mensch in einem bestimmten Kontext situiert ist, in einem bestimmten Körper, an einem bestimmten Ort, in einer bestimmten Zeit und in einem bestimmten Beziehungsgeflecht«, wie ihre Biographin Kate Kirkpatrick schreibt. Wir folglich immer nur einen bestimmten Ausschnitt der Welt und nie das Ganze wahrnehmen.[32]

Nichts weniger also als die radikale Provinzialisierung unserer Sehepunkte, die kompromisslose Untersuchung der eigenen Situiertheit in der Welt, im Netz der Machtverhältnisse. Verhältnisse, die denen unter uns, die sich kritische Theoretiker_innen nennen, ein mehr oder minder kontemplatives Leben ermöglichen. Verhältnisse, die uns – zumindest partiell – »mit dem Monopol auf die soziale Konstruktion der Realität«[33] ausgestattet haben und unseren Stimmen Gewicht verleihen. Die uns platzieren in einer bestimmten und bestimmenden Relation zum Wissen, zu institutionellen Ressourcen, ökonomischen Möglichkeiten, zu rechtlichem Schutz und sozialen Privilegien. In Relation zu einer Bandbreite von Formen sozialer Kontrolle, die von verbaler Verhöhnung über physische Gewalt bis zum Ausschluss aus Bürgerrechten reichen. Verhältnisse, die uns im Leben halten oder eben nicht.

In der theoretischen Arbeit gilt es *zweitens*, stärker als bisher ebenjene bereits angesprochenen Möglichkeiten analytischer Trauerarbeit zu erproben. Hier ginge es darum, hegemoniale Konzepte zu erinnern, zu wiederholen und durchzuarbeiten, und zwar ganz so, wie Sigmund Freud es für den psychoanalytischen therapeutischen Prozess beschreibt.[34] Das betrifft etwa die Vorstellung eines autonomen, vollständig über sich selbst und seine Lebensumstände verfügenden Subjekts sowie Muster und Habitualisierungen von Dominanz und Unterwerfung oder Denkfiguren von Differenz und Alterität, aber auch gescheiterte Utopien und Verluste. Und nicht zuletzt schließt es die Durcharbeitung jener Voraussetzungen ein, die mit unseren je unterschiedlichen Mitgliedschaften,

Zugehörigkeiten und Verwobenheiten verknüpft sind und auf denen unser Denken ruht.

Bourdieu spricht hier vom »gesellschaftlichen Unbewussten«, das, so fasst der Soziologe Loïc Wacquant dessen Überlegungen zusammen, »unsere Praktiken steuert oder beherrscht« und von dem es sich zu befreien gelte.[35] Das aus dieser Arbeit resultierende reparative Wissen darum, dass andere Weisen des In-der-Welt-Seins deshalb nicht existieren oder sie nur im Schatten existieren, weil ihr Erscheinen strukturell be- und verhindert wird, lässt sich dann mit der Aussicht verbinden, dass wir Dominanz verlernen und wir zugleich kollektiv die Bedingungen für jene horizontalen Formen des Zusammenlebens schaffen können – Formen, die es möglich machen, zukünftig ›in Gesellschaft aller Menschen‹ voranzugehen.

Und wir müssen das tun, weil wir die selbst verschuldeten gewaltvollen Verluste an|er|kennen und einen Ausgang aus Melancholie und regressiver Nostalgie finden müssen. Weil es gelingen muss, das jeweils Wirkliche als bloß *eine* Möglichkeit in der Geschichte freizulegen und jene anderen, nie vollständig artikulierten, aber »als subversive Tendenzen und Kräfte«[36] dennoch weiter umgehenden Möglichkeiten wieder ins Gedächtnis und in unser Vermögen zu holen. Schließlich ist, wie Butler schreibt, die Arbeit an einer »neuen Version der Welt« bereits »in der Vergangenheit begonnen« worden. Denn das, was »wir neu nennen«, sei lediglich »die bewusst gewordene Verwirklichung« jener zu allen Zeiten stattfindenden

Bemühungen, Prinzipien zur Einrichtung der Welt zu entwickeln. Das Neue, fährt Butler fort, ist »das, was sich ereignet, wenn die Welt aus dem Traum über sich selbst erwacht«.[37]

Das allerdings bedeutet nicht, woran uns wiederum Hannah Arendt ein ums andere Mal erinnert, dass es einen *direkten* Weg »von der Wirklichkeit zur Möglichkeit« gibt. Aufstehen und gehen ist ein äußerst voraussetzungsvolles Tun. So dringlich die Neuerfindung der Welt ist und wir sie uns vielleicht auch ausmalen können – sie zu gestalten, wie sie uns gefällt, das geht so einfach nicht. Zwar sei das Wirkliche, insistiert Arendt, nicht deshalb wirklich, weil es notwendig war, also unabänderlich ist. Nichts in der von Menschen gemachten Welt, insistiert Arendt, ist in diesem Sinne notwendig. Wirklich sei das Wirkliche vielmehr deshalb, weil es uns unmöglich ist, »uns Verhältnisse vorzustellen, unter denen es nicht geschehen wäre«. Weil wir seine Genese vergessen haben, wie Bourdieu sagt. Über das Wirkliche, so wiederum Arendt, lässt sich daher nicht mehr sagen, als dass es »offensichtlich nicht unmöglich gewesen« ist.[38] Doch das aber heißt, dass es auch anders möglich ist. Indem wir danach streben, die Bedingung der Möglichkeit des Wirklichen freizulegen, können wir den Weg bereiten, anders zu imaginieren, um anderes möglich werden zu lassen. Ich nenne das den reparativen Auftrag kritischer Theorie.[39]

Zusammengefasst geht es also darum, das intellektuelle Projekt der reparativen Kritik mit dem politischen Projekt der Imagination zu verknüpfen. Retrospektiv ausgerichtete Analyse, die herausarbeitet, wie die Dinge geworden sind, muss mit der prospektiv orientierten Arbeit des Neu-Entwerfens zusammengebracht werden, ohne dabei die unterschiedlichen Logiken von theoretischer Analyse und politischer Imagination zu übergehen oder sie ineinander kollabieren zu lassen beziehungsweise eine in den Dienst der jeweils anderen zu stellen. Die intellektuelle Aufgabe der reparativen Kritik umfasst dabei im Wesentlichen drei Aspekte: *erstens* ebenjene Freilegung der Bedingungen, wie das Wirkliche »fest und dauerhaft« geworden ist, wie Virginia Woolf es umschrieben hat.[40] Die »geschichtliche Verewigungsarbeit«, die »fortdauernde (Wieder-)Herstellung der objektiven und subjektiven Strukturen von Herrschaft« muss, mit anderen Worten, zerlegt werden.[41] *Zweitens* muss sie kontinuierlich Rechenschaft geben davon, wie wir seit Jahrhunderten in Dominanzkultur, in auch epistemisch begründete Praktiken der Unter- und Überordnung eingeübt wurden und immer noch eingeübt werden, wie wir uns in ihr eingerichtet haben, sie in unserem Tun lebendig halten und fortschreiben. Und diese Arbeit der Freilegung epistemischer Dominanz ist deshalb unabdingbar, weil wir aus dem ›Traum über die Welt‹ erwachen und Wege finden müssen, die aus solchen Verhältnissen und Subjektivitäten hinausführen, weil wir lernen müssen, die Welt mit allen zu teilen. Und daraus folgt schließlich *drittens*, dass wir Verantwortung für die eigenen Interpretationen übernehmen müssen. Dafür, welche Geschichten wir jeweils erzählen, wessen Geschichten wir Gehör schenken, mit »welchen Ideen wir andere Ideen denken«, eine Formulierung der Kulturanthropologin Marilyn Strathern.[42] Denn Interpretationen sind von Gewicht. Das kann gar nicht oft genug gesagt werden. Was wir aus Fakten machen, die Art der Fragen, die wir an die Fakten richten, die Raster und Klassifikationen, die wir an Welt anlegen, die Deutungen, die wir Welt auferlegen – sie gestalten die Wirklichkeit, in der wir leben und atmen, und bestimmen, wen wir leben und atmen lassen. Sie entscheiden mit darüber, was uns angeht, wovon wir uns bewegen lassen, worauf wir unsere Aufmerksamkeit richten, um wen und worum wir uns sorgen, was und wen wir wahrnehmen oder nicht, auf wen und gegen wen wir unsere Körper wie richten.

Ist das *intellektuelle* Projekt also ein gleichermaßen destruierendes, Gewissheiten unterminierendes wie epistemische Rechenschaft ablegendes, reparatives Projekt, so besteht wider alle Wahrscheinlichkeit die *politische* Aufgabe darin, neu zu entwerfen, neu zu erfinden – weil wir anfangen und Neues in Bewegung setzen können, wie Arendt wieder und wieder in *Vita activa* sagt.[43] Weil es uns möglich ist, eine Reihe von vorne zu beginnen, und weil wir aufstehen und gehen können. Weil wir eine neue Welt beginnen lassen können, indem wir sie schlicht praktizieren. So sagen es die *Guérillères* im atemberaubend wilden Roman der Dichterin und lesbischen Theoretikerin Monique Wittig aus dem Jahr 1969.[44] Sie sind frei, weil sie Freiheit praktizieren und nicht, weil sie ihnen ontologisch gegeben ist. Weil sie miteinander sprechen und handeln, sich körperlich einander aussetzen, weil sie Gemeinschaft praktizieren.

Den *Guérillères* folgen und der neuen demokratischen Sozialität eine Gestalt verleihen, die ein egalitäres Leben mit anderen ermöglicht. Einen Ausgang finden aus der monadisch strukturierten, kolonialen Melancholie, in der wir uns eingerichtet haben und uns an unsere selbst verschuldeten und nie realisierten Verluste klammern, allen voran den Verlust an geteilter Welt und der Fähigkeit, uns von den Anderen anrühren zu lassen. Unsere Privilegien verlernen, indem wir erkennen, dass diese einen Verlust verkörpern, wie Gayatri Spivak sagt. *Unlearning one's privilege as one's loss.*[45] An nichtnostalgischen, dem Ressentiment und der Feindschaft aktiv entsagenden Entwürfen von Gemeinschaftlichkeit arbeiten, ein Ethos des Zusammenlebens stiften, in dem Freiheit und Sorge nicht als Antipoden auftreten, sondern zusammen wirklich werden, und lernen, die Welt zu teilen. Das ist, was *jetzt* zu tun ist.

Die Ungewählten

> The plot of her undoing begins with the man, the sovereign, the subject, the self-possessed, the able-bodied, the reasonable, the gendered, the neurotypical, it begins with the vertical hierarchy of life, with the uneven distribution of death, with the deed that says get the hell out and affirms that there is no place for her anywhere, with the court that declared her a squatter and a trespasser, with the eviction, with no human involved.
>
> *Saidiya Hartman, 2020*

Die Verweigerung von Gleichheit

Zu den unverhandelbaren Prinzipien unserer demokratischen Grundordnung zählt die Achtung vor dem Recht der Persönlichkeit auf Leben und freie Entfaltung, allen voran die Achtung vor der Würde jedes einzelnen Menschen. »Die Würde des Menschen ist unantastbar« heißt es entsprechend in Artikel 1 des Grundgesetzes, genauso wie im ersten Artikel der Grundrechtecharta der Europäischen Union. Zu diesem Recht der Persönlichkeit auf Leben und freie Entfaltung gehört zweifellos das Recht, zu bleiben und ein Leben *mit anderen*, ein Leben in Gemeinschaft zu führen, sich also als Teil eines ›Wir‹ verstehen und dieses ›Wir‹ mitgestalten zu können. Wenn freilich ein derartiges Plädoyer an der Zeit zu sein scheint, heißt das auch, dass ein solches Leben eben nicht das Leben ist, das, global gesehen, ein nicht unbeträchtlicher Teil der Menschheit zu führen in der Lage ist – und zwar aus nicht selbst verschuldeten Gründen. Im Gegenteil: Das unteilbare Recht, die Erde zu bewohnen, von dem Kant, Arendt, Butler und Johnson Reagon sprechen, und ein *mit anderen geteiltes* Leben zu führen, ist, wie ich bereits im ersten Kapitel nahezubringen suchte, in Tat und Wahrheit, ein höchst umstrittenes Recht. ›Gekommen, um zu bleiben‹ galt nie für alle und gilt auch heute nicht für alle. Sosehr dies manchen eine vielleicht unangenehme Aussage sein mag, etwas ist, das wir nicht hören wollen: Ein *gutes* Leben, ein »Leben ohne Furcht«, wie die Philosophin Judith Shklar sagt,[1] also ein Leben, das die beiden eingangs von mir formulierten Mindestbedingungen erfüllt, nämlich frei von Zwang und Gewalt zu sein und selbst nicht auf dem Leid anderer zu gründen, ist keine Selbstverständlichkeit. Das gute Leben aber ist eben nur das *mit anderen geteilte* Leben, hält die Sozialwissenschaftlerin Shirin Rai dagegen. »The good life needs to be a shared good life.«[2] Wir sind nicht »ohne soziale Beziehungen und sozialen Kontext«, so auch Seyla Benhabib.[3] Eine Einsicht, die sich auch das Bundesverfassungsgericht zu eigen gemacht hat. Der Mensch als Person existiert »notwendig in sozialen Bezügen«, hatte das Gericht in einer Entscheidung von 2008 festgestellt.[4] Wir werden überhaupt erst *durch andere* zu einer Person, wenn diese anderen uns als jemand anerkennen, der »der gleiche moralische Respekt wie allen anderen gebührt«, ergänzt wiederum Benhabib.[5]

Der gesunde Mensch ist ein sozial eingebundener Mensch, daran erinnert uns auch Frantz Fanon. »Ce que veut dire que l'homme sain est un homme social.«[6] Als ›verrückt‹ werde daher diejenige beschrieben, der die gesellschaftlichen Umstände es verunmöglichen, einen Platz unter den Menschen zu finden. »En définitive, un fou est un homme qui ne trouve plus sa place chez les hommes.«[7] Während seiner drei Jahre als Chefarzt am psychiatrischen Krankenhaus im algerischen Blida zur Zeit des Unabhängigkeitskrieges erfährt Fanon, was bald 150 Jahre koloniale und kriegerische Gewalt angerichtet haben. Wie die Dehumanisierung der Kolonisierten durch die französische Kolonialmacht, die Enteignung und Zerschlagung ihrer Kultur, die Einschnürung ihrer Gemeinschaften und nicht zuletzt die Zerstörung jeglichen Mitgefühls für ihr Leid deren Seelen verwüstet und so bei vielen die Fähigkeit zerstört hat, mit anderen zu leben.[8] Der Kolonialismus, erkennt Fanon, besetzt nicht nur den fremden Boden, plündert dessen Rohstoffe und zerstört die Kulturen, die er auf diesem fremden Boden antrifft, er bemächtigt sich auch des Individuums, und zwar mit allen Mitteln, die ihm zur Verfügung stehen. Heilung für die psychisch Erkrankten, stellt Fanon fest, ist daher in der kolonialen Situation, die selbst pathologisierend wirke, ein Ding der Unmöglichkeit. Im Gegenteil: Es würde bedeuten, die Kolonisierten »einem sozialen Milieu kolonialen Typs durch und durch homogen zu machen«, sie also an ihre Unterwerfung anzupassen, sie in die Gewalt einzufügen.[9] Ende 1956 reicht Fanon seinen Rücktritt vom Chefarztposten in Blida ein, um fortan bis zu seinem viel zu frühen Tod 1961 politisch für die Unabhängigkeit Algeriens zu kämpfen.

Demokratie, der ausnahmslose ›Aufstieg aller zum Menschsein‹, das sieht auch Fanon, ist nicht zu haben ohne Gleichheit. Sie ist das Fundament der Demokratie und nicht verhandelbar.[10] Und das heißt auch: Demokratie ist nicht zu haben ohne Zugewandtheit, ohne die Bereitschaft, die Präsenz der anderen zu vergegenwärtigen, ihr Leid wahrzunehmen, sie mitzudenken, gar an ihrer Stelle zu denken, wie Arendt mit Kant sagt, und ihr – enteignetes, entbehrlich gemachtes und von Gewalt bedrängtes – Sein zu einem Anliegen der geteilten Sorge zu machen. Demokratie braucht radikale Offenheit, die Bereitschaft zur Assoziation auch mit jenen, die wir noch nicht kennen. Sie braucht ungeteilte Reziprozität, sie braucht Rechenschaft und sie braucht Responsabilität. Und sie gründet – auch – auf demokratischem Mitgefühl, ist selbst angewiesen auf Empathie. »Mitleid nährt die Idee der Gleichheit.«[11]

Doch das Recht auf ein Leben mit anderen beziehungsweise, allgemeiner gefasst, auf Mitgliedschaft in einem politischen, die Würde der Einzelnen schützenden Gemeinwesen wird oft genug selbst dazu benutzt, Ungleichheit zu erzeugen – indem es den einen zugestanden wird und den anderen vorenthalten bleibt oder ihnen in nur eingeschränkter Weise zuteilwird.[12] Das Recht auf Gemeinschaft ist ein systematisch ungleich verteiltes Recht. Eine schier unendliche Reihe von Institutionen und Regelungen wurde zu diesem Zweck historisch ins Werk gesetzt und wird weiter intakt gehalten, um die aus der differenziellen Verteilung dieses Rechts resultierende Matrix der Ungleichheit am Leben zu erhalten. Institutionen und Regulierungen, die, um das in aller Deutlichkeit zu sagen, weder an Vorstellungen universeller, also ausnahmslos alle meinenden Gleichheit orientiert sind noch dafür Sorge tragen, »alle Leben gleichermaßen lebbar zu machen«, wie Judith Butler gefordert hat.[13] Unser Sein aber ereignet sich nur mit anderen, als »Dasein für einen Anderen oder sogar kraft eines Anderen«, so Butler entschieden an anderer Stelle.[14] »In jenem Moment, in dem ein Mensch dem Gesicht eines anderen begegnet, hört jener Mensch auf, bloß ein Phänomen zu sein«, tritt dieser Mensch in den Bannkreis meiner Verantwortung ein, pflichtet noch einmal aus der historischen Ferne Fanon bei. Es ist die andere, die mir mein Selbst offenbart: »L'homme cesse d'être un phénomène à partir du moment où il rencontre le visage d'autrui. C'est autrui qui me révèle à moi-même.«[15]

Und ja, wir sind ausnahmslos alle angewiesen auf menschliche und nichtmenschliche Beziehungsgeflechte genauso wie auf Gesten der Sorge und Zugewandtheit. Darauf, dass uns die anderen uns zu erkennen geben, dass unsere Geschichten gehört werden und unser Leid Beachtung findet, dass unsere Wirklichkeit anerkannt wird. Wir sind angewiesen auf eine gedeihliche Umwelt genauso wie auf funktionierende soziale und technische Infrastrukturen, die uns im Leben halten. Und wo diese Dinge nicht gegeben sind oder nur einigen offenstehen, wo sie ins Wanken gebracht und in Frage gestellt werden, müssen wir von der Verweigerung von Gleichheit sprechen. Eine Verweigerung, die sich, wie die politische Theoretikerin Wendy Brown argumentiert, auch dort zeigt, wo das Politische dämonisiert, die Existenz von Gesellschaft in Frage gestellt und die Idee des Gemeinwohls diskreditiert wird, etwa in den zeitgenössischen Formen neoliberaler Gouvernementalität oder in den autokratisch regierten »illiberalen Demokratien« der Gegenwart.[16] Und erst recht müssen wir dort von der Verweigerung von Gleichheit sprechen, wo öffentliche Güter privat angeeignet oder diese aktiv zerschlagen werden, wo Profitgier Sorge verdrängt oder aber diese kommodifiziert und ausbeutet, wo Menschen im umfänglichsten Sinne nicht an der Gestaltung von Gemeinschaft und dem ihnen Gemeinsamen beteiligt werden, sie also ihre Geschicke nicht mitbestimmen können.

Wir haben es hier, um es in einem anderen theoretischen Register zu sagen, mit einem komplex verfugten, gouvernementalen Dispositiv der differenziellen Verteilung moralischer Gleichheit zu tun. Ein Dispositiv, zusammengesetzt aus heterogenen Praktiken und Entscheidungen, Techniken und Prinzipien, Normen und Werten, Wissensbeständen und Institutionen, mit dessen Hilfe auch in den als »demokratisch geltenden Gesellschaften«[17] das Leben abstrakt als höchstes Gut angesehen werden kann, während zugleich die konkreten Leben unterschiedlich bewertet und behandelt werden. Ein Dispositiv, das es möglich macht, die einen Leben für erhaltenswert zu befinden, während die anderen preisgegeben und einem vorzeitigen Tod ausgesetzt werden. Ein Dispositiv, das es ermöglicht, die einen Körper als Gefahr zu klassifizieren oder sie gar zu töten, während die anderen als gefährdet und schutzbedürftig gelten. Ein Dispositiv, das (auch staatliche) Gewalt gegen manche Körper legitimiert, während es andere vor ihr bewahrt, und das den einen das Recht zugesteht, sich zu verteidigen oder verteidigt zu werden, während die anderen gleichsam ontologisch eine Gefahr für das Gemeinwesen darstellen. Ein Dispositiv schließlich, das den einen Gemeinschaft gestattet, während es die der anderen zertrennt oder gar nicht erst entstehen lässt. Das Dispositiv, kurzum, einer *moralischen Ökonomie des Lebens*, angefeuert durch den Treibstoff Macht.

Von einer solchen moralischen Ökonomie des Lebens sprach der Soziologe Maurice Halbwachs, den die Gestapo im Juli 1944 in Paris verhaftete und nach Buchenwald verschleppte, wo er im März 1945 an den Folgen der Vernichtung durch Arbeit starb. Halbwachs thematisiert in seinem 1912 am Vorabend des Ersten Weltkriegs erschienenen Essay *La Théorie de l'homme moyen. Essai sur Quetelet et la statistique morale* den Zusammenhang zwischen der in einer Gesellschaft gegebenen Sterblichkeit und den Umständen, unter denen dort ein Leben gelebt werden kann. Und diese zum Tod führenden Umstände, so Halbwachs' nüchterner, von jeglichem Pathos freier Befund, seien mindestens genauso sozial wie physisch.[18] Jede Gesellschaft habe daher die Sterblichkeit, die sie verdient: »Il y a bien des raisons de penser qu'une société a, en général, la mortalité qui lui convient.«[19]

An Halbwachs' Überlegungen anschließend, spricht ein Jahrhundert später Didier Fassin von einer »Physik der Ungleichheit«, um die ungleiche gesellschaftliche Wertschätzung, die den Leben der Vielen zuteilwird, zu beschreiben. Fassin plädiert dafür, unser Augenmerk eher »auf die politischen Maßnahmen« zu richten, »an denen sich der unterschiedliche Wert erkennen lässt, den die Gesellschaften dem Leben beimessen«, als auf die »Ethiken, die aus dem Leben das höchste Gut machen«.[20] Wichtiger als die Frage, was das Leben ausmache, sei daher die Frage, was die Politik mit *den* Leben macht. Fassin wechselt also vom Singular – das Leben im Allgemeinen – in den Plural – die tatsächlichen, unendlich verschiedenen Leben – und damit von der Ethik in die Politik.

Mein Nachdenken über Umrisse einer demokratischen Lebensweise und die Frage, wie ein gutes Leben für alle möglich werden kann, geschieht nicht zuletzt im Kielwasser der Überlegungen von Halbwachs und Fassin. Denn statt einer genuin ethischen Betrachtung *des* Lebens als solchem ist es auch mir darum zu tun, die Geschichte und Politik der differenziellen und differenzierenden Gefährdung *der* Leben der Vielen zu verstehen und zugleich zu fragen, was es braucht, damit diese Leben zu solchen werden können, in denen »gut für den Menschen gesorgt ist«.[21] Es geht also nicht um die *ontische* Frage, was das Leben selbst auszeichnet, sondern um die *politische* Frage, wie die unendlich verschiedenen Leben der Vielen gut gelebt werden können. Und das heißt aus meiner Sicht vor allem, dass wir nach den soziohistorischen, ökonomischen und kulturellen Umständen fragen, unter denen ein Leben gelebt werden kann. Dass die Umstände definieren, wie ein Leben gelebt wird, mag eine Binse sein, aber hat uns die Corona-Pandemie nicht gezeigt, wie wenig weltweit das politische Handeln an der Einsicht ausgerichtet ist, dass in einem von vielfältigen Achsen der Dominanz durchzogenen und ohnehin schon von lebensbedrohender Ungleichheit geprägten weltgesellschaftlichen Kontext Sars-CoV-2 zwar alle treffen mag, das Virus jedoch eben nicht alle *gleichermaßen* trifft und getroffen hat und schon gar nicht alle gleich macht? Sars-CoV-2 hat diese Ungleichheit nicht geschaffen, aber es lebt eben auch von solchen global erzeugten und national verwalteten (neo)kolonialen Ungleichheitsverhältnissen, wie nicht zuletzt der Impfstoff-Gap zwischen den Ländern des globalen Nordens und denen des Südens verdeutlicht. Fragen müssen wir also, welchen Anteil solche Ungleichheitsverhältnisse sowie die Zerstörung von Subsistenzweisen, kulturellen Traditionen und Gemeinschaften daran haben, wie ein Leben gelebt werden kann. Welchen Einfluss hat die Tatsache, in welchem Winkel der Welt eine Person geboren ist, darauf, welches Leben ihr möglich sein wird? Wie prägen räumliche Segregation,

Klasse und sozialer Status oder Migrationsgeschichte, Wohnverhältnisse und Bildungsgelegenheiten ein Leben? Wie wirken sich institutionell und intersubjektiv widerfahrene Diskriminierung, physische und psychische Gewalt und Vernachlässigung, rassistische Dominanzkultur, heteronormative Geschlechterverhältnisse und binär kodierte Geschlechterordnungen auf dieses Leben aus?

Die Geschichte der Verweigerung von Gleichheit, die eben auch eine Geschichte der Verhinderung und Verunmöglichung von Gemeinschaft ist, reicht weit zurück – und sie hat viele Gesichter. Es ist eine Geschichte der intentionalen Verwahrlosung und der oft zielgerichteten Destabilisierung der Netzwerke des Lebens. Eine Geschichte der Desavouierung und Zersetzung von Solidarität, der Trennung und Zerstörung von Kultur, Tradition und Bindung. Eine Geschichte der Aushöhlung von »Ver-Antwort-lichkeit«, von *response-ability*, um noch einmal Toni Morrisons und Donna Haraways Begriff aufzurufen. Die Geschichte dieser Verweigerung beginnt, mit den eindringlichen Worten der Historikerin Saidiya Hartman, mit der Idee des *einen* (männlichen) Menschen und dem Phantasma des über sich selbst und andere verfügenden Subjekts. Sie beginnt mit der Illusion körperlicher Unversehrtheit und ungehinderter Befähigung, mit dem Phantasma des vernünftigen, vergeschlechtlichten, neurotypischen Subjekts. Sie beginnt mit der moralischen Hierarchisierung der Leben der Vielen und der ungleichen Verteilung von Sterblichkeit. Mit dem

»Gericht, das sie zur illegalen Besetzerin und Ruhestörerin erklärt hatte«; mit der »Urkunde, die besagt, sie soll sich verziehen, und die bestätigt, dass dies nicht ihr Platz ist«, wie Hartman schreibt.

Die Verweigerung von Gleichheit in Gestalt der Zerstörung von Gemeinschaft zeigt sich in der »Maafa«[22] genannten kolonialen Zerrüttung und Entwurzelung afrikanischer Gesellschaften und der bis heute anhaltenden Ausbeutung des afrikanischen Kontinents genauso wie in der schändlichen Zerrüttung und Zerstörung indigener Kulturen auf den amerikanischen Kontinenten. Sie zeigt sich in der über viele Jahrhunderte andauernden Verschleppung afrikanischer Menschen in die *Barracoons* an der westafrikanischen Küste, ihren Verkauf an europäische Sklavenhändler und in der anschließenden transatlantischen *Middle Passage*, die diese Menschen in die sogenannte Neue Welt brachte.[23] Eine Welt, in der sie mit Hilfe des Gesetzes und durch Gewalt in eine Existenz gezwungen wurden, die keine Bindung duldete, außer der, Eigentum einer *weißen* Person zu sein. Eine Welt, die sie aus jeglichem Verwandtschaftsverhältnis ausschloss, ihnen ihre Sprachen, ihr Wissen, ihre Musik, ihre Geschichten, ihre Geister und ihren Glauben nahm, ihre Körper verdinglichte, sie kommodifizierte und animalisierte. Eine Welt, die diese Körper nach Belieben auslaugte, sexuell und reproduktiv gebrauchte, sie kaufte und verkaufte, verstümmelte und vernichtete.

Die Verweigerung von Gleichheit zeigte ihr Gesicht auch in der modernen, naturwissenschaftlich abgesicherten Trennung in ›der Mensch und sein Weib‹, in der »modernen Ordnung der Geschlechter mit ihrem pathetischen Überschuss an Differenz und Hierarchie«.[24] Sie zeigte sich während der französischen Revolution, als die Revolutionärin und Frauenrechtlerin Olympe de Gouges am 3. November 1793 in Paris unter der Guillotine ihr Leben ließ, weil sie es gewagt hatte, die Privilegien anzufechten, die sich die revolutionären Männer selbst zugesprochen hatten, weil sie Gleichheit auch für Frauen gefordert hatte. Weil sie es gewagt hatte, öffentlich zu sprechen, und am Tisch der Verhandlung und Entscheidung öffentlicher Anliegen einen Platz eingefordert hatte.[25]

Auch in der im Sommer 2018 per *executive order* vom 45. US-amerikanischen Präsidenten angeordneten Trennung von über die mexikanisch-US-amerikanische Grenze eingewanderten Familien und der Internierung der minderjährigen Kinder dieser Familien – zweifellos in jüngerer Zeit neben der menschenrechtswidrigen Internierung geflüchteter Menschen an den EU-Außengrenzen eins der eindringlichen und erschütternden Beispiele, wie auch demokratisch verfasste Staaten zur Destabilisierung von Gemeinschaft beitragen – zeigt sich die Verweigerung von Gleichheit in Form der Verweigerung oder Zerrüttung von Gemeinschaft. Genauso wie in den verschiedenen nationalen, in unterschiedlichen Weisen von Homo- und Transfeindlichkeit durchdrungenen Gesetzgebungen zu Geschlechtsidentität und Geschlechtsangleichung sowie zu Ehe, Familie und Partnerschaft, die regulieren, wem es gestattet ist, mit wem eine Familie zu gründen, sich an einem Ort niederzulassen und legal Verantwortung für andere übernehmen zu können und wem nicht. Auch die vielfältigen Regeln der Zugehörigkeit zu einem politischen Gemeinwesen sowie die Steuerung der nationalen und transnationalen Mobilität der Menschen sind Teil jener gouvernementalen Kräfte, die global an der »differenziellen Formierung von Subjekten«[26] arbeiten und die Möglichkeiten der Menschen ordnen, sich im Leben zu halten, weil es ihnen möglich ist, *in Gemeinschaft* mit anderen zu leben. Dazu gehören neben nationalen und supranationalen Grenzregimen, Einwanderungsgesetzen, Aufenthalts- und Asylregelungen, dem Staatsangehörigkeitsrecht, Einbürgerungsregelungen, Visa- und Nachzugsregelungen und Residenzpflichten auch vielleicht weniger offensichtliche Maßnahmen, beispielsweise die auf Kleinfamilien zugeschnittenen Kontaktregelungen in der Zeit der Pandemie.

Rohe Bürgerlichkeit

Und nicht nur hierzulande – und um ein anderes Feld sozialer Erfahrung aufzurufen – trägt die Verweigerung von Gleichheit durch die Destabilisierung von Zugehörigkeit auch das Gesicht eines längst mit anderen als bloß semantischen Mitteln geführten Klassenkampfes ›von oben‹. Es ist ein Kampf, in dem die Gleichwertigkeit von Menschen bestritten und so deren Einbettung in Gesellschaft geschwächt sowie ihre psychische und physische Integrität antastbar gemacht wird. Eine von dem Konfliktforscher Wilhelm Heitmeyer bereits 2012 in *Deutsche Zustände* als neue Form der »Bürgerlichkeit« beschriebene Weise, in der Welt zu sein, ist in diesem Zusammenhang von besonderem Interesse.[27] Heitmeyer spricht von einer wirkmächtiger werdenden »rohen Bürgerlichkeit«. Diese diene in jenem ›von oben‹ geführten Klassenkampf als Transmissionsriemen gegen diejenigen, die längst als *l'homme moyen*, als *less than human*, als legitim aus der Gemeinschaft Auszugrenzende definiert wurden. Es sei eine Form der Bürgerlichkeit, der das Gefühl für nicht an Effizienz, Nützlichkeit und Verwertbarkeit gekoppelte Formen von Gerechtigkeit, Solidarität und Fairness abgehe. Eine Bürgerlichkeit, die auf Konkurrenz und Eigenverantwortung in jeder Hinsicht setzt und jenen die gesellschaftliche Solidarität verweigert, die diesen Anforderungen aus welchen Gründen auch immer nicht gewachsen sind. Da ihnen ohnehin nicht zu helfen sei, solle ihnen auch nicht geholfen werden, so Heitmeyers nüchterne Deutung des neuen bürgerlichen Geistes. Es gebe »kein Recht auf Faulheit«, teilte der damalige Bundeskanzler Gerhard Schröder im Frühjahr 2001 in der BILD-Zeitung mit. Wer arbeiten könne, aber nicht wolle, dürfe »nicht mit Solidarität rechnen«.[28]

Rohe Bürgerlichkeit. Das Gegenteil demokratischer Empathie. Bar jeglicher Einsicht in die Notwendigkeit gesellschaftlich gestifteter Solidarität – weil Gesellschaft nicht existiert, nur Individuen und Familien, wie die einstige britische Premierministerin Margaret Thatcher erklärt hat. *Rohe Bürgerlichkeit.* Neoliberal ins Werk gesetzt und grundiert, und heute autoritär, nationalistisch und rassistisch ausgepolstert. Die sogenannten Corona-Leugner_innen kommen mir in den Sinn. Zu Zehntausenden und Seit an Seit mit Neonazis, Faschist_innen und gewaltbereiten Rechten ziehen sie im August 2020, während ich dies schreibe, durch Berlins Mitte. Sie sprechen von Liebe und der Unbedingtheit und Unverletzlichkeit ihrer Freiheit. Davon, dass sie nicht gegängelt werden wollen, der Staat sich aus ihrer Lebensführung herauszuhalten habe. Sie riskieren dafür bereitwillig das Leben anderer. Das menschliche Immunsystem nehmen sie als ihren vermeintlich naturgegebenen Richter. *Gestorben wird immer. Wo gehobelt wird, fallen Späne.* Auch eine moralische Ökonomie des Lebens.

Rohe Bürgerlichkeit. Der manifeste Ausdruck roher gesellschaftlicher Verhältnisse. Eine Grammatik der Härte, die das Gemeinwesen und die Möglichkeiten der Einzelnen, stabile gesellschaftliche und private Bindungen aufzubauen und zu erhalten, gleichermaßen destabilisiert. Eine Grammatik, die auf den Klaviaturen der Bezichtigung und des Verdachts spielt. Die sich nicht scheut, Ansteckungsketten der Geringschätzung und des Hasses in Gang zu setzen, und die mit Verfemung und Verleumdung genauso umzugehen weiß, wie sie Lüge und Verrat virtuos einzusetzen vermag. Es ist eine *generative* soziale Grammatik, die die Rahmen der An|erkennbarkeit, also wessen und welches Leben zählt, regiert, indem sie diese Rahmen zugleich hervorbringt und beständig verengt. *Du ja. Du nein.* Eine Grammatik, der es um die Ordnung vorgeblich überbordender Differenzen, um die Zähmung von Vieldeutigkeit und vermeintlicher Unübersichtlichkeit zu tun ist. Die weder auf Genauigkeit im Verstehen aus ist noch darauf, die parochiale Partialität der eigenen Perspektive sowie die damit einhergehenden Sichtschatten in den kritischen Blick zu nehmen. Ausdruck einer Art, in der Welt zu sein, die sich selbst als Verkörperung des Allgemeinen versteht und Partikularität nur bei den anderen erkennen will. Eine Weise der Erfassung der Welt zudem, die absieht von der einzelnen Person und den Umständen, in die sie gestellt ist; die Eigenschaften zuschreibt, diese totalisiert und synonym setzt mit der ganzen Person. Die also Position und Disposition, den sozialen Platz eines Menschen im gesellschaftlichen Gefüge und ihre Handlungsoptionen, ununterscheidbar verschmilzt.[29] Und die schließlich aus solcherart abstrahierendem Vorgehen soziale Verdikte gewinnt, um sich moralisch über jene zu erheben, die allererst als vermeintliche Verursacher_innen der angeprangerten Missstände ausfindig gemacht worden waren.

Werden nun dergestalt »bestimmte Akteure als unterlegen betrachtet, sie abgewertet und symbolisch aus dem Kreis anerkannter Gesellschaftsmitglieder ausgeschlossen«, darauf haben bereits vor geraumer Zeit die Soziologen Sighard Neckel und Ferdinand

Sutterlüty hingewiesen, droht die Ausbildung »negativer Klassifikationen«, die wiederum ressentimentgeladenen gesellschaftlichen Haltungen Vorschub leisten.[30] Die Marktgesellschaft, so Neckel und Sutterlüty, provoziere solche Klassifikationen regelrecht. Denn in dem Maße, wie sich der einst sozialstaatlich eingehegte Kapitalismus in eine Gesellschaft mit ausgeprägter ›Gewinner-Verlierer‹-Struktur verwandelt habe, wachse der Interpretationsbedarf bezüglich der Einordnung eigener und fremder Sozialpositionen. Teilhabe an der Gesellschaft wird damit letztlich den Gesetzmäßigkeiten der Kapitalverwertung unterworfen und Solidarität reduziert auf »das Interesse am Selbstschutz gegen drohende Gefahren der Anomie«, so der Soziologe Richard Münch.[31]

Solche Dynamiken verstärken unter Umständen den Zwang, sich gegenüber vermeintlich oder tatsächlich konkurrierenden Gruppen deutlich abzugrenzen. Oft genug werden sie zudem von populistischen und nationalautoritären politischen Kräften aufgegriffen und intensiviert, wenn nicht gar von ihnen initiiert. Und für diese Grenzarbeit, die Arbeit, die eigene Position wie die der anderen einzuordnen, bedienen sich die Mitglieder der Gesellschaft auch aus dem vor Jahrhunderten begonnenen und stetig weiter befüllten Archiv rassistischer und antisemitischer, aber auch klassistischer sowie misogyner und heterosexistischer Zuschreibungen. Es sind Grenzziehungen, so wiederum Neckel und Sutterlüty, die gegenwärtig nicht mehr nur als graduelle, also als prinzipiell relativier- und revidierbare Unterschiede artikuliert, sondern verstärkt eben verdichtet werden zu absoluten ›kategorialen Klassifikationen‹. Indem sie dergestalt ermöglichen, »qualitative Urteile der Andersartigkeit« über Personen und Gruppen zu fällen und diese dann der entsprechenden Behandlung zuzuführen, dienen sie sowohl der Disziplinierung durch den Staat als auch der wechselseitigen sozialen Kontrolle der Mitglieder eines Gemeinwesens: eine Grammatik der sozialen Härte.

»Negative Klassifikationen« organisieren also, wen wir als Gleiche anerkennen und wem wir meinen, vermeintlich berechtigt, Gleichheit verweigern zu können, indem wir das soziale Band mit diesen Menschen kappen oder doch zumindest brüchig werden lassen. Sie entscheiden so mindestens symbolisch mit über den Grad von Zugehörigkeit und Ausschluss. Aus Bürger_innen mit verbrieften sozialen Rechten werden Subalterne – Bürger_innen von niederem Rang. Auch dies eine der vielen Weisen der differentiellen Verteilung des Rechts auf Gemeinschaft: Beleg dafür, wie sich demokratische Gemeinwesen als exklusiv und exkludierend konstituieren.

All dies – vieles mehr ließe sich anführen – lässt die Paradoxien liberaldemokratischer Gouvernementalität deutlich zu Tage treten. Konstitutiv zwar auf Gleichheit gegründet und ausgerichtet, verweigert die liberale Demokratie diese faktisch einer Vielzahl ihrer Mitglieder durch ein differenzielles und differenzierendes System der Teilhabe und der differenzierenden Verteilung von Prekarität. Und zwar indem sie Menschen im gesellschaftlichen Vollzug entwertet, sie in ihrer Würde missachtet und beschädigt, indem ihnen Rechte vorenthalten oder diese ausgesetzt werden und, schließlich, indem ihnen Gemeinschaft verweigert oder entzogen, oder ihre Fähigkeit zu ihr bewusst unterlaufen wird. Es dokumentiert, wie weit wir auch in den als ›demokratisch geltenden Gesellschaften‹ entfernt sind von »gesellschaftlichen Bedingungen eines lebbaren, von Gleichheit und minimaler Prekarität« geprägten Lebens.[32]

Ungleichheit beschreiben

Die wie auch immer beschaffene und begründete Verweigerung von Gemeinschaft wie generell die Verweigerung von Gleichheit theoretisch beschreiben zu wollen, darf allerdings nicht dazu führen – auch darauf hat Fassin aufmerksam gemacht – »das Leben der Heimatlosen, Unterdrückten, Ausgebeuteten, Gedemütigten und Beleidigten isoliert zu betrachten« und dann auch entsprechend darzustellen.[33] Birgt das doch die Gefahr, jene Leben in der analytischen Rekonstruktion erneut zu verdinglichen, sie einmal mehr gleichsam einzusperren in dem ihnen unentrinnbar zugeschriebenen Schicksal und sie einer paternalistisch strukturierten Macht auszusetzen. Vor allem aber besteht die Gefahr, dass wir, ob willentlich oder nicht, die gesellschaftlichen Verhältnisse ausblenden, in die diese Leben eingebettet sind – ein »neuer Existentialismus«, der keine sozialen Umstände kennt oder gelten lässt, so der Rechtsphilosoph Klaus Günther.[34] Wer von Ungleichheit sprechen will, darf daher die Frage nicht ungestellt lassen, wessen Handeln ermöglicht wird und wessen nicht. Es gilt, so Fassin, »die ganze soziale Welt zu analysieren, und zwar mit einem Blick für Relationen und Differenzen«.[35] Schließlich bestehe die »fundamentale Ungerechtigkeit ja gerade in einer implizit vorgenommenen bzw. explizit eingestandenen Hierarchisierung der Leben«. Das Leben »derjenigen ›ohne‹, ob nun ohne gültige Papiere, ohne Wohnsitz, ohne Staatsbürgerschaft, ohne Heimat oder ohne Rechte«, ließe sich daher nur im Verhältnis zum Leben derjenigen ›mit‹ verstehen, das heißt derjenigen, die »in den Genuss all dieser Dinge kommen«.

Fassins Warnung zieht, so meine ich, hinsichtlich des bereits mehrfach angesprochenen herrschaftlich verfassten Zusammenhangs von Denk- und Vergesellschaftungsformen eine Reihe von notwendigen methodologischen Einklammerungen nach sich, die auch mein Schreiben betreffen. Die erste Einklammerung betrifft den Umstand, dass es ›die‹ Ungewählten als solche, als deutlich abgegrenzte soziale Gruppe oder soziales Milieu nicht gibt. Es ist auch nicht meine Absicht, eine solche Gruppe ins Leben zu rufen, sie gar zum neuen revolutionären Subjekt zu stilisieren. Sehr wohl aber gibt es identifizierbare Praktiken, gesellschaftliche Routinen, Dynamiken und Verhältnisse, die Handlungsmöglichkeiten je unterschiedlich konfigurieren und die in der sozialen Erfahrung münden, zu Ungewählten gemacht worden zu sein.

Ziel der analytischen Beschreibung und Rekonstruktion dieser Erfahrung muss es daher sein, die Aufmerksamkeit der Leser_in auf jene Routinen, Praktiken und Verhältnisse zu lenken, ohne das darin eingelagerte Leid zu verschweigen oder als eine genuine Eigenschaft der zu ›Ungewählten‹ gemachten darzustellen. Kritik darf sich nicht zur Komplizin von Herrschaft machen, indem sie zu deren Verdinglichung beiträgt. Worauf es vielmehr ankommt, ist, die in jene Erfahrung eingelassene und je spezifische Konfiguration von Zwang und *agency* sichtbar zu machen. Auch die wissenschaftliche beziehungsweise theoretische Praxis muss daher als eine soziale, nicht nur Welt reflektierende, sondern Welt erzeugende Praxis begriffen und kritisch analysiert werden. Und zwar aus wenigstens zwei, gleichsam spiegelbildlich aufeinander verweisenden Gründen: Zum einen fließt das, was ich zuvor mit Bourdieu das »Vorkonstruierte« genannt habe, alltagsweltliche, mediale und politische Gehalte beispielsweise, unweigerlich auch in die wissenschaftliche Beschreibung ein. Und wo diese Beschreibungen nicht Teil des untersuchten Komplexes werden, projiziert die Analytiker_in sie unter Umständen in einer zirkulären Bewegung gewissermaßen retrospektiv wieder in ihren Gegenstand hinein, von dem jene Gehalte vordergründig bloß abgelesen waren. Wissenschaftliche Analyse und soziale Tatsache vertauschen gewissermaßen die Plätze, sie verschwimmen auf kaum wahrnehmbare Weise ineinander.

Ein Beispiel aus meiner eigenen Forschung veranschaulicht diesen Umstand: Die Soziologie der neuen Subalternen, der sogenannten Überflüssigen, die sich in den vergangenen drei Dekaden entwickelt hat, hatte sich zwar von Anfang an zur Aufgabe gemacht, neue gesellschaftliche Gefährdungen, das gesellschaftliche Leiden und das Leiden an der Gesellschaft entschlüsseln zu wollen – und das tut sie auch.[36] Doch die wissenschaftlichen Suchbewegungen für ein neues, angemessenes Vokabular zur Beschreibung der mit Prekarität und Entsicherung einhergehenden Gefährdungen und Ungleichheiten sind oft bestimmt von einer eigentümlichen Ambivalenz. Sie scheinen nämlich zu schwanken zwischen soziologischer Analyse einerseits und einem durchaus befremdlich anmutenden, fatalistischen Kulturalismus andererseits, der zudem oft mit der zumindest impliziten moralischen Abwertung derjenigen einhergeht, die von Prekarität, sozialer Entsicherung und ökonomischer Ungleichheit betroffen sind. Nicht selten finden sich noch dort, wo die physisch und psychisch zerstörerischen Dimensionen sozialer Ent-Bindung hervorgehoben werden, zumindest subtil pejorative und von Ressentiment nicht freie Beschreibungen und Begriffe. So greifen auch die soziologischen Schilderungen gesellschaftlich verursachten Leids beispielsweise immer wieder zurück auf ein historisch und kulturell vielfältig angereichertes, gesellschaftliches Sediment, und zwar auf das Stereotyp des lethargischen, seine Misere selbst verschuldet habenden *declassé*, der die Kontrolle über sein Leben verloren hat, sich gehen lässt und verwahrlost.[37] Es ist dann der ›liderliche Mensch‹ selbst, der sich verwahrlosen lässt, und nicht die politischen Entscheidungen, die diesem die Mittel genommen haben, für sich zu sorgen.

Zum anderen und gleichsam spiegelbildlich existiert, so ein Argument des Wissenschaftsforschers Bruno Latour, in der »entwickelten Welt« ohnehin längst keine Gruppe mehr, »an der nicht mindestens ein sozialwissenschaftliches Instrument hängt«.[38] Die in der gesellschaftlichen Wirklichkeit vorgefundenen Selbst- und Fremdbeschreibungen sind immer schon auch wissenschaftlich unterlegt. Die Grenze zwischen Alltagswissen und wissenschaftlichem Wissen ist also auch in dieser Hinsicht und aus dieser Richtung betrachtet alles andere als trennscharf. Die alltagsweltlichen Deutungsschemata, mit denen die Menschen sich selbst und die Welt, in der sie leben, interpretieren, ihre Erklärungen gesellschaftlicher Verhältnisse und Dynamiken sind, wie wir am Beispiel »negativer Klassifikationen« sehen konnten, vielfach überformt von wissenschaftlichen Taxonomien, Beschreibungen und Kategorien. Diese Beschreibungen und Kategorien stellen normative Fluchtpunkte dar, auf die das Selbstverständnis und Handeln von Menschen geeicht ist. Sie prägen die Praktiken und Verfahren, mit denen Menschen ihr eigenes Verhalten oder das anderer entsprechend steuern und auch steuern sollen; wissenschaftliche Kategorien verweisen auf Wissensformen, in denen Individuen die Wahrheit über sich erkennen, auf Kontroll- und Regulationsmechanismen, denen sie ausgesetzt sind, auf Praktiken, mit denen sie auf sich selbst einwirken. Sie organisieren soziale Empathie und ordnen moralische Wertigkeiten, indem sie zur Konstitution voneinander unterschiedener moralischer Kollektive beitragen, denen wir wiederum unterschiedlich moralisch verpflichtet sind und für die wir entsprechend unterschiedlich Sorge und Verantwortung tragen – wie wir meinen, zu Recht.

Und weil all das genauso und letztlich in der dichten, komplex gefugten Gegenwart, in der wir leben, wohl auch nicht einfacher zu haben ist, ist epistemische Rechenschaft so dringlich und unbedingt Teil des Projekts der Neuerfindung demokratischer Gemeinschaft. Die beständige und rigorose Prüfung, wie unsere letztlich abstrakten wissenschaftlichen Klassifikationen Welt erfassen und für uns wirklich werden lassen, ob und in welchen Hinsichten die wissenschaftlichen Konstruktionen und Kategorien, mit denen wir anstreben, Leid sichtbar zu machen, an der gesellschaftlich verursachten Entwertung partizipieren oder aber zu deren kritischen Aufklärung beitragen, ist unabdingbar Teil kritischer wissenschaftlicher Praxis heute. Es ist von Belang, welche wissenschaftlichen Geschichten wir erzählen, welchen gesellschaftlichen Notständen wir unsere empirische Aufmerksamkeit und theoretische Sorge widmen, wessen Anliegen wir ernst und in den Blick nehmen. Das also wäre die erste Einklammerung.

Die Ungewählten

Die zweite Einklammerung, auf die ich hier eingehen will, betrifft den theoretischen Knotenpunkt dieses Buches: die Figur der *Ungewählten*. Die Ungewählten verstehe ich nicht, wie eingangs bereits angesprochen, als eine fest umrissene soziale Gruppe oder Kategorie. Sie sind auch nicht das neue revolutionäre Subjekt, der neue Name der ausgegrenzten Multitude, der Vielen und Elenden dieser Welt, die einmal mehr an der Grenze des Menschlichen festgesetzt werden sollen. Ich verstehe die Ungewählten als theoretische Suchfigur. Es ist eine Figur auf der Schwelle, die es mir möglich macht, jenen sich stetig vertiefenden Spalt aufzusuchen, der sich aufgetan hat zwischen dem uns allen gemeinsamen Umstand, ungewählt auf der Erde erschienen zu sein, und der Tatsache, dass dieser Umstand nur den Anderen der Geschichte, den *subalternen Vielen* aufgebürdet wurde. Und sie ermöglicht es, den Ratschlag Avery Gordons beherzigend, den Geistern zu folgen, sowohl retrospektiv als auch prospektiv zu arbeiten. Also die in die Zukunft gerichtete politische Arbeit der Neuerfindung demokratischer Gemeinschaft mit der dafür notwendigen, retrospektiven analytischen Arbeit zu verbinden. Die Figur der Ungewählten gestattet es, anders gesagt, vom Gegebenen ausgehend zu denken, von jenem Punkt aus, an dem sich Gegenwart als Aufeinandertreffen von Vergangenheit und Zukunft ereignet.

Wenn ich zudem mit Hannah Arendt und Judith

Butler argumentiere, dass das uns allen gemeinsame Ungewählt-Sein den Nukleus eines demokratischen Ethos der Kohabitation darstellt, darf ein gewichtiger Unterschied nicht vernachlässigt werden. Der Unterschied eben zwischen jenem uns allen gemeinsamen Umstand, ungewählt auf der Erde erschienen zu sein, einerseits und der Ungleichheit generierenden differenziellen Verteilung der Zuschreibung dieses Umstands andererseits. Rassistische und sexistische Vorstellungen und Teilungspraktiken, (neo)koloniale und auf kapitalistischer Ausbeutung und Zerstörung beruhende Verhältnisse und Institutionen definieren im 21. Jahrhundert ohne Zweifel die Lebensumstände *aller* Menschen – indem sie die einen privilegieren, während sie die anderen relegieren. Sie begrenzen und subvertieren aber besonders jene Leben, die ich im ersten Kapitel mit Hannah Arendt beschrieben habe als Leben *ohne Standort in der Welt*. Es sind diese (auch staatlich) entsicherten Leben, von denen die Suchbewegungen nach einem anderen In-der-Welt-Sein und neuen, demokratischen Formen der Assoziation affiziert sein sollten. Von jenen Leben, die gekennzeichnet sind durch unterschiedlich intensive Formen kultureller, sozialer und ökonomischer Deprivation, durch den tendenziellen Ausschluss vom gegebenen gesellschaftlichen Reichtum wie durch die Beschränkung ihrer Autonomie.[39] Ausschlüsse und Beschränkungen, die die Lebensführung derjenigen destabilisieren, die, aus welchen Gründen auch immer, als verzichtbar gelten und in die Raster der Normativität und Normalität nicht hineinpassen. Und Marginalisierungen schließlich, die zu der nicht zuletzt auch psychisch sich materialisierenden Erfahrung von Entfremdung, Enteignung und Entrechtung jener Leben beitragen, wie Frantz Fanon uns gelehrt hat. Leben, die gleichwohl unter keinen Umständen auf diesen Zustand der Heteronomie reduziert werden dürfen und die trotz aller Enteignung über einen ungeheuren Reichtum an Erfahrungen und Praktiken des (Über-) Lebens verfügen – Praktiken, Wissen und Erfahrungen, die wir brauchen, wenn wir die Welt reparieren wollen.

Neben eklatanten ökonomischen Disparitäten gehört zu jenen Formen der Enteignung die Unmöglichkeit, sich in der eigenen Sprache verständigen zu können, wie insgesamt die Abwertung, Delegitimierung oder gar Auslöschung eigener kultureller Traditionen und Praktiken, einschließlich, wie wir schon gesehen haben, des Verlusts der eigenen Begriffe, in denen die eigene Geschichte erzählt werden kann. Von der Zerstörung indigener Kulturen auf den amerikanischen Kontinenten und der die Entwicklung des afrikanischen Kontinents bis heute prägenden »Maafa« habe ich bereits gesprochen. Der Schriftsteller Chinua Achebe erzählt in seinem Roman *Alles zerfällt* eindringlich von dieser Erosion und Zerstörung, hier der Welt der Igbo durch die britischen Kolonisatoren.[40] Auch der Verlust von Rechten und der mangelhafte Zugang zu Information, Wissen und Bildung sowie zu den politischen Willensbildungsprozessen, der

Verlust von Land, Gemeinschaft und den Gelegenheiten eigenständiger Existenzsicherung,[41] oder die Ausgesetztheit an unterschiedliche Formen von Gewalt und die Unterwerfung unter normalisierende körperpolitische Regime gehören zu den Formen, in denen Enteignung sich materialisiert.

Es sind schwankende Leben, oder besser: ins Wanken gebrachte Leben, geprägt von Prekarisierung, Unbestimmtheit und mangelnder Autonomie. Leben, die die Chance entbehren, sich gemeinsam mit anderen regieren, Autor_in des eigenen Lebens sein und die eigene Geschichte erzählen zu können, also selbst die Frage untersuchen zu können, zu wem sie werden können. Leben, die regiert und begrenzt werden durch die bisweilen subtil, oft genug aber offen sich äußernde Verweigerung politischer und moralischer Gleichheit. Leben, denen der »Bürgersteig«, der doch »allen gehört, die auf ihm gehen wollen«, verweigert wird.[42] Dergestalt als Unterworfene, Subalterne und deviante Andere, als Versklavte und Kolonisierte, als Überflüssige, Unnütze und Gesindel, als zweites Geschlecht, mindere Andere und nicht Vernunftbegabte, als Barbaren, Schmarotzer und *less than human* in den Vorhof ihres Verschwindens, den Raum der Moderne, geholt, sind sie es, die Vielen, die »infamen Menschen«, in Michel Foucaults unvergleichlicher Formulierung, denen es bis heute beschieden ist, »unterhalb jedes Diskurses zu vergehen und zu verschwinden, ohne jemals gesagt worden zu sein«.[43] Mannigfaltig und intensiv vermessen, gerastert und taxiert und eines unwürdigen Lebens bescheinigt, aber niemals tatsächlich gehört. Es ist ihre Unfreiheit, die die Freiheit derjenigen begründet, die in der Moderne das Menschliche als ihnen allein zustehend reklamierten. Die Demokratie ist daher, wie der Historiker und postkoloniale Theoretiker Achille Mbembe argumentiert, nicht denkbar ohne ihre Doppelgängerin, die Kolonie, ganz gleich, wie Letztere genannt werde, welche Struktur sie besitze und wo sie sich genau befinde, innerhalb oder außerhalb der Mauern der Demokratie. »Demokratie, Plantage und Kolonialreich gehören objektiv ein und derselben geschichtlichen Matrix an«, die »Kolonie trägt die Demokratie – oft in Gestalt von Masken«, so Mbembe entschieden.[44] Masken, die sogar, worauf Wendy Brown hinweist, in der Gestalt liberaldemokratischer Werte und Ideale auftreten, insofern diese »ihre Schnittpunkte mit fest verwurzelten Arbeitsteilungen und Klassenstrukturen« und die Sättigung »mit Normen des bürgerlichen, *weißen*, männlichen, heterosexuellen Paternalismus« leugnen.[45] Masken also, die, so vielgestaltig sie letztlich auch sein mögen, doch immer denselben Zweck erfüllen: ›die da unten‹ dort unten zu halten, ihnen Gleichheit zu verweigern und die engmaschig bewehrte und streng bewachte Grenze des Menschlichen zu sichern.

Die Figur der *Ungewählten* erzählt uns diese Geschichte der Spaltung der Welt, ihrer Aufteilung in Zonen der Gedeihlichkeit und Prosperität und solche der Dürre und Knappheit. Sie erzählt uns die Geschichte der Spaltung der Menschheit in jene, die Anspruch auf den Bürgersteig, auf »the pursuit of happiness« haben, wie es die US-amerikanische Unabhängigkeitserklärung vorsieht, und jene, denen es ›beschieden ist, zu vergehen und zu verschwinden‹. Und sie tut das in dreifacher Hinsicht: Als *liminale* Figur, auf der Schwelle zwischen Vergangenheit und Zukunft, halten die Ungewählten, *erstens*, die Erinnerung an das niemals verstummte Begehren nach Freiheit, Gleichheit und Solidarität von jenen wach, die die Aufklärung als Unterworfene in den Raum der Moderne geholt und denen sie das Schicksal der Ungewählten aufgebürdet hat. Politisch eine *transversale* Figur, rütteln die Ungewählten, *zweitens*, an jener kontingenten Grenze des Menschlichen. Indem sie wieder und wieder anrennen gegen diese Grenze, die eine Trennung schafft zwischen ›Menschen wie wir‹ und ›keine Menschen wie wir‹, indem sie danach dürsten, diese Grenze zu überwinden, vergrößern sie das ›Wir‹, erfinden es neu und bringen so »die Menschheit ein Stück« voran.[46]

Sie wagen den Aufstand: einen Aufstand, der Gerechtigkeit nicht begreift als Aufnahme bisher Ausgeschlossener oder Marginalisierter in genau jene Ordnung, die sie bislang als nicht ebenbürtig an ihre Ränder relegiert hatte. Einen Aufstand, der darauf abzielt, eine neue Ordnung zu erfinden. Mit Judith Butler können wir von einem Aufstand auf der »Ebene der Ontologie« sprechen, ein Aufstand auf der Ebene der Ordnung des Seins also, der darauf zielt, die alte Ordnung hinter sich zu lassen und eine neue zu installieren.[47] »Wenn sie wiederholen, diese Ordnung muß zerstört werden, sagen sie, sie wissen nicht, von welcher Ordnung die Rede ist«, heißt es in *Les Guérillères*. Nichts weniger als der *Aufstieg aller zum Menschsein*. Fanons Traum. Und das Geschenk der Ungewählten an die Welt: die Chance, das betrauern zu lernen, was verloren ist, weil wir es nie erfahren haben. Und im selben Atemzug über die Trauer hinausgehen, indem wir lernen, neu zu imaginieren: *Tag und Nacht in Gesellschaft aller Menschen* voranzugehen.

Als *epistemische* Figur schließlich gewinnen wir, *drittens*, mit den Ungewählten einen Sehpunkt auf das schon von Karl Marx beschriebene und in die Herzkammern der bürgerlich-liberalen Moderne eingelassene Paradoxon, das die Quelle jener »von Gier getriebenen kläglichen Formen von Bindungen« darstellt, von denen Butler spricht.[48] Diese epistemische Dimension betrifft nicht nur die Grundfeste der bürgerlichen Moderne, sie ist auch für die Frage eines neuen Ethos der Kohabitation, das auf Sorge und Interdependenz statt auf solipsistisch verstandene und auf der Eigentumsform gründender Autonomie, von besonderer Bedeutung.

In seiner Schrift »Zur Judenfrage« von 1843 notiert Marx Folgendes:

> Es ist schon rätselhaft, daß ein Volk, welches eben beginnt, sich zu befreien, alle Barrieren zwischen den verschiedenen Volksgliedern niederzureißen, ein politisches Gemeinwesen zu gründen, daß ein solches Volk die Berechtigung des egoistischen, vom Mitmenschen und vom Gemeinwesen abgesonderten Menschen feierlich proklamiert [...]. Noch

rätselhafter wird diese Tatsache, wenn wir sehen, daß das Staatsbürgertum, das politische Gemeinwesen von den politischen Emanzipatoren sogar zum bloßen Mittel für die Erhaltung dieser sogenannten Menschenrechte herabgesetzt, daß also der *citoyen* zum Diener des egoistischen *homme* erklärt, die Sphäre, in welcher der Mensch sich als Gemeinwesen verhält, unter die Sphäre, in welcher er sich als Teilwesen verhält, degradiert, endlich nicht der Mensch als *citoyen*, sondern der Mensch als *bourgeois* für den eigentlichen und wahren Menschen genommen wird.[49]

Marx will hier nicht zuletzt das Rätsel lösen, warum die bürgerlichen Revolutionen des ausgehenden 18. Jahrhunderts den *bourgeois* als den ›eigentlichen und wahren Menschen genommen‹ und der Gleichheit die Form der Rechte – genauer: die Form *subjektiver Rechte*, also individuell begründeter Ansprüche gegenüber dem Gemeinwesen – gegeben haben. Nicht den *citoyen* – und schon gar nicht die *citoyenne* – haben sie auf das Schild der Emanzipation gehoben, also den der Stadt, der *civitas*, dem Gemeinwesen zugehörigen Menschen, dessen Freiheit und Autonomie genau aus dieser Zugehörigkeit resultiert, aus dem Umstand, sich innerhalb dieses Gemeinwesens gemeinsam mit anderen selbst zu regieren und von anderen umsorgt zu sein. Stattdessen wird der ›vom Gemeinwesen abgesonderte Mensch‹ als Subjekt des Rechts eingesetzt und dessen Rechte in die Form des Eigentums gegossen: individuelle Grundrechte, die den Einzelnen unveräußerlich ›gehören‹ – sofern sie sich selbst ›gehören‹. Das Recht, so auch Daniel Loick, spielt eine »wesentliche Rolle bei der

Organisation der Trennung des Menschen vom Menschen«.[50]

Das gilt im Grundsatz bis heute: Gleichheit verstehen wir vorrangig als juristische Gleichheit der Rechte, die wiederum als individueller Anspruch der Einzelnen gegenüber der Gemeinschaft konzipiert sind. Es ist auch die Sprache der Emanzipation, die in liberalen Demokratien verstanden wird: Wer Anspruch auf Berücksichtigung erhebt, muss seine Forderung in der »proprietaristischen«[51] Sprache des Rechts, also in der Sprache des Eigentums vorbringen. Und das heißt letztlich: unter Bezugnahme auf das vom Liberalismus imaginierte ideale Subjekt: der Eigentum besitzende (selbstgenügsame *weiße*, cis-geschlechtliche, heterosexuelle) Mann – der heute auch eine Frau sein kann.[52] Die Sicherung als privat gedachter Ansprüche gegen ihre womöglich gewaltsame Verletzung durch andere oder den Staat ist nicht nur ein wesentliches Charakteristikum des bürgerlichen Rechts, es ist auch das vielleicht zentrale Merkmal liberaler Demokratien. Schon die Verfassung für die Französische Republik von 1793 hatte in ihrer Neufassung der Erklärung der Menschen- und Bürgerrechte in Artikel 2 neben Gleichheit und Freiheit Sicherheit und Eigentum als natürliche und unveräußerliche Rechte bestimmt und in den Artikeln 16-19 das Recht auf Eigentum sowie die Freiheit von Handel und Gewerbe umfangreich abgesichert. Daran anschließend erklärt rund 150 Jahre später auch die Allgemeine Erklärung der Menschenrechte von 1948 das Recht auf Eigentum in Artikel 17 zum Menschenrecht; ebenso definieren das deutsche Grundgesetz (Artikel 14) sowie die EU-Grundrechtecharta (Artikel 17) garantiertes Eigentum als Grundrecht.

Instituiert wird damit freilich nicht nur das Recht auf Eigentum als unveräußerliches Grundrecht, sondern auch eine bestimmte Vorstellung des Subjekts. Und zwar ebenjene Idee des monadischen, selbstgenügsamen Individuums, verstanden als ein mit einem freien Willen ausgestattetes, vernunftbegabtes, unabhängiges, letztlich autarkes Subjekt, das unbehelligt über sich selbst und sein Eigentum verfügt und verfügen können muss, die Verfügung über andere Menschen eingeschlossen. Die »Freiheit des Menschen als isolierter auf sich zurückgezogener Monade«, wie Marx schreibt.[53] »In der bürgerlichen Gesellschaft«, so schon Georg W. F. Hegel, »ist jeder sich Zweck, alles andere ist ihm nichts.«[54] »Der Eigentümer einer Sache«, heißt es entsprechend in § 903 des Bürgerlichen Gesetzbuches, »kann, soweit nicht das Gesetz oder Rechte Dritter entgegenstehen, mit der Sache nach Belieben verfahren und andere von jeder Einwirkung ausschließen.«[55]

Dieses monadische Individuum und sein Wollen sind im Grunde die einzige Kategorie, die im liberalen Denken nicht befragt werden muss und vielleicht auch nicht befragt werden darf. Seine Voraussetzungen müssen ungenannt bleiben. »Abhängigkeit«, schreibt Butler, »wird gleichsam aus dem Bild des Urmenschen herausretuschiert.«[56] Das Individuum, so der stetig genährte Glaube, ist schlicht da. Seine Vorgeschichte wird nicht erzählt und sie kann vielleicht auch nicht erzählt werden. *There is no society. Only individuals.* Anders gesagt: Individuelle Autonomie ist, wie die Soziologin Hanna Meissner ausführt, »das Privileg, vermittels der Verfügung über Privatbesitz die eigene Gesellschaftlichkeit und die damit verbundene konstitutive Verwiesenheit auf Andere zu verleugnen«.[57]

Ich fasse zusammen: Indem die bürgerlichen Revolutionen diesen von Marx so anschaulich wie drastisch beschriebenen »egoistischen, vom Mitmenschen und vom Gemeinwesen abgesonderten Menschen« als Subjekt der Autonomie eingesetzt hatten, verkehrten sie das nur *durch andere* mögliche Sein in das Beharren auf ein *vom Anderen abgewandtes* Sein. Die Souveränität dieses (*weißen*, männlichen) Subjekts indes ist fragil, ein Phantasma – und der gesellschaftliche Aufwand, der betrieben werden muss, um sie intakt zu halten, ist enorm. Sie gründet auf einer ganzen Reihe von Leugnungen und Entwertungen: die Leugnung der konstitutiven Beziehungen und Bedingungen dieses Subjekts und die Leugnung seiner Abhängigkeit und Sorgebedürftigkeit, die Entwertung von Sorgearbeit insbesondere durch ihre Feminisierung und Auslagerung an rassifizierte, weiblich-vergeschlechtlichte und sexualisierte deviante Andere. Doch der Anspruch dieses von seinen Mitmenschen abgesonderten Menschen, gewählt zu sein, gründet genau auf dieser phantasmatischen Souveränitätsfiktion. Sie berechtigt dazu, den Unterschied zwischen Gewählten und Ungewählten zu machen.

Freiheit, Gleichheit, Solidarität. Das war das Versprechen der Aufklärung und das Versprechen der bürgerlichen Revolution. Frei und gleich an Rechten sind die Menschen geboren. Alle Menschen. So schreiben es die Männer im Jahr 1789 in der französischen Nationalversammlung in ihre Erklärung der Menschen- und Bürgerrechte – und meinen doch nur sich selbst. In der verfassungsrechtlichen Ausgestaltung der Menschen- und Bürgerrechte präzisiert der französische Konvent in den Jahren nach der Revolution nur den erwachsenen, Steuern zahlenden (*weißen*, heterosexuellen) Mann als Rechtssubjekt dieser Menschenrechte. Doch der Vertrag, den sie miteinander schließen, ist mehr als das, denn er schließt weitere Verträge ein: Es ist zunächst der Vertrag unter als frei und gleich imaginierten, besitzenden Männern, die sich wechselseitig Rechte zugestehen. Es ist aber auch ein heterosexuell-geschlechtlicher Vertrag, mit dem sich diese Männer das Verfügungsrecht über die Frauen sichern, und schließlich ein Vertrag, mit dem sie *weiße* (europäische) Dominanz installieren und legitimieren. Was mit dem Gesellschaftsvertrag also organisiert und legitimiert wird, ist nichts anderes als die Herrschaft der Brüder: eine spezifische Form brüderlich gedachter männlich-kolonialer Herrschaft.[58]

Im April 1793 erklärt der französische Konvent demnach folgerichtig und explizit, Kindern, »Irren«, Minderjährigen, Frauen und Kriminellen stünden die

Bürgerrechte nicht zu. Die Menschen auf den von Europa eroberten und kolonisierten Kontinenten gelten ihm ohnehin im naturrechtlichen Sinne nicht als Menschen, weil sie als der Vernunft nicht fähig vorgestellt werden und weil sie nicht über sich selbst und ihre Körper verfügen, weil sie geschlagen werden dürfen – eine historisch beispiellose und absichtsvolle Verleugnung der Tatsache, dass Kolonisierung, Versklavung und die Kommodifizierung von Körpern den Ursprung ihrer Unfreiheit bilden. Diese Menschen sind nun damit faktisch und juristisch ebenfalls aus den Menschen- und Bürgerrechten ausgeschlossen. Ja, sie gelten ihnen zufolge nicht einmal als Menschen. Denn Mensch ist hier nur, wer auch Bürger werden kann – während Bürger wiederum nur werden kann, wer einen Körper ›hat‹ und nicht Körper ›ist‹; wer also absoluter Herr und vollständiger Besitzer seines Körpers ist.

Jeder Mensch hat »ein Eigentum an seiner eigenen Person; auf diese hat niemand ein Recht als er selbst«, schreibt der Philosoph John Locke schon ein Jahrhundert zuvor, 1689, in seiner *Zweiten Abhandlung über Regierung*. Locke kritisiert hier zwar eingangs die Sklaverei als seitens eines englischen »Gentleman« nicht verteidigungsfähige Institution, um dann seine eigene Verwicklung in den transatlantischen Sklavenhandel und seine nicht unerheblichen Gewinne aus diesem offensiv zu verschweigen.[59] Seine Philosophie ist paradigmatisch für die bis heute unser Recht prägende Vorstellung eines sich selbst besitzenden ›Subjekts als Eigentümer‹, dem auf der Grundlage dieser Verfügung über sich selbst und die Dinge und Menschen, die ihm gehören, Rechte zustehen.[60] Sie steht exemplarisch für die Meinung der Gelehrten der Zeit und auch für die Haltung der Männer in der französischen Nationalversammlung. Frauen, die sogenannten Wilden, die ›Irren‹ und ›Verrückten‹, die Minderjährigen können sich nicht selbst regieren, weil sie geschlagen werden dürfen – von jenen, die nicht Körper waren, sondern Körper besaßen. Auch *weiße* Frauen können in der Neuen Welt zu diesen Eigentümer-Subjekten werden – zwar verfügen sie nur begrenzt über sich selbst und ihre Körper und können kein Land besitzen, sie können jedoch sehr wohl versklavte Menschen ihr Eigentum nennen und über sie verfügen.[61]

1791 lehnt die Nationalversammlung in Paris auf der Grundlage dieser Rechtsauffassung die Forderung der französischen Kolonie Saint-Domingue ab, die Sklaverei zu beenden und die Versklavten freizulassen. Sie verwehrt damit den insgesamt rund 800 000 vom afrikanischen Kontinent verschleppten Menschen gleiche Rechte und Freiheit. Nicht zuletzt ökonomisch ist Saint-Domingue damals zu wichtig für Frankreich (mehr als die Hälfte des im späten 18. Jahrhundert in Europa konsumierten Zuckers wurde dort produziert). Der darauffolgende Aufstand der versklavten Frauen und Männer nötigt den Konvent 1794 dann doch, die Sklaverei formal zu beenden, in der Hoffnung, so die Revolution noch stoppen zu können. Doch dafür ist es zu spät. Am 18. November 1803 besiegen die Haitianer_innen in der Schlacht von Vertières die von Napoleon gesendeten Expeditionskorps. Saint-Domingue erlangt die Unabhängigkeit und wird zu Haiti, dem ersten unabhängigen Staat in Mittel- und Südamerika. Schätzungsweise eine halbe Million Menschen verliert in diesem mehr als ein Jahrzehnt währenden Aufstand ihr Leben.[62] Die Sklaverei, die Napoleon im Mai 1802 wieder einführt, endet erst ein halbes Jahrhundert später, 1848.

»All men are created equal«, alle Menschen sind als Gleiche erschaffen, heißt es auch in der US-amerikanischen Unabhängigkeitserklärung von 1776, in der erstmals in der Geschichte allgemeine Menschenrechte postuliert wurden. In der nachfolgenden praktischen Auslegung und Ausgestaltung der Verfassung allerdings gestand auch die amerikanische Demokratie sie nur den frei geborenen, *weißen* Männern zu und schloss explizit alle Frauen, die Indigenen und Versklavten sowie die freien Schwarzen aus.[63] »Black chattel slavery stood at the opposite social pole from citizenship and defined it«, so Judith Shklar in *American Citizenship*.[64] Es sollten noch einmal fast einhundert Jahre vergehen, bis auch alle Schwarzen Männer das Wahlrecht errungen hatten. 1869 konnten auch sie erstmals über die Zusammensetzung der Parlamente entscheiden. Eine Vielzahl rassistisch motivierter, strafrechtlicher, administrativer, politischer und gewalttätiger Mechanismen trägt bis heute dafür Sorge, ihnen die Ausübung dieses Rechts zumindest so schwer wie möglich zu machen. Allen US-amerikanischen Frauen blieb das Wahlrecht ein weiteres halbes Jahrhundert verwehrt. Erst 1920 sprach der 19. Zusatzartikel zur Verfassung es ihnen zu. In Deutschland konnten Frauen 1919 zum ersten Mal ihre politischen Vertreter_innen wählen und selbst gewählt werden. 37 weibliche Abgeordnete (von 423 insgesamt) zählte die verfassungsgebende Nationalversammlung, als sie am 6. Februar 1919 in Weimar zusammentrat, vier Frauen rückten später nach.[65] Während des Nationalsozialismus gehörten dem ohnehin mangels Kompetenzen zum Scheinparlament degradierten Großdeutschen Reichstag Frauen nicht mehr an.

An all diese Geschichten und die damit verbundenen uneingelösten Versprechen der demokratischen Moderne erinnert uns die Figur der Ungewählten. Sie öffnet so den Raum der Demokratie in die Zukunft.

Ein stummer Rest der Politik

Im Juni 1981 sitzt Michel Foucault in Genf auf einem ungewöhnlichen Podium. Ungewöhnlich, weil es keine akademische Veranstaltung ist, gleichwohl Foucault nie nur Philosoph und akademischer Lehrer war. Als »Historiker der Gegenwart«, wie er einige Jahre zuvor seine Arbeit beschrieben hat, eine Arbeit, in der es unablässig um die Frage gehe, was derzeit geschieht,[66] kann er auf eine lange Geschichte der öffentlichen Einmischung als Intellektueller und der politischen Parteinahme zurückblicken, besonders für jene, deren Stimmen übergangen, zurechtgestutzt und verstümmelt worden sind. Es ist eine Pressekonferenz, einberufen, um die Gründung eines internationalen Komitees gegen die Piraterie bekannt zu geben: des Comité International contre le Piraterie. Anlass für dessen Gründung, initiiert unter anderen von den Organisationen Médecins du Monde und Terre des Hommes, ist das Schicksal der Vietnames_innen, die nach dem Ende des Vietnamkriegs und der Vereinigung von Süd- und Nordvietnam unter Führung des Nordens im Juli 1976 geflüchtet sind. Seit Jahren werden sie auf ihrer oft halsbrecherischen Flucht über das Südchinesische Meer in übervollen, wenig seetauglichen Booten in großer Zahl von kriminellen Piraten angegriffen, entführt, gefoltert und vergewaltigt. Abertausende wurden von den Piraten ermordet oder einfach ertränkt, ohne dass westliche Regierungen und Staaten in ausreichender Zahl bereit waren, diese Menschen zu retten, sie als Flüchtlinge anzuerkennen und aufzunehmen.[67] Schätzungsweise 250 000 der sogenannten indochinesischen Boatpeople finden auf diese Weise einen vorzeitigen, gewaltförmigen Tod. Insgesamt rund 1,6 Millionen Menschen verlassen Vietnam auf diesem Weg.

In Vorbereitung auf die Pressekonferenz hat Foucault einen kurzen Text verfasst, eine Art alternative Erklärung der Menschenrechte, den er dort selbst vorträgt und der erst geraume Zeit später, im Juli 1984, in der französischen Zeitung *Libération* veröffentlicht wird. Es sind Zeilen großer Dringlichkeit und sie sind – im Lichte aktueller Nekropolitiken – von beklemmender Aktualität.[68] Das »Unglück der Menschen«, fordert Foucault mit Bestimmtheit, dürfe »niemals ein stummer Rest der Politik sein«. Ja es begründe sogar »ein absolutes Recht, sich zu erheben« und ein neues Recht zu schaffen: das Recht, »wirksam in den Bereich der Politiken und der internationalen Strategien einzugreifen«. Und dafür müsse den Regierungen das Monopol, Wirklichkeit zu gestalten, »Schritt für Schritt jeden Tag aufs Neue« entrissen werden. Es sei nachgerade die Pflicht der »internationalen Bürgerschaft, stets in den Augen und den Ohren der Regierungen die Unglücke der Menschen geltend zu machen, für die nicht verantwortlich zu sein sie zu Unrecht behaupten«.[69] Die meiste »politische Unterstützung«, so auch Jahrzehnte später Didier Fassin mit Blick auf die überall auf der Welt teilweise seit Generationen in Lagern ausharrenden Migrant_innen, Vertriebenen und Geflüchteten, benötigten gerade diejenigen, die »ethischen Verfehlungen am schutzlosesten ausgeliefert« seien.[70]

Differenz regieren

Foucaults Appell gilt auch heute noch, vielleicht sogar mehr denn je. Ein ›stummer Rest der Politik‹ dürfen die entbetteten, prekarisierten Leben der Vielen niemals sein. Die Ungewählten der Geschichte müssen aber auch deswegen ins Zentrum unserer erneuerten *theoretischen Sorge* rücken, weil Macht und Wissen in der Moderne als gouvernementale Komplizen auftraten und bis heute hinsichtlich der Aneignung, Vermachtung und Stillstellung von Differenz als solche agieren, Wissen also beteiligt ist an der Zurichtung und Unterwerfung von Welt. Weil Denkformen, wie ich am Beispiel der soziologischen Beschreibungen ökonomisch und sozial prekarisierter Lebenslagen zu zeigen versucht habe, Teil des Herrschaftszusammenhangs sind. »Denkstile«, argumentiert die Anthropologin Mary Douglas, sorgen für die »Erhaltung der Denkwelt«, sie entscheiden darüber, »was als vernünftige Frage und was als wahre oder falsche Antwort gelten kann«.[71] Und das gilt auch für wissenschaftliche Denkstile. Epistemische (Selbst-)Kritik, die Dekonstruktion epistemischer Gewalt ist also nicht nur *nice to have*, es ist ein unabweisbarer Teil kritischer wissenschaftlicher Praxis und des Aufstands, zu dem es anzustiften gilt. Auch auf die Gefahr hin, mich zu wiederholen – denn dieses kann nicht oft genug wiederholt werden –, will ich daher noch einmal auf die Frage der Komplizenschaft von Macht und Wissen, also des herrschaftsförmigen Zusammenhangs von Denk- und Vergesellschaftungsformen eingehen, und zwar unter jenem Aspekt der Regierung von Differenz.

Insofern unsere Interpretationen von Gewicht sind – und sie sind es –, gehören also die Raster und Klassifikationen, die wir an Welt anlegen und die die Welt, in der wir leben, gestalten, auf den Prüfstand. Denn nicht zuletzt entscheiden sie mit darüber, was uns angeht, wovon wir uns bewegen lassen, worauf wir unsere Aufmerksamkeit richten, worum wir uns sorgen, was und wen wir wahrnehmen oder übersehen. Rechenschaft von der die Welt und die Subjekte zurichtenden, taxierenden und unterwerfenden Gewalt wissenschaftlich generierter, wissenschaftlich legitimierter und wissenschaftlich gerahmter Differenzierungen ist daher ein unabdingbarer Teil der Erfindung des Protokolls einer mit allen geteilten Welt. Und zwar, weil sich diese wissenschaftlich verbrämte Gewalt in die unterworfenen Körper eingeschrieben hat und weiter einschreibt. Weil sie die Körper im rassistischen, heterosexistischen, klassistischen und ableistischen Stereotyp einsperrt, sie allererst als unterworfene konstituiert und so, wie Audre Lorde schreibt, das Amalgam aus »Isolation, Wut, Misstrauen, Selbstablehnung und Traurigkeit« Teil des ›Ichs‹ der Unterworfenen geworden ist. »Welches Lebewesen auf der Welt außer der Schwarzen Frau musste das Wissen um so viel Hass in ihr Über- und Weiterleben integrieren?«, fragt Lorde ihre Leser_innen.[72]

So schwerwiegend die Behauptung erscheinen mag, dass moderne Wissenschaft einen nicht unerheblichen Anteil hat am Projekt von Trennung und Herrschaft, an der kolonialen und heteronormativen Rasterung der Welt und ihrer Zweiteilung in An|erkennbares und Verworfenes, Lebbares und Unlebbares, in Ordnung und Chaos, kurzum: an der Regierung von Differenz, ist dies dennoch ganz gewiss keine leichtfertig dahingesagte Überspitzung. Ich erinnere nur an Latours Hinweis, dass sicherlich keine soziale Gruppe existiert, an der nicht mindestens ein sozialwissenschaftliches Instrument hängt. Es würde jedoch bei weitem den Rahmen dieses Buches sprengen, den entsprechenden Beweis hier ausführlich anzutreten. Ein Beweis, der freilich mit Hilfe feministischer Theorie, der Gender Studies und der Queer Theory, der kritischen Rassismusforschung und der Critical Whiteness Studies, der Crip, Disability und Subaltern Studies, der Kritischen Theorie, der Kulturwissenschaften und der post- und dekolonialen Literatur, um nur die hier vielleicht wichtigsten Theorien und Wissensformationen zu nennen, überzeugend geführt werden kann. Ich will es daher an dieser Stelle mit einigen wenigen, eher kursorischen Hinweisen zur Komplizenschaft von Macht und Wissen bewenden lassen, und zwar am Beispiel von *race* und Gender – jenen Kategorien, die hinsichtlich der gewaltvollen Regierung von Differenz sicherlich an erster Stelle zu nennen sind.[73]

Seit Beginn des »euroimperialistischen Abenteuers« im 15. Jahrhundert, wie die Historikerin Mary Louise Pratt vor rund dreißig Jahren die von Europa ausgehende koloniale Landnahme und Unterwerfung der Welt bezeichnet hat,[74] organisieren die differenzierenden Taxonomien und Klassifikationssysteme der modernen Wissenschaft den Wahrheitsraum von *race* und Gender. In einem historisch beispiellosen Prozess der rassistischen und sexistischen Vernaturwissenschaftlichung von Differenz haben sie unermessliche menschliche Differenz dergestalt nur in einem dramatisch eng geschnürten, binär und kontradiktorisch kodierten (männlich/weiblich, schwarz/weiß) Korsett intelligibel werden lassen. Und zwar, wie Stuart Hall hinsichtlich *race* ausführt, unter Berufung auf eine als »dauerhaft, fixiert, unbeweglich und transhistorisch«[75] gedachte und vorgeblich am Körper abgelesene Natur. Es lohnt sich, an dieser Stelle ausführlicher aus Halls erst 2017 postum erschienenen Vorlesungen von 1994 zu zitieren, die den Mechanismus der gleichzeitigen Einschreibung in diesem Fall rassistischer Differenz in den Körper und des vermeintlichen Herauslesens dieser Differenz aus genau diesem Körper verständlich machen:

> Was genau *race* in ihrer Offensichtlichkeit und Anschaulichkeit – in körperlichen Merkmalen von ›Hautfarbe, Haarwuchs und Körperbau‹ – fixiert, sind selbst nichts anderes als die Signifikanten eines unsichtbaren Codes, der Differenz in die schwarzen Körper einträgt. [...] Was im wahrsten Sinne des Wortes so aussieht, als würde es *race* in ihrer ganzen Materialität fixieren – nämlich die offenkundige Sichtbarkeit schwarzer Körper –, fungiert in Wirklichkeit als ein Bündel von Signifikanten, die uns dazu anleiten, die körperliche Einschreibung rassischer Differenz zu *lesen* und sie uns dadurch begreiflich zu machen.[76]

Vermeintlich »festgelegte, natürliche körperliche Unterschiede zwischen Frauen und Männern«, so hatte hinsichtlich Gender schon ein Jahrzehnt zuvor, 1986, die Historikerin Joan W. Scott in ihrem für die Kultur- und Sozialwissenschaften bahnbrechenden Aufsatz »Gender: Eine nützliche Kategorie der historischen

Analyse« argumentiert, würden an die Körper herangetragen und in diese eingezeichnet, von denen sie jedoch dem Augenschein nach bloß abgelesen seien. Gender bezeichnet daher, so Scott entschieden, nicht Natur. Ebenso wenig wie *race* ist Gender der Signifikant eines ahistorischen, nicht wandelbaren Signifikats – des geschlechtlichen (weiblichen) Körpers –, sondern »das Wissen, das den körperlichen Unterschieden ihre Bedeutung verleiht«.[77] Was uns als Natur und daher unabänderliche Tatsache erscheint, so auch die Soziologin Hannelore Bublitz, ist »als Ergebnis von geschichtlichen Prozessen und Ereignissen, Auseinandersetzungen und Kämpfen zu betrachten«.[78] Es ist nicht die Differenz, die Rassismus hervorbringt; es ist der Rassismus, der sich Differenz zu Nutze macht, argumentiert der Schriftsteller und Soziologe Albert Memmi.[79] Die Differenzen, so formuliert es die Politikwissenschaftlerin Ina Kerner, »die im Zusammenhang von Rassismus und Sexismus eine Rolle spielen«, sind »Elemente komplexer Machtrelationen«.[80]

Weder Hall oder Memmi noch Scott, Bublitz oder Kerner behaupten damit, dass »materielle Differenzen aller Art«[81] in der Welt nicht existieren würden, im Gegenteil. »Materielle Differenzen« wie »Hautfarbe, Haarwuchs und Körperbau«, argumentiert Hall unter Bezugnahme auf W.E.B. Du Bois, den Bürgerrechtler, Soziologen und Journalisten, existieren unzweifelhaft.[82] Doch diese Differenzen generieren nicht aus sich heraus Bedeutung, sondern diese wächst ihnen erst, wie Hall unter Bezugnahme auf Judith Butlers Überlegungen in *Körper von Gewicht* weiter ausführt, dadurch zu, dass sie »innerhalb des Diskurses als ein System markierter Differenzierungen geordnet worden sind«. Erst dann könne von den sich daraus ergebenden Kategorien gesagt werden, dass sie Bedeutung haben und ein Faktor in der menschlichen Kultur werden, der Verhalten steuert und »reale Effekte auf die alltäglichen sozialen Praktiken« hat.[83] Ohne Sprache könnten »wir solche bedeutungsvollen Differenzen« gar nicht identifizieren, »denn woher sollten wir wissen«, fragt Hall, »dass wir sie so nennen sollten, außer eben dann, wenn sie durch den Diskurs konstituiert worden sind?« Beweisen, dass »die Differenzen, die wir *race* nennen, bereits in der Natur vorliegen«, könnten wir jedenfalls nicht. Daraus dürfe allerdings nicht geschlussfolgert werden, dass wir »deren Materialität mit absoluter Gewissheit in Abrede stellen« könnten.

Hall, Memmi, Kerner, Scott, Butler und Bublitz sind nur einige jener Denker_innen, die die Regierung von Differenz als Prozess der naturalisierenden Aneignung, Vermachtung und Fixierung von Differenz beschrieben haben. Viele weitere wären hier zu nennen. *Race* und Gender, so könnten wir zusammenfassen, sind nicht apriorisch, der Gesellschaft vorausgesetzt, von dieser nicht affiziert. Sie sind, anders gesagt, konstituierte und konstituierende Elemente gesellschaftlicher Beziehungen, wesentliche Modi, in denen in der Moderne Machtbeziehungen mit Bedeutung versehen und legitimiert werden. Zwei gleichermaßen fiktive

Entitäten, die gleichwohl reale Konsequenzen zeitigen: rassistisch und sexistisch codierte, gouvernementale und oft genug tödliche Wahrheitseffekte. Und zwar dergestalt, dass sie *erstens* gesellschaftliche Praktiken und alltägliche Interaktionen organisieren und regulieren, wir *zweitens* immer nur als immer schon vergeschlechtlichte und rassifizierte, hierarchisch angeordnete Subjekte les- und an|erkennbar werden, und *drittens* schließlich *race* und Gender wesentlich die Verteilung von Macht und Ressourcen regulieren.

Die Ordnung des Wissens (der Gegenstand der Epistemologie) und die Ordnung des Seins (der Gegenstand der Ontologie) sind mithin nicht als getrennte, sondern als immer schon ineinander verschränkte Ordnungen zu denken. Sie bedingen einander und sie bringen sich wechselseitig hervor. Die Bedingungen und Begrenzungen unseres Seins sind wesentlich definiert von dem, was wir wissen können. Wir *wissen* von uns. Das ist alles andere als trivial. Wir gestalten und verändern Welt auf der Basis eines bestimmten Wissens, genauso wie die Praktiken, mit denen wir uns zu uns selbst und zu anderen verhalten, in einer spezifischen Ordnung des Wissens verortet sind. Wissen, und hier vielleicht besonders das Wissen der natur- und lebenswissenschaftlichen Disziplinen, ist Teil unserer Ontologie, dessen *was* wir sind. Umgekehrt sind die Weisen des Ordnens, Kategorisierens und Erkennens, die Weisen also, wie wir Wissen generieren, wiederum durch das geprägt und begrenzt, was zu einem bestimmten Zeitpunkt in der Geschichte das gesellschaftliche Sein ausmacht. Unsere Wissenspraktiken sind von dieser Welt, sind von der Gesellschaft, in der sie stattfinden, affiziert und von ihr figuriert.

Kurzum: Die Art und Weise, wie wir leben, zu welcher Art Subjekt wir werden, welche Art Bindungen wir eingehen und wie wir Gesellschaft organisieren, wie wir uns selbst begreifen und haben begreifen lassen, gründet in Wissen. Und umgekehrt legen unsere Weisen, wie wir in der Welt sind und wie wir Gesellschaft eingerichtet haben, bestimmte Formen von Wissen und Wissensgenerierung nahe, während andere unwahrscheinlicher werden und in die Ferne rücken. »Die kapitalistische Moderne«, so noch einmal Hall, »hatte ihren Vormarsch immer ebenso sehr der Produktion und Verhandlung von Differenz zu verdanken wie ihrer Durchsetzung von Gleichartigkeit, Standardisierung und Homogenisierung.« Es ist »die Ausbeutung von Differenz [...], die die Geschichte der kapitalistischen Moderne gnadenlos vorantreibt« – und an der moderne Wissenschaft einen nicht unerheblichen Anteil hat.[84]

Hochgerüstet und argwöhnisch wachen die wissenschaftlichen Wahrheitsregime dergestalt bis heute über die Grenze des MannMenschlichen – Kerberus gleich, dem mehrköpfigen Dämon in Hundegestalt aus der griechischen Mythologie, der den Eingang zur Unterwelt bewacht. In immer neuen Varianten halten sie Theorien über vermeintlich biologisch, anatomisch, physiologisch, genetisch, epidermal, hormonell, kognitiv oder zerebral bedingte, fundamentale Unterschiede zwischen den Menschen lebendig, sodass wir »die biologische Spur nicht loswerden«.[85] Obendrein leisten die wissenschaftliche Praxis der Trennung und Isolierung von Zusammengehörendem sowie die Privilegierung sowohl eines panoptischen, universalisierenden Blicks als auch eines abstrakten, die Welt und ihre Dinge vergegenständlichenden Verständnis von Objektivität ihren Beitrag dazu, den Boden zu bereiten für die Abdrängung der Vielen in ein infames, unterhalb des Sagbaren sich ereignendes Leben.

In Harvard hatte Hall prognostiziert, »das Leben mit Differenz« werde »*das* Problem des einundzwanzigsten Jahrhunderts« sein.[86] Wie sehr er damit Recht hatte, erfahren wir heute auf vielfache und schmerzliche Weise tagtäglich. Die Logik von ›unterscheiden und herrschen‹, die machtgetränkte Produktion von Differenz und ihre machtgesättigte Aneignung zum Zweck von Profitmaximierung und Herrschaft dominiert die Welt. Statt auf allen Ebenen des gesellschaftlichen Lebens, sei es kommunal, national oder transnational, das globale ›Wir‹ so groß wie möglich zu machen, erleben wir die Intensivierung von Politiken autoritärer und autokratischer Abschottung sowie die Invokation immer neuer abstufender Differenzierungen des Menschlichen im Dienste der Regulierung von Zugehörigkeit. Diejenigen von uns, die wissenschaftlich arbeiten und ihre Aufgabe darin sehen, einen theoretischen Beitrag zur demokratischen Neuerfindung von Gemeinschaft zu leisten, stellt das vor eine besondere Herausforderung. Denn der Wunsch allein, Differenz eine andere, eine nichthierarchische, eine horizontale Zukunft geben zu wollen, wird nicht ausreichen, um eine neue Welt entstehen zu lassen. Ebenso dringend wird sein, dass wir uns dem Erbe der wissenschaftlichen Aneignung von Differenz zum Zwecke der Akkumulation und Allokation von Macht stellen und dieses Erbe aktiv ausschlagen. Die Auslagerung des uns allen gemeinsamen Umstands, ungewählt zu sein, in die Zone der subalternen Vielen, die Zone der minderen Anderen, ist der Fels des Sisyphos, den kritisches Denken und kritische Theorie nicht müde werden darf, wieder und wieder den Berg hinaufzurollen.

Gemeinschaft

> One wants to look for those forms of relationality, interdependency, reciprocity that give us another way of thinking human life as where people are indeed given over to one another. Relationality may be more fundamental than the status of the subject. You have to move away from the seductions of individualism and the sovereign subject.
>
> *Judith Butler, 2018*

Differenz, Zugehörigkeit, Gemeinschaft

Wenn ich danach frage, wie wir das globale ›Wir‹ gestalten wollen und wer Teil davon sein kann, und ich zugleich für ein unteilbares Recht eintrete, ein Leben mit anderen, in Gemeinschaft, führen zu können, so muss ich umgekehrt wohl mit der Frage rechnen, von welcher Gemeinschaft die Rede ist beziehungsweise, was ich unter Gemeinschaft verstehe. Denn so wahr es ist, dass wir einander brauchen, wir ohneeinander verlassen sind, wie Hannah Arendt sagt, ist in der Tat nicht ausgemacht, ob *Gemeinschaft* die Antwort auf jene Herausforderung des 21. Jahrhunderts sein kann, von der Stuart Hall sprach: *wie mit Differenz leben.* Ausgerechnet jene Idee und Praxis des Zusammenlebens, die zumindest vordergründig eher für Homogenität statt Heterogenität steht, für die nicht zuletzt auch gewaltvolle Negierung von Differenz, soll in diesem Jahrhundert als Blaupause dienen für ein egalitäres, demokratisches Zusammenleben? Würde damit nicht der notorische Bock zum Gärtner gemacht? Weniger bildlich gesprochen: Ist Gemeinschaft nicht ein unrettbar desavouiertes Konzept, wenn es um die Frage geht, wie wir das globale, heterogene ›Wir‹ leben und Freiheit, Gleichheit, Solidarität im »Maßstab der Welt«, wie der Schriftsteller und Politiker Aimé Césaire, gefordert hatte, gestalten wollen?[1] Ganz abgesehen davon, dass Gemeinschaften gegenwärtig die an sie gestellten Erwartungen – beispielsweise Sicherheit und Schutz zu gewährleisten gegen die Wechselfälle des Lebens – ohnehin nur mehr schlecht als recht erfüllen können. Jedenfalls zumindest dann, wenn zutrifft, dass »Prekarität die Grundbedingung unserer Zeit ist«[2] und die globalen Transformationen der vergangenen Jahrzehnte die Möglichkeiten, in Gemeinschaft mit anderen zu leben, fundamental verändert und die ethische Substanz auch demokratischer Gemeinwesen angegriffen haben.

Mit einer letztlich auf der Identität mit sich selbst begründeten Idee von Gemeinschaft als Antwort auf die Frage, wie wir mit Differenz leben wollen, hätte sich jedenfalls weder Bernice Johnson Reagon noch Stuart Hall zufriedengegeben – und das zu Recht. Die ethische Substanz muss im 21. Jahrhundert zweifellos anders beschaffen sein, eine andere Zusammensetzung aufweisen. Die Verknüpfung mit den Narrativen der Befestigung und Abschottung muss gelöst werden. Und das gilt erst recht für die Formen des Zusammenlebens. Beides zusammen bildet das *Ethos der Kohabitation*: wie wir *in der Welt sind* und in welchen Formen wir *uns assoziieren*. Hier soll es zunächst um Letzteres, um die Formen des Zusammenlebens gehen. Und zwar im Horizont jenes Césaire'schen ›Maßstabs der Welt‹. Von wo aus müssen wir Assoziation denken? Von welchen Visionen des Zusammenlebens lassen wir uns anstecken? Von wem und von was lassen wir uns affizieren, wer und was wird zu unserem *matter of care*? Was sind die Anforderungen an die Formen des Gemeinsamen, wenn es gilt, ein egalitäres gesellschaftliches Zusammenleben auf Augenhöhe entstehen zu lassen – ein Zusammenleben, das wir, wie gesagt, nur lokal schaffen können, bei dessen Gestaltung wir gleichwohl die Welt im Blick behalten müssen? In welchen Gebilden wollen wir miteinander in der Welt sein und welche Verhältnisse wollen wir füreinander stiften? Wen müssen diese Gebilde einschließen? Was brauchen wir? Und was ist uns gemeinsam?

Der neoliberale Angriff auf Gemeinschaft

Beschäftigen wir uns zunächst mit meiner These, die globalen Transformationen der vergangenen Jahrzehnte hätten sowohl in die Möglichkeiten eingegriffen, in Gemeinschaft mit anderen zu leben, als auch die ethische Substanz auch demokratischer Gemeinwesen ausgezehrt. Wie ist das zu verstehen? Und von welchen Transformationen ist die Rede?

Allem voran ist hier sicherlich jene Transformation zu nennen, die Wendy Brown eine *schleichende Revolution* nennt: die sich seit 1973 weltweit im Zeichen von Markt und Moral ereignende, fundamentale Umgestaltung von Staat, Wirtschaft, Gesellschaft und Subjekt, die gemeinhin als neoliberal bezeichnet wird.[3] Mit dem Stichwort Neoliberalismus ist dabei weder eine kohärente politische Kraft oder Formation noch eine systematisch aufgebaute Theorie aufgerufen. Neoliberalismus ist ein umstrittener, ein »lockerer und changierender Signifikant«, der, wie Brown zeigen kann, obzwar ein globales Phänomen, höchst »unbeständig, differenziert, unsystematisch, unrein« ist.[4] Als politisches Projekt können wir das neoliberale fast als promisk bezeichnen. Dies zeigt der heterogene Reigen an Koalitionen, die es in den vergangenen Jahrzehnten eingegangen ist und weiterhin eingeht: mit der Sozialdemokratie in England, Schweden oder Deutschland, mit konservativen politischen Kräften wie den Tories im Vereinigten Königreich unter Margaret Thatcher oder mit der Grand Old Party, der Partei der Republikaner in den USA während der Präsidentschaft Ronald Reagans, mit dem postmaoistischen Regime in der VR China oder mit autokratischen Regierungen wie in Russland, der Türkei oder Ungarn und sogar mit diktatorischen Regimen wie in Chile unter Augusto Pinochet.

Doch ungeachtet des unbeständigen Charakters und

der politischen Promiskuität des neoliberalen Projekts lässt sich eine Reihe von Eigenschaften benennen, die für die Frage des Angriffs auf Gemeinwohl und Gemeinschaftlichkeit von Bedeutung sind. Ich will versuchen, sie so knapp wie möglich zu skizzieren: Neoliberale Regime und neoliberales Regieren zeichnen sich *erstens* aus durch die Universalisierung von Wettbewerb sowie die allumfassende Etablierung hierarchisierender, evaluativer Bewertungsschemata, die Gesellschaft vermessend ordnen und innerhalb derer die Einzelnen sowohl ihren eigenen sozialen Rang erkennen als auch anderen den ihren zuteilen. Sie sind *zweitens* gekennzeichnet durch die Hegemonie eines marktradikalen Modus der Vernunft: Vernünftig handelt, wer sein Handeln an Marktprinzipien ausrichtet, insbesondere an jenem Prinzip des Wettbewerbs. Neoliberalismus umfasst dementsprechend *drittens* eine Subjektivierungsweise, denn er ist nicht nur angewiesen auf ein in einer spezifischen Weise agierendes Subjekt, er bringt dieses Subjekt auch hervor, und zwar ebenjenes in wettbewerblichen Logiken kalkulierende Subjekt. Die in sich selbst investierende Unternehmer_in *ihrer selbst* ist die für den Neoliberalismus spezifische und typische Version des Homo oeconomicus. »Der *Homo oeconomicus*«, schreibt Foucault, »ist ein Unternehmer, und zwar ein Unternehmer seiner selbst. Und das ist so wahr, dass es praktisch der Einsatz aller Analysen der Neoliberalen sein wird, den *Homo oeconomicus* als Tauschpartner immer durch einen *Homo oeconomicus* als Unternehmer seiner selbst zu ersetzen, der für sich selbst sein eigenes Kapital ist, sein eigener Produzent, seine eigene Einkommensquelle.«[5] Neoliberalismus ist damit *viertens* angewiesen auf und gekennzeichnet durch eine spezifische Form der *Verhaltensführung*, die wiederum eingebettet ist in eine spezifische, auf quantifizierenden, evaluativen Wertungen basierende moralische Ökonomie. Und im Rahmen einer solchen Ökonomie werden die Subjekte eben beständig dazu angehalten, sich selbst und andere in metrischen, quantifizierenden Maßstäben zu vergleichen und zu bewerten, andere zu überholen, sie zu überbieten und zu übertreffen: dazu, Rangordnungen zu bilden, Wert zu- und abzusprechen. »Das metrische Wir«, schreibt Steffen Mau, ist dergestalt »eine Masse aus Individuen, die im Wettstreit miteinander stehen, kein solidarisches oder kooperatives Wir«.[6]

Zusammengefasst kann Neoliberalismus daher insofern als *politische Ökonomie* beschrieben werden, als er programmatisch nicht auf die Umgestaltung der Ökonomie allein zielt, sondern auf ihre Schnittstellen mit Politik, Recht, Gesellschaft und Subjekt: Die ökonomische Form des Marktes und ein kompetitiver Handlungsmodus sollen eine Verallgemeinerung in alle gesellschaftlichen Sphären hinein erfahren. Michel Foucault spricht an dieser Stelle von der Übertragung »formaler Prinzipien einer Marktwirtschaft auf die allgemeine Regierungskunst«. In »jedem Augenblick und an jedem Punkt des sozialen Dickichts« sollen Wettbewerbsmechanismen »die Rolle eines regulierenden Faktors spielen können«.[7] Alle Aspekte des Lebens sollen, mit anderen Worten, in ökonomischen Begriffen und Kalkülen reformuliert werden, um den Vorrang des Marktes und dessen reibungsloses Funktionieren abzusichern – nichts anderes also als die Durchsetzung einer marktkonformen Demokratie. Und dafür werden nicht zuletzt, wie wir gesehen haben, die Einzelnen in endlos variierten evaluativen Praktiken und Routinen pausenlos als Konkurrent_innen aufeinander gehetzt – die vielleicht wesentliche Quelle für die Vertreibung von Empathie und Sorge aus dem gesellschaftlichen Miteinander, für die Entstehung ›roher Bürgerlichkeit‹ und die Erosion der ethischen Substanz von Gesellschaft.

Als ich diese Sätze schreibe, fällt mir ein Artikel im Berliner *Tagesspiegel* in die Hände, für den Berliner Schüler_innen dazu interviewt worden waren, wie sie sich die ideale Schule vorstellen. Die Aussage von Fritzi, einer neunjährigen Grundschülerin, veranschaulicht auf eindringliche Weise, was ich hier theoretisch darzustellen versucht habe: wie sehr nämlich diese Zwänge den Individuen gerade nicht äußerlich bleiben, sondern sie davon erfasst werden und es ihr In-der-Welt-Sein bestimmt:

> Ich wünsche mir eine Schule, in der sich mein Druck in Spaß verwandelt. Schule, Freizeit und Spielen sollten gleichen Raum einnehmen; in der Traumschule fühle ich mich sicher, werde nicht gedemütigt und habe keine Angst vor Bewertungen. Schulessen und Pausen sind so wichtig wie Mathe und Deutsch. Es ist Platz für Schmerz, wenn man eine Freundin verloren hat oder der Hund gestorben ist oder die Oma, und

> wo man darüber redet, was es für ein Kind bedeutet, den schlechtesten Test von allen geschrieben zu haben; was es überhaupt bedeutet, sich vergleichen und bewerten lassen zu müssen.[8]

Den auch in Fritzis Aussage aufscheinenden neoliberalen Angriff auf die Subjekte, aber auch auf Gemeinwohl und Gemeinschaftlichkeit will ich, diesen Exkurs abschließend, noch an einem weiteren Aspekt verdeutlichen: der Angriff auf die gesellschaftliche Infrastruktur, auf die öffentliche Daseinsvorsorge, auf das, was wir auch technische, soziale, ökologische und institutionelle Kollektivgüter nennen können. Denn es werden ja nicht nur die Subjekte destabilisiert. Vielmehr hat die neoliberale Revolution parallel zur stetig größer werdenden Ungleichheit der Einkommen und Vermögen innerhalb der Nationalstaaten sowie der fortschreitenden Entkopplung von Produktivität und Löhnen auch genau diese alltägliche und die Leben der Vielen stützende physische und soziale Infrastruktur der Gemeinwesen selbst in jenen Gegenden der Welt entkernt, wo eine solche existierte – und zwar indem sie diese kapitalisiert hat.[9] Gesundheitsvorsorge, Wasser-, Energie- und Wohnraumversorgung, Abfallentsorgung, Schienen, Straßen und Datenleitungen, Eisenbahnen und Flughäfen, Pflegeheime, Kliniken und öffentliche Verwaltung, Schulen, Hochschulen und Ausbildungsberufe, Pensionskassen, Renten- und Arbeitslosenversicherung: Nichts war in der jüngeren Vergangenheit gefeit vor der profitorientierten In-Wert-Setzung, dem unersättlichen Appetit internationaler Shareholder-Gemeinschaften. Kaum eine Kommune auch, die nicht ihr Tafelsilber verscherbelte oder zumindest darüber nachdachte, weil der Markt es vorgeblich besser kann als der Staat, weil das Versprechen kurzfristiger Gewinne die Sicht auf langfristige Kosten für die Gemeinwesen vernebelte, weil betriebswirtschaftliche Kalküle gemeinwohlorientierte, demokratische Erwägungen überlagerten.[10] Und dies hat – auch in den liberaldemokratischen Gesellschaften der Gegenwart – ganz wesentlich zur Reorganisation des Zusammenhangs von Freiheit, Gleichheit, Solidarität beigetragen; ebenso dazu, das soziale Band zu schwächen, die Einbindung der Einzelnen in Gemeinschaft zu lockern und ihre Würde antastbar zu machen, und dazu, gesellschaftliche Solidarität zu pulverisieren.

Wendy Browns Bild der *schleichenden Revolution* ist im Lichte dieser kursorischen Beschreibung also weniger zu verstehen als Metapher für den sich plötzlich ereignenden Umsturz denn als Sinnbild einer sich über das gesamte Terrain des Sozialen erstreckenden, diskontinuierlichen Reihe transversaler sozialer, politischer, epistemischer, kultureller, ökonomischer und subjektivierender Kämpfe. In diesen Kämpfen wird nicht nur die ethische Substanz von Gesellschaft aufgezehrt, sie greifen in letzter Instanz auch unsere Assoziationen und das Gemeinwohl selbst an, ja es sind Kämpfe, die sich gegen unser Überleben richten. Und es sind darüber hinaus Kämpfe, die autoritaristischen Formen des Regierens den Boden bereiten, wie etwa in den USA in der Amtszeit des 45. Präsidenten oder auch in Russland, Ungarn, Polen, Brasilien, Venezuela, Belarus und der Türkei. Zivilgesellschaftlich befördern sie, wie gesehen, zudem nicht nur eine »the winner takes it all«-Mentalität, sie haben auch Formen »roher Bürgerlichkeit« stark gemacht, wie ich sie im vorherigen Kapitel beschrieben habe. Und nicht zuletzt sind es Kämpfe, in denen durch teilweises, aber nicht immer offensichtlich verfassungswidriges Handeln *von oben* (Beschränkung oder gar Manipulation freier Wahlen, Nichtanerkennung von Wahlergebnissen, Einschränkung der Meinungs- und Versammlungsfreiheit, Aussetzen der Rechtsstaatlichkeit, informelle Beschneidung der Rechte der Parlamente) sowie, *von unten*, durch die Mobilisierung moralisch aufgeladener, autoritärer, revanchistischer und zumeist rassistischer Ressentiments die Demokratie von innen heraus angegriffen und beständig mürbe gemacht wird.

Ambivalenzen von Gemeinschaftlichkeit

Wer allerdings jetzt vermutet, mein Plädoyer, dass nur ein Leben *mit* anderen ein gutes Leben sei, ziele auf die rückwärtsgewandte Wiederbelebung eines vermeintlich goldenen Zeitalters *Vor-dem-Neoliberalismus* oder gar vor der demokratischen Moderne, die muss ich enttäuschen. Ein ach so heimeliges gemeinschaftliches Zusammenleben, in dem alle ein Unterkommen finden, war ganz sicher nicht die Realität in den auch heute noch immer mal wieder ob ihrer Authentizität und Verlässlichkeit gern heraufbeschworenen kleinräumlichen dörflichen Gemeinschaften – vor der Moderne, der Eisenbahn, dem Telefon, dem Internet. Und: vor der Gleichheit der Geschlechter, dem allgemeinen Recht auf Bildung und dem allgemeinen Wahlrecht. In TV-Beiträgen der dritten Programme zu Land und Leuten in der Region oder in Hochglanzbroschüren der allerorten neu entstandenen Ministerien für Heimat begegnen einer bisweilen noch solcherart idealisierende Beschreibungen dörflichen Lebens, in dem unterschiedslos alle ihren Platz finden.

Allen ein Unterkommen bot aber auch jene gesellschaftliche Formation nur begrenzt, die das linke Imaginäre gegenwärtig gelegentlich noch immer heimsucht: der fordistische, national begrenzte, selektiv-inklusive und, vielleicht vor allem, Lebensformen homogenisierende sowie geschlechter- und sexualpolitisch ausgesprochen heteronormalisierte und normalisierende Wohlfahrtsstaat der Nachkriegsära. Sowenig dessen Gemeinschaft ein ausnahmsloses Recht, mit anderen zu sein, gewährte, so umfangreich hatte jener sein Kleingedrucktes ausgestaltet. Mit dessen Hilfe wachte er akribisch über die Regeln der Zugehörigkeit und gewährte diese letztlich auch nur – unter Vorbehalt – jenen, die bereit waren, ihre Differenz aufzugeben. *Woher kommst du?* Von hier. *Nein, ich meine ursprünglich?*

Bleiben wir daher im Lichte dieser hinsichtlich ihrer normalisierenden Dynamiken und exkludierenden Effekte problematischen Antworten auf die Frage nach dem ›Wir‹ noch einen Moment bei Gemeinschaft und Gemeinschaftlichkeit. Denn insofern wir darin übereinstimmen, dass wir die Weisen, wie wir uns zusammenraufen, nicht *so* denken können, dass wir sie neu denken müssen, gilt es, die Ambivalenzen noch genauer auszuloten, die Gemeinschaftlichkeit innewohnen. Über die toxischen Verstrickungen von Gemeinschaft in Politiken der Exklusion, Marginalisierung und Vernichtung habe ich bereits gesprochen. Sie stellen die Kehrseite dessen dar, was wir für gewöhnlich an Bejahendem mit Gemeinschaft verbinden: dass es sich um Formen menschlichen Zusammenlebens handelt, die besonders eng, vertraut, ursprünglich und dem Menschen wesensgemäß sind. Formen des Zusammenlebens zudem, die von Nähe, Geborgenheit und Schutz, von Hilfsbereitschaft, unbedingter moralischer Verpflichtung und Authentizität geprägt sind. Orte, wo wir ›einfach‹ sein können, selbstverständlich angenommen und verstanden werden. Wo wir bekannt sind und wissen, was zu tun ist. Weil es schon immer so gehandhabt wurde. Wo Verständigung ›ohne Worte‹ geschieht, weil sie vorausgesetzt ist, sie am Beginn des Zusammenlebens steht, nicht erst dessen in der Regel mühsam errungenes Ergebnis darstellt. »Vergemeinschaftung«, resümiert der Soziologe Max Weber 1921 in § 9 seiner soziologischen Grundbegriffe, »soll eine soziale Beziehung heißen«, sofern sie »auf subjektiv *gefühlter* (affektueller oder traditionaler) *Zusammengehörigkeit* der Beteiligten beruht«.[11] Einfacher gesagt: Gemeinschaften sind ›Zuhause‹. Unhinterfragt, unverbrüchlich, unerschütterlich. Die »Familiengemeinschaft« ist denn auch für Weber der für diese Form der sozialen Beziehung typische Fall.

Wer, wie ich selbst, auf dem Dorf – der vielleicht paradigmatischen Form einer auf ›affektueller oder traditionaler Zusammengehörigkeit‹ basierenden Gemeinschaft – aufgewachsen ist, möchte hier womöglich einen Einspruch geltend machen. ›Einfach‹ da sein können, selbstverständlich angenommen und verstanden sein: Das gestand ›mein‹ Dorf nicht allen vorbehalt- und umstandslos zu – und es dürfte sich da nicht so sehr von anderen, im Übrigen auch stadtbasierten, Gemeinschaften unterschieden haben. Seine Normalitätskorridore waren eng und boten wenig Raum für Entfaltung. Zugehörigkeit war in der Gemeinschaft meiner Kindheit und Jugend ein knappes, eifersüchtig gehütetes Gut. Für mich war dies der Kosmos, dem ich zu entkommen hoffte, aus dessen durch Patriarchat, Standesdünkel, postfaschistische Verdrängungskultur, katholische Kirche und Obrigkeitsdenken eng gesteckten Horizonten ich ausbrechen wollte. Sich zugehörig fühlen (können), dagegen hatte ich im Prinzip nichts einzuwenden, doch die gefühlte Wärme der dörflichen Gemeinschaft, sie war mir – damals noch weitgehend unverstanden – suspekt.

Eine Skepsis, die ein Zeitgenosse Webers lange vor meinem sich eher diffus äußernden jugendlichen Unbehagen an gemeinschaftlich begründeter Bindung bereits auf den Begriff gebracht hat. Wo Weber nämlich schlicht klassifiziert, indem er unterschiedliche Typen sozialer Beziehungen definiert und Gemeinschaft als eben eine solch gefühlte Zusammengehörigkeit beschreibt, zieht der Soziologe Hellmuth Plessner schon die rote Karte. In seiner Schrift *Grenzen der Gemeinschaft* charakterisiert Plessner Gemeinschaft als gegen Gesellschaft gerichteten Kampfbegriff; polemisch und unerbittlich schreibt er gegen Idee und Praxis von Gemeinschaft an.[12] Nicht zuletzt die in den frühen 1920er Jahren erstarkenden, teilweise völkisch und antisemitisch gesinnten Jugendbewegungen vor Augen, geißelt Plessner das nach seinem Dafürhalten dem Begriff von Gemeinschaft innewohnende ideologische Heilsversprechen, sie schütze die Einzelnen vor den Zumutungen der modernen Gesellschaft – die eben auch die *demokratische* Gesellschaft ist. Denn zu diesen Zumutungen gehören nicht nur die lebensweltlichen Zumutungen der Moderne, etwa die Kontingenz des Handelns in einem kontingenten Handlungsraum, die Risiken der Freiheit und die Fragmentierung des Ich durch die Freisetzung aus traditionalen Bindungen und Verhältnissen. Dazu gehört auch die demokratische Zumutung moralischer und politischer Gleichheit. Den Preis für jenes ideologische Versprechen vorbehaltloser Zugehörigkeit hält Plessner für zu hoch bemessen. Die Gemeinschaft, konstatiert er, versuche, die Menschen auf ein Bild, eine einzige Idee einzuschwören. Unverwechselbarkeit und individuelle Entfaltung sei so gerade *nicht* möglich. Ein »Übermaß an Nestwärme« garantiere eben gerade nicht individuelle Entfaltung. Im Gegenteil: Der Persönlichkeit drohe genau dadurch »der Erstickungstod«. Die ablehnende Haltung von Teilen der Bevölkerung gegenüber der Demokratie – Plessner verstand sie und hat früh vor ihr gewarnt.

Inside the Barred Room. Ein Zwiegespräch

Ein demokratisches Ethos der Kohabitation in der Idee von Gemeinschaft zu verankern, hat sich damit ja nun wirklich erübrigt, flüstert mir an dieser Stelle noch einmal entschieden eine leise, aber doch deutlich vernehmbare Stimme ins Ohr; eine jener Stimmen, die mich beim Schreiben dieses Buches konstant begleiten. *Von ihren versämtlichenden Neigungen, ihrem Begehren, alle über einen Kamm zu scheren und jene, die sich nicht über diesen Kamm scheren lassen, auszuschließen, wird Gemeinschaft niemals lassen*, mahnt sie. *Gekommen, um zu bleiben? Gemeinschaft der Ungewählten? Reziprok, Rechenschaft gebend, responsabel? Verbunden in der geteilten Sorge um die Welt? Träum weiter!*, raunt sie mir zu. *Was wir vielmehr brauchen*, fährt sie gleichermaßen lockend wie leicht angewidert fort, *sind sichere Grenzen, stabile Märkte und mehr Freiheit für die Einzelne. Einen robusten Individualismus, keinen rührseligen Ringelpiez mit Anfassen. Schon gar nicht in den pandemischen Zeiten, in denen wir jetzt leben.*

Aber ist das tatsächlich das einzig mögliche Fazit aus dieser kurzen Erkundung der Ambivalenzen von Gemeinschaft?, frage ich noch zurück, während ich mir schon selbst eine weitere Flaschenpost schreibe: »Such woanders nach Quellen für dein Protokoll einer von und mit allen geteilten Welt. Unter der Rubrik ›Gemeinschaft‹ wirst Du sie jedenfalls nicht finden. Im Gegenteil!« Das sei doch aber gar nicht mein Ziel, halte ich unverdrossen dagegen. *Zurück ins Dorf will ich ja nicht.* Und die Lösungen des 20. Jahrhunderts, des Jahrhunderts der Nationalstaaten, der Mauern, Abschottung und Grenzziehung taugten heute auch nicht mehr. Das, so dachte ich, hätten wir doch schon geklärt.

Da aber die Pandemie nun schon einmal angesprochen ist, fahre ich fort, *wenn diese uns eines gelehrt hat, dann doch, wie dringend wir verstehen müssen, dass es die anderen sind, die uns im Leben halten.* Lernen müssten wir daher, von der Verletzlichkeit und Angewiesenheit dieser Anderen ausgehend zu handeln, *eine Verletzlichkeit und Angewiesenheit, die zugleich unsere eigene ist.* Weder Vorstellungen geteilter, ererbter oder gar angeborener Identität taugten daher als Grundlage für ein egalitäres Zusammenleben, noch Ideen autarken, monadischen Seins. Das durch und durch *praktische*, aufeinander verwiesene »Zusammen- und Miteinander-Sein der *Verschiedenen*«, wie Arendt sagt, müsse vielmehr im Vordergrund stehen.[13] Und für dieses Miteinander-Sein müssten diese Verschiedenen zunächst einmal in ihrer eigenen Stimme sprechen können und ihre Differenzen hörbar gemacht werden.

An Dissonanz und Diskordanz, an nicht passgenau aneinander anschließende und sich reibende Stimmen gilt es daher, sich zu gewöhnen. Am Ende des Tages dürfe es jedenfalls nicht darauf hinauslaufen, jene Differenzen zum Verschwinden zu bringen, indem wir politische Körper auf der Familie aufbauen oder im Bild der Familie verstehen. Das negiere ja gerade die unhintergehbare Pluralität der Welt, jene »ursprüngliche Verschiedenheit« ebenso wirksam, wie sie die »essentielle Gleichheit aller Menschen« als Verschiedene zerstöre, zitiere ich Arendt unbeirrt weiter.[14] *Familie ist ja überhaupt nur deshalb so bedeutsam geworden, weil wir die Welt in einer Weise organisiert haben, die den Einzelnen als zugleich Verschiedene und aufeinander Verwiesene »kein Unterkommen« bietet.*

»Diese Lektion habe ich gelernt«, beruhige ich mich selbst und erinnere mich noch einmal an die Mahnung von Bernice Johnson Reagon, dass wir so ziemlich am Ende einer Zeit angelangt seien, in der wir einen Raum haben können, der ›nur für uns allein‹ ist – nur für die Menschen, die wir dort haben möchten. *There is no chance that you can survive by staying inside the barred room.*[15] Verbarrikadierte Räume, Gated Communitys, verschlossene Türen: definitiv *out*. Und erst recht jede Version segregierender, dehumanisierender und entrechtender Politiken wie sogenanntes Ethnic Cleansing, Abschiebungen, Vertreibungen und Einkerkerung oder Redlining, Racial Profiling und »NIMBY«-Mobilisierungen (»not in my backyard«). Überleben werden wir nur gemeinsam, dazu brauchen wir die Hilfe anderer. Wir sind, ob gewollt oder nicht, auf andere angewiesen, ihnen immer schon überantwortet. *Nach solchen Formen der Relationalität, Interdependenz und Reziprozität müssen wir suchen und Institutionen und Infrastrukturen schaffen, die Interdependenz auf demokratische Weise gewährleisten, so kompliziert und herausfordernd das auch sein mag.*

Das klingt ja alles gut, erwidert meine schon merklich nachdenklicher gewordene innere Advocata Diaboli. Und sicherlich könnten die meisten von uns dem spontan, und ohne lange nachzudenken, auch zustimmen. Es sei aber doch auch ein sehr voraussetzungsvolles Unterfangen. *Wie, zum Beispiel*, fährt sie fort, *würden wir der Gefahr der Herausbildung paternalistischer und die Autonomie der je anderen beschränkenden Macht, die ja vielleicht gerade in sorgenden und vor allem pflegenden Beziehungen allgegenwärtig sei, begegnen?* Auch die zu jeder Bindung notwendig gehörende Aggression könne ja nicht einfach weggedacht oder -gewünscht werden. Genau deshalb hätten wir ja die Institution des Vertrages geschaffen, mit dessen Hilfe wir uns wechselseitig aneinander binden und uns verpflichten, die je anderen in Ruhe ihren Geschäften nachgehen zu lassen. Das sei doch eine deutlich demokratischere und, nicht zuletzt, das Zusammenleben befriedende Vision, insofern sie auf vernünftig und eigenverantwortlich handelnde Subjekte abstelle, die sich an Recht und Gesetz halten.

Demokratie sei kein Ponyhof, das wäre mir durchaus bewusst, antworte ich. Ganz im Gegenteil. *De-*

mokratie ist Arbeit, sie verlangt etwas von uns. Undoing dominance *vor allem – also die Dezentrierung und Demontage von imperialer Dominanzkultur, einschließlich der Privilegien, die aus unserer jeweiligen Positionierung in solch herrschaftliche Verhältnisse resultieren, etwa derjenigen, die mit dem Pass einhergehen, den zu tragen ich berechtigt bin.* Visafrei reisen können beispielsweise. Wir müssten verstehen lernen, führe ich eine Überlegung von Ariella Aïsha Azoulay an, wie gerade die verschiedenen Facetten »guter liberaler Staatsbürgerschaft« unsere Verwicklung in »institutionelle imperiale Gewalt« begünstige, eine Form der Staatsbürgerschaft, die ja genau das hierarchische Differenzprinzip schütze, auf dem sie beruht.[16]

Ganz bestimmt braucht es daher eine neue Idee dessen, was es heißt, Bürger_in zu sein, außerdem ein anderes Set moralischer und politischer Werte. Diese müssten weniger exkludierend und sensibel gegenüber Marginalisierung, Ausgrenzung und Herrschaft sowie der Auslaugung unserer Kräfte sein, füge ich hinzu. Es ginge um nichts weniger als eine neue, eine radikaldemokratische Bestimmung des Gemeinwohls, dessen, was uns gemeinsam ist. Unseres *Commonwealth* mit anderen Worten. *Die unser politisches Imaginäres hegemonial bevölkernden liberalen Ideen, wer Bürger_in ist, welcher Art der Demos ist und worin das soziale Band begründet ist, etwa die Idee der Brüderlichkeit, stiften Zusammenhalt ja gerade dadurch, dass sie ausschließen.* Brüder könnten nun mal nicht alle sein und wollten es vielleicht – aus Gründen – auch nicht sein. Menschlichkeit, sage Hannah Arendt, erweise sich in der Freundschaft, nicht der Brüderlichkeit.[17] Freiheit, Gleichheit, Solidarität müssten daher heute neu ausbuchstabiert werden, und zwar in einer Weise, die erstens dem konstitutiven Zusammenhang zwischen ihnen Rechnung trage und sie zweitens offenhalte für die zukünftig Kommenden, für jene, von denen wir noch nicht wissen.

Dass diese Werte ausbuchstabiert werden müssen, gilt aber erst recht, wenn Gemeinschaft auf ein Fundament der Sorge gegründet werden soll, entgegnet mein Alter Ego. Schließlich tauge Sorge aufgrund ihrer historisch gestifteten Verhaftung im und mit dem feminisierten und misogyn abgewerteten Privaten und ihrer Verquickung mit Intimität, Liebe und Vertrautheit eben nicht umstandslos als fundierendes Prinzip eines solchen radikaldemokratischen Ethos des Zusammenlebens. Die Intimisierung von Sorge, ein Effekt der vergeschlechtlichten Aufspaltung des gesellschaftlichen Strukturzusammenhangs in eine öffentliche, marktvermittelte, männlich dominierte Sphäre des Erwerbs und der Produktion einerseits und eine private, im Prinzip dekommodifizierte, weiblich kodierte Sphäre des Hegens und Pflegens andererseits, habe ja nicht nur zur für den gesellschaftlichen Zusammenhang so fatalen Entwertung von Sorgearbeit beigetragen. Frei nach dem Motto: »Das bisschen Haushalt macht sich von allein.«[18] *Intimisierung begünstigt tendenziell eben auch eine exklusive Moral hinsichtlich dessen, für wen wir Sorgeverantwortung übernehmen, ja wen wir überhaupt in einem ethischen Sinne als Gegenüber wahrzunehmen bereit sind. Zudem kann Intimisierung ein Nährboden sein für asymmetrisch und nicht reziprok strukturierte Beziehungen, was wiederum einseitige Abhängigkeiten befördert.* Einen schier unermesslichen Weltverlust habe die Moderne so in Konzeption und Praxis von Sorge eingeschrieben. Wie dem demokratisch Rechnung zu tragen wäre: eine echte Herausforderung.

Die Konsequenz daraus, räumt mein inneres Gegenüber bereitwillig ein, *kann allerdings nicht sein, Sorgearbeit in den gegebenen gesellschaftlichen Verhältnissen zu kommodifizieren.* Zumal das in der Regel in meist extrem prekarisierter Form geschehen sei, ob in kaputt gesparten öffentlichen Kliniken und Pflegeeinrichtungen mit ihren katastrophalen, Sorge eigentlich verhindernden Arbeitsbedingungen und nicht auskömmlichen Löhnen und Gehältern oder in unregulierten 24/7-Arbeitsverhältnissen in Privathaushalten. *Wie wenig der Gesellschaft Sorgearbeit und diejenigen, die sie verrichten, wert sind, hat die Pandemie ja dramatisch deutlich gemacht. Außer der rhetorischen Adelung als »systemrelevant« und wohlfeilem Applaus, zu dem die Politik sogar aufgerufen hat, ist nichts passiert.*[19]

Genau, stimme ich zu. Abgesehen davon, dass auch im Privaten gute Sorge nur möglich ist in gesellschaftlichen Verhältnissen, die egalitär gestaltete und verteilte Sorge insgesamt priorisiere – beispielsweise durch entsprechende gesetzliche Regelungen zur Umverteilung und Entlohnung von Pflegearbeit –, müsse diese *politisch* und das heißt aus meiner Sicht als demokratische Tugend und in jenem zuvor angesprochenen ›Maßstab der Welt‹ neu gedacht werden. *In einem solchen Maßstab handeln zu wollen, bedeutet zwar nicht, gleich den Weltstaat ins Leben zu rufen – eine ohnehin wenig taugliche Zukunftsvision –, aber die Maxime »global denken, lokal handeln« gilt doch gerade heute, in diesen pandemischen Zeiten, erst recht.* In einer Situation hochgradiger globaler Vernetzung seien nationale oder kontinental begrenzte Strategien etwa in der Impfpolitik doch klar zum Scheitern verurteilt. Der globale Norden könne jedenfalls seine Wohlstandsinseln nicht länger auf Kosten der anderen schützen. *Entweder wir teilen die Welt mit allen, oder wir verlieren sie mit allen.*

Und genau deshalb können unsere Assoziationen und Institutionen auch nicht anders als demokratisch sein, schiebe ich vorsichtshalber als weiteres Argument gleich hinterher. *Hinter die Demokratie gibt es jedenfalls kein Zurück* – das sei gesetzt, auch wenn hier noch viel und anderes zu tun wäre. Schließlich seien wir, global gesehen, noch weit entfernt von Verhältnissen, in denen das Versprechen, das sich die Menschheit mit den Menschenrechten gegeben habe, für alle Wirklichkeit sei. Auch dass ausnahmslos alle sich an der Klärung der Frage beteiligen könnten, wie wir uns gemeinsam regieren wollen, was wir als das anerkennen, was uns angeht, und ob wir überhaupt unter den Bedingungen leben wollen, die uns bislang vorausgesetzt sind, sei ja längst nicht gegeben. Wobei mir durchaus bewusst sei, räume ich ein, dass das ›Volk‹ der Demokratie auch ganz demokratisch dafür stimmen könne, lieber undemokratisch, gar autoritär regiert zu werden. Beispiele dafür gäbe es gerade gegenwärtig ja zuhauf.

Die Frage nach dem ›Wir‹, nach dem Zusammen- und Miteinander-Sein der Verschiedenen, nach einem reziprok, egalitär und partizipativ gestalteten Leben auf Augenhöhe mit anderen, die bleibt uns also bis auf Weiteres erhalten, suche ich fürs Erste den Disput zu beenden. *Zumindest so lange, wie dabei mehr und anderes herauskommen soll als entweder eine Gemeinschaft der Eingeschworenen oder eine Ansammlung atomistisch gedachter Individuen, die, von den anderen abgewandt, das verfolgen, was sie für ihre je eigenen Interessen, für ihr ganz individuelles und legitimes Glück halten. Die am Ideal der Identität aller mit allen ausgerichtete Gemeinschaft ist sicher nicht die Antwort, ist es nie gewesen.* Da sind wir uns einig. Das könne, füge ich hinzu, besonders in einer in den Lebensstilen unhintergehbar pluralisierten und intersektional stratifizierten Welt, die von substanzieller Ungleichheit geprägt sei, nicht die Antwort sein. Schließlich seien wir heute alle gleichermaßen von hier wie von woanders. Eine solipsistische ›Gemeinschaft der Herausgeputzten‹ jedoch, mit ihrem Glauben an den Markt, der alles richtet, in der alle nur auf die Performance ihres eigenen Portfolios bedacht sind, und die die Kosten ihrer das Wohlergehen aller gefährdenden Lebensweise nur zu externalisieren wisse,[20] reiche als Antwort heute eben auch nicht aus. *Beides ist nicht die Blaupause, die wir brauchen, um eine Demokratie der Vielen, getragen von einem Ethos der Sorge, neu zu erfinden*, spiele ich meine letzte Karte aus.

Assoziation ist kein Luxus

Was wir aus diesem Zwiegespräch mitnehmen können, ist nicht nur, wie dringend wir in der Tat einen neuen Ausgangspunkt brauchen, wenn es unser Ziel ist, demokratische Politiken zu vertiefen und egalitäre Praktiken zu stärken. Politiken und Praktiken, die dazu beitragen, Formen von solidarischer Sozialität entstehen zu lassen, die es allen ermöglichen, sich selbst mit anderen zu regieren, die Differenz ohne Herrschaft ermöglichen und uns folglich ausnahmslos alle atmen und gut leben lassen. Deutlich geworden ist aber auch, wie komplex und herausfordernd diese Aufgabe ist. Rollen wir daher den Fels einmal mehr den Berg hinauf und wenden uns noch einmal der Frage zu, was dafür zu tun ist. Ich will dafür kurz in Erinnerung rufen, wo ich gestartet bin. Und zwar bei dem von Hannah Arendt, Judith Butler und Bernice Johnson Reagon formulierten Grundsatz, allen stünde das gleiche Recht zu, die Erde zu bewohnen – und das schließt auch, so meine ich, die nichtmenschlichen und nichttierischen Arten ein. Niemand wurde gewählt, niemand hat das Recht zu wählen. Keine Gemeinschaft, kein Dorf, keine Nation; keine Staatengemeinschaft, keine Brüderhorde, kein Volk; keine Klasse, keine Gattung, kein Geschlecht; keine Investmentgesellschaft, keine private Stiftung, kein Erdöl-, Braunkohle-, Pharma- oder Wasserkonsortium hat das Recht, die Erde für sich (allein) zu beanspruchen – einmal abgesehen davon, dass ›beanspruchen‹ sicher keine angemessene Weise ist, auf und mit der Erde zu existieren. »Nur für uns allein« ist vorbei. Das ist der Nukleus eines solidarischen Ethos der Kohabitation, einer demokratischen Lebensweise in jenem von Césaire imaginierten ›Maßstab der Welt‹. Das ist die Gemeinschaft der Ungewählten.

Aus diesem uns allen gemeinsamen Umstand der ungewählten Nähe und Kohabitation erwächst uns eine Pflicht und ein komplexer Auftrag. Die Pflicht besteht darin, dass wir die Welt auch mit jenen teilen müssen, die wir uns nicht ausgesucht haben. Und der aus dieser Pflicht resultierende Auftrag wiederum umfasst gleich eine ganze Reihe von Aufgaben: Wir müssen *erstens* Gemeinwesen schaffen, deren soziale Beziehungen von Egalität und Reziprozität geprägt sind. Dies müssen *zweitens* Gemeinwesen sein, die die moralische Gleichheit aller als Verschiedene gewährleisten und bekräftigen. Ohne egalitär gelebte Pluralität keine gemeinsame Welt. Und deshalb muss schließlich *drittens* die Infrastruktur der Gemeinwesen so beschaffen sein, dass sie uns alle gedeihlich im Leben hält. Zugrunde liegen diesen Aufgaben wiederum wenigstens zwei ebenfalls eingangs bereits bestimmte Prinzipien: Unsere Assoziationen dürfen nicht auf dem Leid anderer gründen und sie müssen so beschaffen sein, dass sie ausnahmslos allen erlauben, ein von Zwang und Gewalt befreites Leben mit anderen führen zu können. Solidarität ist kein knappes, national oder gar völkisch begrenzbares Gut – kann es nicht sein. Denn *mit anderen sein* ist, was wir brauchen und was uns gemeinsam ist. Und das gilt für alle.

Assoziation ist kein Luxus, so Judith Butler. Mehr noch: Es ist eine Bedingung und ein Vorrecht der Freiheit.[21] Frei ist, wer sich mit anderen verbinden und an der sozialen Praxis einer Gemeinschaft teilnehmen kann. Frei sind wir dort, wo wir reziprok füreinander tätig sein können. Nur wer in diesem Sinne selbstbestimmt als Gleiche unter Gleichen mit anderen ein soziales Band knüpfen kann, kann ein Leben in Freiheit führen. Das ist der innere, der konstitutive Zusammenhang zwischen Freiheit, Gleichheit und Solidarität. Und der Grund, weshalb die Verhinderung von Gemeinschaft genauso wie die Zerstörung oder gewaltförmige Aneignung der kulturellen Ressourcen und Praktiken anderer Gemeinschaften – Sprache, bildende Kunst, Literatur, Kultgegenstände, kulturelle Gebräuche und Rituale, des Übergangs beispielsweise oder der Trauer, der Freude und der Bekräftigung von Gemeinschaftlichkeit – zum Repertoire der kolonialen und imperialen Herrschaftspraktiken gehören. Wo *Alles zerfällt*, wie Chinua Achebe es in seinem gleichnamigen Roman beschreibt, hat eine Gemeinschaft zu existieren aufgehört.

Wie wir aber unsere Assoziationen, das Mit-anderen-Sein, einrichten sollten, wie wir in den unterschiedlichen Sphären des gesellschaftlichen und politischen Lebens Partizipation organisieren, geteilte Selbstregierung ermöglichen und einen demokratischen Zugang zur lebenserhaltenden Infrastruktur gewährleisten, ist allerdings, wie wir auch gesehen haben, weder eindeutig noch einfach zu entscheiden. Darum ringen wir – darum sollten wir aber auch so partizipativ, so demokratisch und die Zukunft so offen wie möglich haltend ringen. Erst recht, da es nicht nur um uns selbst und diejenigen geht, die wir schon kennen und dahaben wollen, sondern auch um jene, die wir (bislang) nicht kennen (mussten) oder noch nicht kennen können. Genauso wie um jene, die sich in vermeintlich nicht intelligiblen Weisen artikulieren, deren Stimmen zu hören wir erst lernen müssen. »Nothing about us without us«, so bringt es ein Slogan der US-amerikanischen Disability-Rights-Bewegung auf den Punkt. Alle, die von einer Angelegenheit betroffen sind, müssen einen Platz am Tisch der Entscheidung finden und gehört werden. *Tertium non datur.* Und das reicht – um nur wenige Beispiele zu nennen – von der Entscheidung, ob in meinem Bezirk ein Park oder ein Parkplatz errichtet wird, bis hin zur Frage, wie und wo wir unseren Atommüll lagern und wie wir das 1.5-Grad-Ziel erreichen. Und da unser Wohlergehen auch vom Wohlergehen nichtmenschlichen und nichttierischen Lebens und von dem des Planeten abhängt, müssen wir unsere Vorstellungen und unseren Begriff von Gemeinschaft auch in diese Richtungen erweitern. Auch diese Leben müssen aktiv nicht nur Berücksichtigung, sie müssen eine Stimme finden in den Verhandlungen des ›Wir‹ und dessen, was ›uns‹ angeht, was eine Angelegenheit der Sorge, ein *matter of care* ist.

Und schließlich geht es auch um jene, mit denen wir nicht übereinstimmen, von denen wir glauben, nichts mit ihnen gemein zu haben. Das ist sicherlich die heikelste Frage. Müssen wir auch mit den Feinden koexistieren? Unbedingtes Ja! Dass wir nicht wählen können, ist, wie Butler in ihrer Auseinandersetzung mit Arendt anmerkt, darin begründet, dass »wir dazu verpflichtet sind, mit den Menschen zu leben, die bereits existieren«.[22] Das bedeutet nicht, dass wir nicht entscheiden dürfen, mit wem wir konkret unser Leben teilen. Wer an meinem privaten Tisch Platz nimmt, ist keine Frage der öffentlichen Deliberation. Mit den Feinden koexistieren, schließt umgekehrt allerdings auch nicht ein, dass wir die Einrichtung von *barred rooms* hinnehmen müssen. Dass wir jene Stimmen, die den Anteil der je anderen am Menschsein bestreiten, diejenigen, die auf Sieg statt auf Dialog, auf Dezision statt auf Deliberation und die Erweiterung von Vorstellungsräumen aus sind, schlicht tolerieren müssen. Und dies vor allem dann nicht, wenn deren Urteilen und Tun an der Befestigung des Unterschieds zwischen ›Menschen wie wir‹ und ›keine Menschen wie wir‹ ausgerichtet ist. Niemand müsse hinnehmen, »mit denen, die solches wollen und in die Tat umsetzen, die Erde zusammen zu bewohnen«, hatte Hannah Arendt das Todesurteil gegen Eichmann begrüßt. Auch wenn wir – kontra Arendt – die Todesstrafe für nicht hinnehmbar halten, Gewalt- und Hasstaten, auch solche verbaler Art, stellen keine schützenswerte oder auch nur hinzunehmende Meinungsäußerung dar. Im Gegenteil. Hass ist auf Vernichtung aus, Gewalt in jeder Form die Antipode der Demokratie. Gegen jede Verletzung der Menschenwürde lässt sich daher sogar »ein absolutes Recht, sich zu erheben«, wie Foucault es reklamiert hatte, geltend machen. Niemand hat das Recht, auszuwählen. Auch das gilt ausnahmslos. Für alle.

Commons. Was wir brauchen

Damit kommen wir in Form eines Fazits abschließend wieder zu der Frage, die die hier versammelten Gedanken zur Bedeutung und Ambivalenz von Gemeinschaft angetrieben hat – und die ich hier mitnichten erschöpfend bearbeiten konnte: Welche Formen sollten unsere Assoziationen annehmen, welche Verhältnisse sollten wir füreinander stiften? Was brauchen wir?

Über die Anforderungen an das Protokoll für ein egalitäres Zusammenleben habe ich im Verlauf dieses Buches bereits mehrfach gesprochen. Ich will sie kurz zusammenfassen: Die sozialen Beziehungen in unseren Gemeinwesen sollten egalitär und kollaborativ strukturiert und von Reziprozität, Rechenschaft und Responsabilität geprägt sein. Sie dürfen außerdem weder auf Konkurrenz-um-der-Konkurrenz-willen gründen noch auf Hierarchie und der Ausbeutung anderer, des

Planeten und seiner Lebensstoffe. Es müssen folglich Gemeinwesen sein, die die moralische und politische Gleichheit ausnahmslos aller als Verschiedene gewährleisten und bekräftigen und die niemanden preisgeben oder zurücklassen. *Leave no-one behind* ist ihr Bannerspruch. Und schließlich, dem Argument von Danielle Allen folgend, dass »für politische Gleichheit ökonomischer Egalitarismus erforderlich ist«, brauchen solche Gemeinwesen, die ihre Richtschnur in der moralischen und politischen Gleichheit aller gefunden haben, gesellschaftliche Verhältnisse, die »Grund und Boden, Arbeitskraft und Kapital so organisieren, dass dabei soziale Gleichheit durch soziale Verbundenheit herauskommt«.[23] Die in liberalen Demokratien auf dem unveräußerlichen Recht auf Privateigentum – an den für die gesellschaftliche Reproduktion notwendigen Mitteln – gründende Eigentumsordnung und ihre Sakralisierung gehört, mit anderen Worten, auf den Prüfstand. Und schließlich muss die das Leben stützende Infrastruktur unserer Gemeinwesen so beschaffen sein, dass alle gleichen und bedingungslosen Zugang zu ihr haben. Diese muss uns nicht nur gedeihlich im Leben halten, es muss auch sichergestellt sein, dass sich alle an der demokratischen Selbstregierung beteiligen und die Erfahrung egalitärer Partizipation machen können – und zwar ganz gleich, wie Selbstregierung im Detail organisiert ist. *Nothing about us without us*.

Statt einer bloß »armutsfesten« Sozialhilfe beispielsweise, wie Hartz IV sie darstellt, die an ein dichtes, die

Leben der Einzelnen engmaschig kontrollierendes Netz moralisierender und in der Tendenz demütigender Maßnahmen und Verpflichtungen geknüpft ist, ein lebensfester Rettungsschirm, der allen ein größeres Maß privater und öffentlicher Autonomie garantiert. Bei der Ermöglichung des Schwimmbadbesuchs angefangen und der kostenfrei zur Verfügung gestellten FFP2-Maske nicht aufgehört. Was wir brauchen, ist, mit anderen Worten, ein Netz, das es jeder und jedem Einzelnen ermöglicht, ein Individuum nicht nur *de jure*, also auf dem (gesetzlichen) Papier zu sein, sondern auch ein Individuum *de facto*. Ein Individuum, das deshalb sein eigenes Schicksal in die Hand nehmen und die Entscheidungen treffen kann, die es treffen will, weil es in einem solidarisch organisierten Gemeinwesen lebt, das genau dafür Sorge trägt.[24] Demokratie, so auch Danielle Allen, »beginnt mit dem Schutz positiver und negativer Freiheiten in der Absicht, die egalitäre Ermächtigung aller Mitglieder des politischen Gemeinwesens sicherzustellen«.[25] Es ist der Beginn von Demokratie, nicht ihr Ziel.

Die Antwort auf die Frage nach den Gebilden, die wir füreinander stiften sollten, ist, im Lichte dieser Prinzipien und Anforderungen betrachtet, überraschend banal und naheliegend, weil wir sie gar nicht neu erfinden müssen. Sie existieren bereits. Und vielleicht ist es gerade deshalb so leicht, sie zu übersehen. *It's the social, stupid!* Genau jene Sphäre also, mit der in der jüngeren Vergangenheit zwar arg Schindluder getrieben wurde, die schleichend, aber im Ergebnis entschieden, ausgezehrt, ausgewrungen, kaputtgespart, mental und intellektuell ausgelaugt wurde und in der wir politisch rohen, manichäisch agierenden Kräften allzu oft zu viel Raum gelassen haben. Zu der es gleichwohl keine Alternative gibt, wenn wir Dominanzkultur endlich hinter uns lassen und Gemeinschaft und Gemeinschaftlichkeit im weltmaßstäblich verstandenen Zeichen egalitär gelebter Differenz neu denken wollen: die Sphäre des Sozialen, der Gesellschaft. Zwar mag es eingedenk der zunehmenden Fragmentierung von Gesellschaft widersinnig erscheinen, dass ich sie an dieser Stelle wieder ins Spiel bringe. Doch nur hier, in der Sphäre des Sozialen, *in Gesellschaft*, kann jene Kreativität entstehen und freigesetzt werden, die Formen des Zusammenlebens erstehen lässt, in denen es uns sowohl möglich ist, mit Differenz zu leben, als auch deren Aneignung zu Zwecken der Herrschaft zu unterbinden. Nur in Gesellschaft haben wir die Chance, aufzustehen und zu gehen, können wir Ausschlüsse, Zurücksetzungen und Gewalt anfechten und das Recht geltend machen, dass ausnahmslos *alle* zur Gemeinschaft der Menschen, der Subjekte, der an|erkennbaren Personen gehören. Nur in Gesellschaft ist es uns möglich, sichtbar zu machen, wie das Universale für partikulare Herrschaftsinteressen gekapert wurde und zugleich auf seiner Unteilbarkeit bestehen – Voraussetzung dafür, dass Fanons Traum, der *Aufstieg aller zum Menschsein*, kein Traum bleibt. Und nur im Sozialen, im infrastrukturell garantierten und egalitär strukturierten Austausch aller Mitglieder eines Gemeinwesens, kann die Frage, wie wir in der Welt sein und wie wir uns assoziieren wollen, sinnvoll bearbeitet werden – und zwar auf der Schwelle zwischen dem, »was wir wollen (sollten), und dem, was wir *schon tun* und *tun können*«.[26] Nur in der Sphäre des Sozialen können wir das soziale Band so gestalten, dass ein Unterkommen für die Verschiedenen möglich wird. Nur hier können wir Bindungen stiften, die weder auf Brüderlichkeit, also auf Identität, noch auf patriarchal-familiärer Zugehörigkeit, also auf Hierarchie, oder auf wohlfahrtsstaatlich gestifteter normalisierter Homogenität gründen, sondern auf politisch gestifteter und reziprok gewährter Solidarität unter Vielen.

»Konzeptionell und praktisch zwischen Staat und Privatleben angesiedelt«, argumentiert auch Wendy Brown, »ist das Soziale der Ort, an dem Bürger_innen mit sehr ungleichen Hintergründen und Ressourcen potenziell zusammengebracht und zusammen gedacht werden« können. Gesellschaft, fährt sie fort, ist »der Ort, an dem wir durch die Bereitstellung öffentlicher Güter politisch befugt und versammelt sind«, an dem aber auch »historisch erzeugte Ungleichheiten manifest werden in der Form differenzierten Zugangs zu politischer Mitsprache, Mitbestimmung und Behandlung«. Es ist die Sphäre, »die uns auf eine Art und Weise bindet, die über persönliche Bindungen, marktvermittelte Interaktion oder eine abstrakte Konzeption von Staatsbürgerschaft hinausgeht. Der Ort, an dem wir als Einzelne und als Nation Gerechtigkeit,

Anstand, Höflichkeit und Sorge jenseits der Codes von Marktinstrumentalismus und Familialismus praktizieren oder eben nicht. Und es ist der Ort, an dem die politische Gleichheit, die für Demokratie unerlässlich ist, hergestellt oder eben nicht hergestellt wird.«[27]

Es ist also die Gesellschaft, die es zu verteidigen gilt, die wir wiederbeleben und einmal mehr zu unserem geteilten Anliegen der Sorge, zu unserem *Commons*, unserem gemeinsamen Reichtum, unserem *Commonwealth* machen müssen. Und das heißt, sie zu dem zu machen, was uns gemeinsam ist und was uns zu einer demokratischen Gemeinschaft der Vielen macht, verbunden durch geteilte, gleichwohl kontrovers verhandelte Anliegen unserer geteilten Sorge. Durch die »freiwillige und fortlaufende deliberative Selbstkonstitution, die nur über eine gemeinsame Anstrengung aller Beteiligten zu haben ist«, so Zygmunt Bauman.[28] Entgegen dem neoliberalen Mantra der vergangenen Jahrzehnte – *There is no society!* – braucht es daher nicht *weniger*, sondern *mehr* öffentliche Sphäre, mehr Gemeinwesen, mehr öffentlich gefasste Macht, mehr Deliberation. Erst recht in und nach der Pandemie. Und zwar, weil jener von Bauman beschriebene »Weg vom Individuum *de jure* zum Individuum *de facto*«, der Weg der egalitären Ermächtigung ausnahmslos aller Mitglieder des Gemeinwesens, eben zwingend über Gesellschaft führt. Weil sich in ihr die Aneignung und Vermachtung von Differenz zwar ereignet und Ungleichheit, Unterwerfung, Abstoßung und Marginalisierung erlebt und erfahren werden, aber nur in der

Gesellschaft alldem auch widersprochen werden kann und regelmäßig widersprochen wird, nur in Gesellschaft Ungleichheit und ungleich verteilte Handlungsmöglichkeiten in Frage gestellt und Neues von unten erfunden wird. Ohne autonome Gesellschaft keine autonomen Individuen. Ohne autonome Individuen keine freie Gesellschaft. Ohne Deliberation wiederum weder freie Individuen noch eine freie Gesellschaft. Autonom sind wir immer nur gemeinsam mit jenen anderen, mit denen wir immer schon interdependent verstrickt sind, und nicht als Elemente einer Ansammlung solipsistisch gedachter, ökonomisch kalkulierender Einzelner.

Vielleicht sind wir jetzt auch in der Lage, auf das Problem zu antworten, das Stuart Hall das Problem des 21. Jahrhunderts genannt hat, nämlich: wie mit Differenz leben. Im Lichte dieser Überlegungen würde die Antwort wohl ungefähr so ausfallen: Differenz eine andere, eine nichthierarchische, eine horizontale Zukunft zu geben, würde bedeuten, weder über Differenz hinwegzufegen oder sie gewaltförmig zu verdinglichen noch sie in nur überdreht-spektakulärer, kommerzialisierter Form in Erscheinung treten zu lassen und sie schon gar nicht zum Zwecke der Teilung und Herrschaft einzusetzen. Und das wiederum verlangt nach einem robusten, demokratisch verfassten Gemeinwesen, in dem der Zugang zur Möglichkeit, sich selbst in Gemeinschaft mit anderen zu regieren, weder gebunden ist an Stand, Klasse und Geschlecht noch an eine phantasmatische Vorstellung von *race* oder an den Zeitpunkt meines Eintritts in ein Gemeinwesen. Weder an Glauben und Kultur noch an körperliche Befähigung, geschlechtliche Identität oder gelebte Sexualität, sondern an die solidarische Zugehörigkeit zu einem politisch gestifteten und historisch begründeten Verbund – einem Verbund, dem jede und jeder beitreten kann und beitreten können muss.

Ein Gemeinwesen, mit anderen Worten, in dem Gemeinschaft nicht vorausgesetzt wird, sondern verstanden wird als Ergebnis gemeinsamer Anstrengung und der Verständigung darüber, was uns gemeinsam ist. Das den Vielen gestattet, sich gemeinsam zu regieren und gut füreinander zu sorgen. Das ihnen dazu verhilft, soziale und ökonomische Ungleichheiten, die ihre politische und moralische Gleichheit kompromittieren, in Weisen zu adressieren, die zur Vertiefung von Gleichheit führen. Das sie darin unterstützt, imperiale Dominanzkultur, die Organisation von Gesellschaft, Kultur und Zusammenleben in Kategorien der Über- und Unterordnung, nachhaltig und unwiederbringlich zu verlernen. Das sie dabei unterstützt, sich wechselseitig auf kohärente, stabile und gerechte Weise zu binden – im Wissen um die tagtägliche Herausforderung, die das bedeutet. Und das es ihnen ermöglicht, über ihre Differenzen hinweg ihre Geschichte(n) miteinander zu verhandeln und die Frage zu bearbeiten, wie unsere »Differenzen ineinander verwoben sind und hierarchisch organisiert wurden«.[29] Das uns also so etwas wie ein geteiltes Schicksal erleben lässt, wie Wendy Brown argumentiert: »the place where we experience a linked fate across our differences and separateness«.[30] Ein Gemeinwesen, kurz gesagt, das allen ermöglicht, zu bleiben und ihnen ihren gerechten Anteil am Menschsein zubilligt.

Ver-Antwort-lichkeit. Was uns gemeinsam ist

Ich habe dieses Kapitel begonnen mit einer Reflexion des ambivalenten Charakters von Gemeinschaft, die eben nicht umstandslos für alle ist, was ihr gerne attestiert wird: ein Zuhause. Unhinterfragt, unverbrüchlich, unerschütterlich. *Zuhause* – was wäre das heute?

»De-Heimatize It« nannte das Berliner Gorki Theater seinen vierten Herbstsalon im November 2019. Eine Aufforderung, den alten und neuen Angeboten der Zugehörigkeit zu misstrauen, den Stoff, aus dem Gemeinschaften gemacht sind, kritisch zu durchleuchten und sich nicht mit billigen und zweifelhaften Surrogaten der Zugehörigkeit zufriedenzugeben. Versuche einer Neuerfindung von Gemeinschaft, einer neuen Sprache des Gemeinsamen, dessen, was Heimat, Zugehörigkeit und Zuhause bedeuten könnten, sind längst im Umlauf: *One is Not Born a Woman. Restricted Country. Verbundenheit im Unterschied. Women in Exile. Queer Belonging. Borderlands/La Frontera. Politics of Location. Die Vielen. No Más Muertes. Black Lives Matter. Ni Una Menos. Say Her Name. Unlearning Imperialism. Desintegratya! Desintegriert euch!* sind einige Vokabeln dieser Sprache eines neuen

Gemeinsamen. Sie existiert bereits. An diese gilt es anzuknüpfen, sie weiterzudenken und weiter zu erfinden. Wir können neu anfangen. Der alten Ordnung eine Absage erteilen und einen neuen Gesellschaftsvertrag stiften. Gemeinschaften wurden und werden immer und immer wieder erfunden, sie sind immer *imagined communities*.

In *Leben mit Exil. Über Migration sprechen* beschreibt die Journalistin Masha Gessen »Zuhause« als den Ort, an dem wir »in Sicherheit« sind und uns geborgen fühlen, wo wir gebraucht und geschätzt werden, wo wir »etwas Wichtiges beitragen« können. »Zuhause« sei aber auch der Ort, wo wir hinfallen können und uns wieder »aufgeholfen wird«.[31] *Zuhause.* Ein Privileg. Auf den ersten Blick scheint Gessens eher private, ja fast schon intime Beschreibung Webers Vorstellung von Vergemeinschaftung im Rahmen der Familie sehr nahezukommen. Wir könnten sie womöglich als schier nostalgisches Verlangen nach einer heilen, intakten, privaten Welt verstehen. Doch wir können Gessens Bild auch allgemeiner, politischer lesen. In einer solchen Nuancierung gesprochen, ist *Zuhause* der Name für das, was Hannah Arendt *Welt* nennt. Jener uns allen gemeinsame Ort, unser geteiltes Zuhause, für das wir gemeinsam Sorge tragen, wo wir den anderen immer schon überantwortet, wir in deren Hand sind genauso wie sie in unserer Hand. Zuhause ist also gerade nicht eine geographische Gegebenheit, wie sie das Dorf darstellt, oder eine des privaten, intimen, familiären Raums, gebunden an phantasmatische Bande von Familie, biologischer Verwandtschaft und Herkunft. Zuhause ist der Ort, wo wir uns *mit* und *gegenüber* anderen sowie *für* andere verantwortlich zeigen können, wo wir hinfallen können und uns aufgeholfen wird. Mit jenem Begriff meiner R-Triade gesprochen, den Toni Morrison und Donna Haraway ins Gespräch gebracht haben: Zuhause ist der Name für den Ort, wo wir in reziproker »Ver-Antwort-lichkeit«, in Responsabilität, *response-ability*, miteinander leben.[32]

Es ist die Rede von Responsabilität als der Fähigkeit, zu antworten, also Ansprechbarkeit an den Tag zu legen – nicht als einer stummen, einseitigen, womöglich hierarchisch strukturierten Verpflichtung. Eine kollaborative, horizontale Praxis, in der Tun, Denken und Urteilen verknüpft sind. Begegnungen auf Augenhöhe, gegründet in Reziprozität und Rechenschaft. *Ver-Antwort-lichkeit.* Nicht nur gegenüber »dem, was mein ist«, sondern auch gegenüber dem, »was nicht mein ist«, schreibt die Dichterin und feministische Theoretikerin Melanie Kaye/Kantrowitz in *The Colors of Jews. Racial Politics and Radical Diasporism.*[33] Nicht der »Nationalstaat oder die Glaubensgemeinschaft«, der jemand angehöre, fährt sie fort, sei »Zuhause« *(home)*. Zuhause meine vielmehr die Bindung an und das Engagement *(commitment)* für »die Fremdheit der anderen und für meine Fremdheit gegenüber anderen. Für überraschend ineinander verschlungene Gemeinsamkeiten«, die uns verbinden, aber nicht identisch machen. ›Politische Freundschaft‹

nennt Hannah Arendt das und wirbt wieder und wieder für die »Anfreundung mit der Welt«.[34] Von »philanthropia« spricht sie in der Lessing-Preis-Rede, der »Liebe zu den Menschen«, die sich darin erweise, dass wir bereit sind, »die Welt mit ihnen zu teilen«.[35] *Amor mundi.* Liebe zur Welt – verstanden als das, was zwischen den Menschen ist, was sie verbindet und trennt. Der Ort, wo wir sprechen und gehört werden. Wie an einem Tisch, an dem wir zusammenkommen und der uns doch trennt und Verschiedene sein lässt. An dem sich das, was zwischen uns ist, materialisiert, es zwischen uns tritt und so zu unserem gemeinsamen Anliegen, zu unserem *Commons* werden kann.

Ver-Antwort-lichkeit. Die Erinnerung daran, dass »alle Kreatur Hilf von allen« braucht, wie der Dichter Bertolt Brecht sagt.[36] Erinnerung daran, dass wir Unterstützung benötigen, um aufstehen und gehen zu können, dass wir einander antworten müssen, um gemeinsam zu überleben. »Wenn ich zu fest oder zu starr über mich verfüge, kann ich nicht in einer ethischen Beziehung sein«, schreibt Judith Butler. Eine »ethische Beziehung« aufzunehmen, bedeute daher, »eine bestimmte egologische Perspektive abzutreten und einen Standpunkt einzunehmen, der grundlegend von einem Modus der Anrede strukturiert ist: Du rufst mich an und ich antworte.« Das aber, schränkt Butler ein, setzt voraus, dass ich fähig bin, »den Ruf zu empfangen«, bevor wir ihn tatsächlich beantworten. In diesem Sinne setze »die ethische Responsibilität die ethische Responsivität voraus«.[37] Ver-Antwort-lichkeit. Das Vermögen, das sich mit der politischen Theoretikerin Danielle Allen auch beschreiben lässt als Befähigung, ansprechbar zu sein und »Entgegenkommen an den Tag zu legen, damit sichergestellt wird, dass niemand den Handlungsspielraum von jemandem anderen beeinträchtigt«.[38] Die Praxis, die uns in einer dichten Gegenwart gut *miteinander* leben und sterben lässt, wie Donna Haraway sagt. Ver-Antwortlichkeit als ein neues Wort für Gemeinschaftlichkeit und als ein neues Wort für Sorge.

Sorge

Bring into being that which is needed.
Bring into being that which is absent.
Because more than ever we're going to
have to take care of each other.
Joan Nestle, 2020[1]

Sich sorgen

Es ist eine Weile her – es war vor der Corona-Pandemie, als Reisen noch umstandslos möglich waren. Ich fuhr mit dem Zug von London nach Brighton an der Südküste Englands, um an einer Konferenz teilzunehmen. Über die Monitore im Zug lief in regelmäßigen Abständen ein kurzer Videoclip, dessen Inhalt einfach und direkt vorgetragen war: »If you see something that doesn't look right, speak to staff or text British Transport Police.« Alles, was den Fahrgästen falsch, ungewöhnlich oder verdächtig erscheine, sollten sie an die British Transport Police melden. Was auch immer es sein sollte, die ›Transportpolizei‹ würde sich dann darum kümmern. »We'll sort it.«, so das vollmundige Versprechen des Clips. »See it. Say it. Sorted.«

Der Text des Videos ließ, ob bewusst oder nicht, offen, welche Art von Unregelmäßigkeiten, Unannehmlichkeiten, Störungen, Bedrohungen oder Gefahren gemeint sein könnten – von Müll auf dem Boden über kaputte Toiletten, auf den Sitzen vergossenem Kaffee bis hin zu lauter Musik, zurückgelassenem Gepäck oder gar verbaler und körperlicher Belästigung, vieles wäre hier denkbar. Im Unterschied dazu sprach das den Text illustrierende Bild, das an ein Standbild aus einem Schwarz-Weiß-Film erinnerte, eine, wie ich fand, recht unmissverständliche Sprache. Im Vordergrund, auf der dunkel gehaltenen linken Seite, waren Kopf und Schulter einer männlichen Person im Anzug zu sehen. Durch die rassifizierte Darstellung der Gesichtszüge und Haare ist die Person deutlich als nicht-*weiß* markiert. Der Mann steht vor einer verschlossenen Tür. Ein Schild an der Tür signalisiert, dass der Eintritt in den dahinter liegenden Raum verboten ist. *No entry*. Nahegelegt wird, dass er dennoch versucht, den Raum zu betreten. Auf der rechten, extrem hell ausgeleuchteten Bildseite ist eine im Unterschied zu der deutlich konturierten männlichen Person nur schemenhaft erkennbare weibliche Person zu sehen, die im Hintergrund vorbeigeht, den Mann vor der Tür aber gut sehen kann. Die über das Bild vermittelte Botschaft enthält eine doppelte Adressierung: Das Video richtet sich vordergründig direkt an die schemenhaft gezeichnete Frau. Sie ist es, die dazu aufgefordert wird, aktiv zu werden, ihre Umgebung aufmerksam zu beobachten und Ungewöhnliches zu melden. Das Video richtet sich aber auch an uns alle: Wer immer in diesem Zug mitfährt, soll ›die Frau‹ zum Objekt seiner und ihrer Sorge machen. Sie soll also nicht nur Verdächtiges melden, sondern muss selbst vor dem verdächtig agierenden fremden Mann geschützt werden.

Im Begriff, an einer Konferenz über den Niedergang der Demokratie, den globalen Aufstieg des Autoritarismus und seine mögliche Beziehung zum Faschismus teilzunehmen, kam mir der Gedanke, dass dies vielleicht ein zu offensichtlicher Zufall war. Las ich zu viel in den Clip hinein? Sah ich Gespenster, wo es keine gab? Für den Rest der Fahrt versuchte ich, mich auf das Konferenz-Programm zu konzentrieren, doch das Video drängte sich immer wieder in meine Gedanken. Aber was genau beunruhigte mich an der stetig wiederholten Erinnerung, auf meine Umgebung zu achten und meine Mitmenschen und ihr Verhalten im Blick zu behalten? Für jene von uns, die im globalen Norden leben, ja keine ganz neue Botschaft. Seit dem 11. September 2001 und dem darauffolgenden »war on terror« werden wir beständig in oft offen rassistischen Sicherheitspraktiken und -routinen geschult und diszipliniert, ihnen aber auch unterworfen. Generell hat sich im Namen der Sicherung »unserer« Freiheit das, was wir eine Politik der Zonierung und Überwachung des zivilen Lebens nennen können, dramatisch ausgeweitet und verschärft. Politiken der Versicherheitlichung und der stetig wachsende sicherheitsindustrielle Komplex gehen auch Hand in Hand mit der nekropolitischen Produktion von zwei verschiedenen moralischen Kollektiven. Auf der einen Seite diejenigen, die als gefährdet konstituiert werden und somit der Fürsorge und des Schutzes würdig sind, auf der anderen diejenigen, die vermeintlich Gefahr verkörpern und folglich als nicht beschützenswert erachtet werden. Eine dichotome Klassifizierung, die in der Regel entlang kolonial-rassistischer, antisemitischer, klassistischer, vergeschlechtlichter und heteronormativer Ordnungsmuster verläuft.

Doch sollte es mich tatsächlich beruhigen, dass die Aufforderung, Ungewöhnliches zu beobachten und zu melden, eine heute ohnehin gängige Form der Ansprache der Bürger_innen in westlichen Demokratien ist? Das Video also nur ein weiteres Beispiel für eine mittlerweile gewöhnliche Form der Kontrolle darstellt, die uns alle zu ihren Agent_innen macht und überall und jederzeit stattfinden kann – und dies auch tut? Eine Form der Kontrolle zudem, die von nahezu universeller Eignung ist, weil wir alle sie jederzeit praktizieren können. Und in der Tat werden wir ja alle beständig daran erinnert, auf unbeaufsichtigt herumstehendes Gepäck in Bahnhöfen, Flughäfen, U-Bahnen und Einkaufszentren genauso wie auf unsere Sicherheit achtzugeben, uns im Bus anzuschnallen, nicht bei Rot über die Straße zu gehen, auf Taschendiebe und Drogenhandel zu achten, auf Vandalismus und Herumlungern, auf falsch geparkte Autos und sich ›verdächtig‹ verhaltende Mitbürger_innen. Wir teilen unsere intimsten Momente, unsere Aufenthaltsorte und unsere privaten Gewohnheiten mit grenzüberschreitend tätigen Konzernen; wir werden ermutigt, in der Pandemie bargeldlos zu zahlen und über unsere Kontakte Tagebuch zu führen; wir dokumentieren unsere verbrannten Kalorien, zurückgelegten Schritte, geschriebenen Worte, absolvierten Prüfungen, neu gewonnenen (Social-Media-)Freund_innen und Likes und wir registrieren die Stunden, die wir geschlafen und gefastet haben, die Bahnen, die wir geschwommen, und die Meilen, die wir geflogen sind. Praktiken und Routinen, mit denen wir in Kontrollgesellschaften nicht nur nie fertig werden, sondern an denen wir auch in aller Freiheit teilnehmen.

Fast besorgniserregender am Video der British Transport Police aber scheint mir zu sein, wie hier Versicherheitlichung mit einem moralisch aufgeladenen Rassismus verknüpft wird. »See it. Say it. Sorted.« ist nicht nur emblematisch für die Kontrollgesellschaft, in der wir leben, es ist vielleicht mehr noch Ausdruck eines Dispositivs, das auf dem Terrain von Geschlecht und Sexualität eine rassistische Moralmission artikuliert. Alle, die in diesem Zug mitfahren, werden innerhalb dieses Dispositivs entweder als potenzielle Gefahr positioniert oder aber als diejenigen, die achtsam sein und sich sorgen sollen und um die sich gesorgt werden sollte. Zudem werden wir indirekt an eine Pflicht erinnert. Ebenjene Pflicht, diejenigen, die wir als zu uns gehörig betrachten, vor dem fremd aussehenden und verdächtig wirkenden Mann zu schützen. Es ist ein Dispositiv, das Objekte der Sorge konstituiert – öffentliche Ordnung und Moral, nationale Sicherheit, westliche Werte, europäische Grenzen, autochthone Frauen. Ein Dispositiv auch, das unterschiedliche moralische Kollektive mit unterschiedlichen Verpflichtungen der Fürsorge und Verantwortung ins Leben ruft. Das also organisiert, wer dazugehört und wer nicht, für wen wir uns verantwortlich fühlen und Empathie empfinden sollen, wer welcher Art Aufmerksamkeit wert ist und wer legitimerweise diskriminiert wird, wer Anerkennung verdient und wem sie verweigert werden kann. Ein Dispositiv, kurz gesagt, das moralisch aufgeladene Wir/Sie-Dichotomien mobilisiert, die wiederum in ein bereits rassistisch grundiertes Alltagsbewusstsein eingespeist werden und die auf einem Wissen basieren, das vom Staat und in den Praktiken und Institutionen aller gesellschaftlichen Funktionssysteme koproduziert und abgesichert wird.

Im dritten Kapitel habe ich argumentiert, dass solcherart produziertes und iterativ beständig legitimiertes Wissen den Menschen dazu dient, einen *sense of place* zu gewinnen. Mit Wissen erklären sich Menschen die sozialen Bedingungen ihrer Existenz und die moralischen, kulturellen und sozialen Grenzziehungen, die sie strukturieren. Auch die politischen und sozialen Kämpfe, in die sie gestellt sind, werden mit Wissen gedeutet. Wissen dient ihnen ferner als – wie auch immer bewusst gemachte – Richtschnur ihres Handelns. Wissen ist Teil des Ethos, mit dem wir unser Leben führen, genuiner Teil des Zusammenhangs zwischen Tun und Verhältnissen, Praktiken und sozialer Ordnung, der unser Leben ist. Wenn das zutrifft, müssen wir uns dann nicht fragen (lassen), wie wir auf diese Art der Mobilisierung rassistischen Wissens und auf solche moralischen Appelle reagieren, wie sie im

Video der British Transport Police artikuliert werden? Wie verhalten wir uns gegenüber Normen, die in den Clip eingeschrieben sind, und gegenüber den inhärent gewaltförmigen moralischen Codes, die er an uns heranträgt? Und auf welche Weise folgen oder widersetzen wir uns den Handlungsanweisungen, dem Aufruf zur Sorge? Sehen wir es, melden wir es, und lassen es dann für uns aus der Welt schaffen?

Was die Geschichte von dem Video vor Augen führen soll, ist, dass *Sorge* mitnichten eine politisch unschuldige Praxis oder ein unschuldiges Konzept ist und sehr unterschiedlich angeeignet und operationalisiert werden kann. Ein egalitäres Ethos der Kohabitation, das heißt eine machtsensible, demokratische Lebensweise und eine Politik der reziproken Interdependenz, lässt sich folglich nicht umstandslos auf Sorge gründen. Es dennoch zu versuchen, verlangt daher, auch diesen Fels einmal mehr den Berg hinauf zu wälzen. Und das schließt ein, dass wir gehalten sind, nicht nur kritisch zu rekonstruieren, *was* (uns) zu einem Anlass der Sorge wird. Wir müssen auch die gouvernementale Inanspruchnahme des Impulses zur Sorge in den Blick nehmen und die Mechanismen untersuchen, wie Sorge uns aufgetragen und welches moralische Alltagswissen wie implementiert wird. Welche Art der Sorge also stimuliert wird, und in welchen Modi genau wir als welche Art moralische Subjekte angerufen werden.

Das Video aus dem Zug tut in meinen Augen genau das: Es operiert mit dem Impuls zur Sorge, es spricht uns direkt an, fordert uns auf, etwas zu tun. Und in der Regel wollen wir etwas tun. Das Richtige nämlich. Das Video trägt darüber hinaus *spezifische Objekte* der Sorge an uns heran: öffentliche Sicherheit, Sauberkeit, autochthone Frauen. Es stiftet zudem zu einer *bestimmten Form* der Sorge an: wachsam sein, Auffälliges melden, es aus der Welt schaffen (lassen). Eingangs habe ich das als *moralische Ökonomie* beschrieben. Sie stellt, bildlich gesprochen, das Rückgrat von Dominanzkultur dar. Gesellschaftliche Strukturen und individuelles Handeln werden in einer solchen moralischen Ökonomie auf komplexe, vielschichtige und oft widersprüchliche Weise miteinander verschaltet. Moralische Ökonomien konstituieren uns als moralisch handelnde Subjekte, legen ethische Selbstführungen nahe, bringen unsere Weisen *in der Welt zu sein* hervor.[2] Um was oder wen wir uns sorgen, wie wir sorgen, was uns Sorgen macht und was uns zum Ärgernis wird, wofür wir uns verantwortlich fühlen und wer uns nichts angeht, wem wir Achtung erweisen und wem wir sie versagen, empfinden wir daher in der Regel zwar als unser authentisches, spontanes, gar ursprüngliches So-Sein und eben nicht als gesellschaftlich nahegelegt, als Muster, in die wir tagtäglich eingeübt werden und uns einüben. Da aber »nichts unter der Sonne«, wie Adorno sagt, nicht auch »gesellschaftlich vermittelt« ist, steckt eben auch in unseren Affekten und unserem moralischen Tun und Urteilen »die ganze Gesellschaft mit drin«.[3] Vom »Schein der Solidität und Natürlichkeit« umgeben,[4] sind Affekte und Moral durch und durch *von* dieser Welt. Affekte sind konkret, historisch situiert und sozial erzeugt, sie werden politisch ausgebeutet und greifen selbst politisch gestaltend in gesellschaftliche Verhältnisse und moralische Ordnungen ein.[5]

Moral und Ethik sind daher nicht das Gegenüber oder gar Gegenteil von Gesellschaft, Ausdruck einer wie auch immer authentisch gegebenen, anthropologischen Potenz des Menschen, die schon dafür sorgt, dass wir immer das ›Gute‹ tun – einmal abgesehen davon, dass es nicht auf unsere ›gute‹ Intention ankommt, sondern auf das Ergebnis unseres Handelns. Auch das ›Gute‹ ist durchdrungen von hegemonialen Werten und Normen, es kann Exklusion, Gewalt und Hierarchie bedeuten und gerade nicht Gleichheit und Reziprozität.[6] »Eine ethische Haltung«, kommentiert Judith Butler, »stellt sich nicht spontan dann ein, wenn die üblichen Deutungsrahmen zusammengebrochen sind; [...] Das mehr oder weniger diskrete Deutungsraster, das Leben in würdiges und unwürdiges Leben aufteilt, arbeitet grundsätzlich über alle Sinne: Der Schrei, den wir hören, wird von dem, den wir nicht hören, unterschieden.«[7]

Die Konsequenz aus diesen Überlegungen kann meines Erachtens nur sein, dass jeder Versuch, das Ethos einer demokratischen Lebensweise auf die Idee und Praxis von Sorge zu gründen, notwendig die ständige, kritische Auseinandersetzung mit den Bedingungen ihrer Produktion und ihrer Formen einschließen muss. Sosehr Sorge das Elixier einer Politik der reziproken Interdependenz ist und Grundlage für ein neues, global gedachtes ›Wir‹ – und ich bin überzeugt, dass das so ist –, ist Sorge zunächst vor allem ein unscharfes, ein *messy* Konzept. Sorge ist vielgestaltig und vieldeutig, reich an Ambiguitäten und Ambivalenzen, eingebettet in widersprüchlich organisierte, patriarchal-kapitalistische und kolonial-rassistische globale gesellschaftliche Verhältnisse. Sie ist keine unbedarfte, gradlinige, gar unschuldige Praxis. Im Gegenteil: Sorge ist komplex und, ja, auch vielfach kompromittiert. Sorge ist, wie das Video der British Transport Police veranschaulicht, nicht nur Empathie und Anteilnahme, Hilfe und Unterstützung. Sorge äußert sich auch als Kontrolle und verbündet sich mit – paternalistischer, bevormundender, gängelnder, aber auch mit bürokratischer, regulierender und sogar mit nekropolitischer – Macht. Sorge ist unzweifelhaft auch eine gemeinschaftsbildende Kraft, eine Praxis, die unsere Möglichkeiten, miteinander zu leben, organisiert und ordnet. Sorge konstituiert Gesellschaft und hält sie zusammen. Doch Sorge kann Gesellschaft auch spalten und auseinandertreiben, zum Banner einer Welt und Leben vernichtenden Politik werden. Sorge ist überdies konstitutiv eingebettet in vergeschlechtlichte, androzentrische und misogyne Dynamiken der Aufspaltung des gesellschaftlichen Reproduktionszusammenhangs in eine marktvermittelte, männlich kodierte Sphäre des Erwerbs einerseits, und eine vorgeblich der tauschvermittelten Vergesellschaftung entzogene, weiblich konnotierte private Sphäre des Hegens und Pflegens andererseits.

Praxen der Sorge, ganz gleich wo sie stattfinden, ob in der Familie, in freundschaftlichen Netzwerken, in familienähnlichen Institutionen oder in Pflegediensten und -einrichtungen, gelten daher, wie die Soziologin und Geschlechterforscherin Regina Becker-Schmidt ausführt, »im herrschenden Bewusstsein bis heute nur als ›reproduktiv‹«.[8] Sie sind privater Liebesdienst und nicht gesellschaftlich notwendige Arbeit.[9] Vor allem deshalb muss Sorge aus ihrer intimisierten, weltabgewandten, heteronormativ überformten und misogyn abgewerteten, feminisierten wie rassifizierten Umklammerung gelöst werden. Denn die »produktiven Dimensionen in der Generierung von Leben, in der Bewahrung von Gesundheit und in der interaktiven Ausbildung von Subjektivität, die Soziabilität einschließt«, so noch einmal Becker-Schmidt, drohen ansonsten immer wieder »in den Hintergrund geschoben« zu werden. Sorge verwahrlost im toten Winkel der schlechten Verhältnisse, nicht zuletzt, so ein Argument der Philosophin Cornelia Klinger, ein Erbe der »Verachtung der Lebenssorge« seit der Antike.[10] Und ein Befund, der während der Corona-Pandemie im Schatten der rhetorischen Aufwertung von Pflege- und Sorgearbeit als »systemrelevant« einmal mehr drastisch und dramatisch bestätigt wurde.[11]

Die Konsequenz daraus ist, dass Sorge als *gesellschaftliche*, solidarische, reziprok und geschlechtergerecht organisierte Praxis neu zu erfinden ist. Und das heißt nicht nur, dass wir neue »Lebenssorgeregime« entwerfen müssen, wie Klinger sagt, sondern vielleicht zuvorderst, dass wir Sorge als politische, als machtsensible, als *demokratische Tugend* neu erfinden. Was das bedeutet, dieser Frage will ich mich nun zum Ende dieses Buches mit einigen wenigen Überlegungen zuwenden. Stand im vorherigen Kapitel die Frage im Vordergrund, *in welchen Formen wir uns assoziieren*, in welchen Gebilden wir also miteinander in der Welt sein wollen, so will ich hier die ethische Substanz nach vorne rücken und den Fokus auf die Frage richten, *wie wir in der Welt sein wollen*, also wie wir uns einander zuwenden und wie wir uns assoziieren.

Zärtliche Bürgerlichkeit

»Zärtlichkeit«, sagt Olga Tokarczuk im Dezember 2019 in ihrer Nobelpreisrede, ist die tiefe emotionale Sorge um ein anderes Sein »in seiner Zerbrechlichkeit, seiner Einzigartigkeit und seiner Wehrlosigkeit gegen Leiden und das Wirken der Zeit«.[12] Als Tokarczuk ihre Rede in der Großen Halle des Stockholmer Börshuset hält, dem Sitz der Schwedischen Akademie der Wissenschaften, des Nobelmuseums und der Nobelbibliothek, ahnt sicherlich weder sie selbst noch ihr Publikum, dass nur wenige Wochen später ein Virus die Welt in eine bis heute anhaltende Schockstarre versetzen und uns mit einer in der jüngeren Geschichte beispiellosen Dringlichkeit einmal mehr auftragen sollte, die Welt zu reparieren. Und doch hat uns Tokarczuk mit ihren Überlegungen zur Zerbrechlichkeit des Lebens, zu transkulturellen und globalgeschichtlichen, interdependenten Verflechtungen und zu dem, was Zärtlichkeit vermag, eine Art Kompendium für genau diese Aufgabe der Reparatur der Welt an die Hand gegeben. Sie erinnert uns nämlich an etwas, was uns zwar allen gemeinsam ist, wir als ethische Richtschnur aber möglicherweise erst einmal wiedergewinnen müssen: dass wir alle fragile, einzigartige, ungeschützte und endliche Wesen sind, die der Sorge bedürfen. Dass wir immer schon in der Hand der anderen sind, ihnen überantwortet, wir Enteignete, Ungewählte sind. Dass wir angesprochen, bedacht, vermisst, betrauert und erinnert werden müssen, wir Berührung, Beziehungen und Hilfe, dass wir Netzwerke und Infrastruktur benötigen, um ein ›Ich‹ zu werden, das überleben kann. Wir, wie Judith Butler sagt, von Anfang an einem »flüchtigen Feld der Berührung« überantwortet sind und »gerade dadurch zu einem empfindungsfähigen, ja sogar denkenden und handelnden Wesen« werden, weil auf uns eingewirkt wird, wir nicht alleine gelassen werden.[13] Ermächtigung und Unterwerfung, Ausbeutung und Fürsorge also oft nah beieinanderliegen und wir genau deshalb umso sorgfältiger auf den Unterschied achten müssen.

Olga Tokarczuk erinnert uns darüber hinaus aber noch an etwas anderes. Und das ist für die Wiedergewinnung von Sorge als einer demokratischen Tugend mit Sicherheit von ebensolcher Bedeutung wie die Erinnerung an die Zerbrechlichkeit und Kontingenz allen Seins. Sosehr nämlich Zärtlichkeit sich bloß auf ein anderes Wesen zu richten scheint, geht sie doch weit über einfühlsames, rein intersubjektives, gar intimes Mitfühlen hinaus. Zärtlichkeit, sagt Tokarczuk, ist vielmehr das bewusste – bisweilen vielleicht etwas melancholische – Teilen unseres gemeinsamen Schicksals.[14] Eine durch und durch weltliche Angelegenheit, die die Dyade aus ›Ich‹ und ›Du‹ übersteigt und sich aus dem Bannkreis des Unmittelbaren, vermeintlich Vertrauten oder gar Intimen gelöst hat. Zärtlichkeit meint hier nicht jene Art von Liebe, die Hannah Arendt als »reine Passion«[15] bezeichnet und durch die der weltliche »Zwischenraum, durch den wir mit anderen verbunden und zugleich von ihnen getrennt sind, gleichsam in Flammen«[16] aufgehen könne – im Übrigen der wesentliche Grund dafür, dass Arendt neben dem Gehorsam das Mitleid expressis verbis aus dem Kanon der politischen Tugenden ausschließt. Von solch reiner, die Welt verschlingender Passion kann in Tokarczuks Ansprache keine Rede sein. Das Objekt der Aufmerksamkeit und Sorge ist hier nicht eine einzelne Andere, der wir uns mit Haut und Haaren zuwenden, es ist die Welt als Ganze. Und das meint den Zusammenhang materieller und immaterieller Bedingungen, unter denen wir miteinander und mit allen nichtmenschlichen und nichttierischen Wesen und dem Planeten leben: gesellschaftliche und politische Institutionen und Diskurse, unterschiedliche soziale, kulturelle und ökologische Umwelten, Technologien, gebaute Infrastruktur, Lebensprozesse und vieles mehr.

Zärtlichkeit ist die Kraft, all das wahrzunehmen und dafür Sorge zu tragen: für die »Bande zwischen uns, Gemeinsamkeiten und Übereinstimmungen«[17], aber auch für das, was uns unterscheidet und trennt. Dafür, wie wir miteinander und dem Planeten umgehen, wie wir für jenen – narrativen – Zwischenraum sorgen, der uns ermöglicht, wirklich zu werden, ein ›Ich‹ zu werden, das den anderen den Raum nicht streitig macht. Zärtlichkeit, ergänzt Tokarczuk, zeige uns »die Welt als lebend und lebendig, als ineinander verbunden, voneinander abhängend, zusammenwirkend«. Bei all dem, insistiert sie, bleibe Zärtlichkeit indes bescheiden, spontan und uneigennützig, ist sie nicht absolute, vereinnahmende Leidenschaft. Im Gegenteil. Zärtlichkeit verzichte auf Embleme und Symbole, sie dränge sich nicht in den Vordergrund, wisse sich zurückzunehmen, tauche beiläufig auf – und zwar überall dort, »wo wir unseren Blick eingehend und behutsam auf ein anderes Sein richten, auf etwas, das nicht ›Ich‹ ist«.[18]

In dieser Stockholmer Rede, gehalten am Vorabend der Pandemie, die unsere Zeit geworden ist, scheint nichts weniger auf als die Vision einer neuen Bürgerlichkeit in jenem von Aimé Césaire imaginierten »Maßstab der Welt«. Eine *zärtliche Bürgerlichkeit* will ich sie nennen, der zuvor beschriebenen, die Welt entzweienden »rohen Bürgerlichkeit« diametral entgegengesetzt. Eine Bürgerlichkeit, die der Verführung durch den Individualismus und der Fiktion des souveränen, ausschließlich für sich selbst seienden und sich um sich selbst sorgenden Subjekts den Rücken gekehrt hat. Eine Bürgerlichkeit, die sich selbst zurücknehmen kann und andere respektvoll adressiert, ohne sich in der Rückwendung auf sich selbst erneut als Maßstab zu setzen.[19] Die Pauschalisierungen wo immer möglich vermeidet und die eigene Position kritisch in Perspektive zu setzen weiß. Die den Bürgersteig mit allen teilt und gelernt hat, genau und sorgfältig hinzusehen und so den »Glanz in allen Dingen« sieht, wie es in einer Verszeile der italienischen Lyrikerin Mariangela Gualtieri heißt.[20] Die den anderen ihr Ohr leiht und sie damit wissen lässt, dass sie mich etwas angehen, ich auch auf sie angewiesen bin. Ich etwas von ihnen will und sie etwas von mir wollen können, auch wenn Zuhören kein Postulat ist, wie Christina Thürmer-Rohr sagt, sie nicht verordnet werden kann und erst recht nicht Dissens und Konflikt ausschließt.[21]

Es ist die Vision einer der Welt zärtlich, aber nicht romantisch-verklärt zugewandten Bürgerlichkeit, die Welt in all ihrer Unwägbarkeit, Kontingenz und Unvorhersehbarkeit bedenkend und sich um sie sorgend. Ausdruck einer sozialen Grammatik der Verbundenheit und der vielstimmigen Verbindung, im Wissen um die Spaltungen und Zertrennungen in der Welt und bereit, von diesen Zeugnis abzulegen. Eine Grammatik des Aufeinander-bezogen-Seins, der politischen Empfindsamkeit und Zartheit, orientiert an der unbedingten moralischen Gleichheit aller und ausgerichtet an deren Wohlergehen. Geschult in der Kunst des Kontrapunkts, führt diese Bürgerlichkeit unterschiedliche Stimmen gleichberechtigt nebeneinander, lässt sie koexistieren, mal die eine vorangehen, mal die andere. Indem sie die kontrapunktisch aufeinander bezogenen Stimmen dergestalt in Bewegung bringt, sie großzügig den stetigen Wechsel zwischen ihnen orchestriert, egalisiert sie den Unterschied zwischen Haupt- und Begleitstimme, ohne sie ununterscheidbar zu machen und über ihre differente, auch machtgetränkte Positionierung hinwegzufegen. So ermöglicht zärtliche Bürgerlichkeit, dass weder die eine noch die andere Stimme sich selbst »ins Rechte und das andere ins Unrecht setzt«, wie Adorno verlangt. Schließlich sei doch gerade dieses »Nicht-sich-selber-Setzen [...] das Zentrale, was heute überhaupt von dem einzelnen Menschen zu verlangen ist«.[22] Ein polyfoner Chor der Vielen statt des Crescendo des Einen.

Caring democracy

»In der Geschichte«, hatte Hannah Arendt in ihrer Hamburger Rede angemerkt, seien die Zeiten nicht selten, »in denen der Raum des Öffentlichen sich verdunkelt und der Bestand der Welt so fragwürdig wird, daß die Menschen von der Politik nicht mehr verlangen, als daß sie auf ihre Lebensinteressen und Privatfreiheit die gehörige Rücksicht nehme«. Mit einigem Recht könnten solche Zeiten »finstere Zeiten« genannt werden.[23] Für Arendt ist solche Finsternis die Dystopie. Sinnbild einer Welt, in der die Menschen verlassen sind und einander verlassen haben, sie den

Erscheinungsraum zwischen sich zerstört haben und einander nicht mehr antworten. Wo sie näher an jene heranrücken, die sie als vertraut empfinden, und wo sie von den anderen nichts wissen wollen. Umschreibung für eine Welt ohne Sorge und ohne Gespräch. Die Antithese zu *caring democracy*.[24] Eine Welt bevölkert von gleichermaßen sorg- und sorgelosen Gemeinschaften, deren Verständnis von dem, was ihnen gemeinsam ist, geprägt ist von Desinteresse und solipsistischer Selbstbespiegelung, von der Verweigerung von Dialog und alarmistischer Kommunikation, von Ignoranz und Respektlosigkeit und dem Leugnen der Existenz von Herrschaft und Gewalt. Bestimmt auch von Rivalität, Misstrauen und Missgunst, von Hass und Zertrennung, von Gier und kläglichen Bindungen, wie Judith Butler sagt. All das in Verbindung mit Egoismus, Phantasielosigkeit und einem nicht enden wollenden Wettstreit, ergänzt Olga Tokarczuk, hat die Welt zu einem Objekt gemacht, das in Stücke geschnitten, benutzt und zerstört werden kann.[25]

Vielleicht taugt nichts mehr dazu, die Kraft der in Tokarczuks Stockholmer Rede aufscheinenden Vision einer der Welt und den Menschen zärtlich zugewandten und zugeneigten Haltung deutlich werden zu lassen, als jenes Bild der »finsteren Zeiten« aus Hannah Arendts sechzig Jahre zuvor in Hamburg vorgetragenen Rede. Eine Kraft, die in erster Linie nicht daraus resultiert, dass hier eine gänzlich neue und überraschende Weise des In-der-Welt-Seins beschrieben wird, sondern weil Tokarczuks Rede uns einmal mehr daran erinnert, was es für die Reparatur der Welt braucht: *Sorge*. Und daraus folgt vor allem: So umstellt und herausgefordert Sorge als gesellschaftliche Praxis und Beziehung auch ist, eingeschnürt in atemlos machende, verdinglichte und verdinglichende Herrschaftszustände, in Kontrollregime und Praktiken der Versicherheitlichung, so miserabel die Bedingungen für Sorge und Pflege auch sind – und sie sind es – und sosehr die ethische Substanz auch demokratischer Gesellschaften angegriffen und zermürbt wurde – an der Neuerfindung von Sorge als solidarischer, weltumspannender, reparativer Praxis führt aus all diesen Gründen kein Weg vorbei. Keine neue Welt ohne Reparatur der Welt. Keine Reparatur der Welt ohne Sorge um die Welt, um andere, um uns. »Wer bemerkt, wie die Welt zerbricht, ist aufgerufen, sie neu zu bauen.«[26]

Wie wir »die Aufgaben der Lebenssorge« organisieren, müssen wir neu erfinden, plädiert Cornelia Klinger und viele andere feministische Denker_innen und Aktivist_innen vor ihr und nach ihr und mit ihr.[27] Dies umfasst nicht nur die ganz konkrete und durch und durch praktische Arbeit der Pflege und fürsorglichen Praxis. Es umfasst alles, »was wir tun, um unsere Welt so zu erhalten, fortdauern zu lassen und wiederherzustellen, daß wir so gut wie möglich in ihr leben können«, wie die Politikwissenschaftlerinnen Joan Tronto und Berenice Fisher in ihrer längst kanonischen Definition von ›Care‹ erläutern. »Caring includes everything that we do to maintain, continue, and repair our ›world‹ so that we can live in it as well as possible.«[28] Und das, ergänzt die feministische Wissenschaftsforscherin Maria Puig de la Bellacasa, muss alles einschließen, was ermöglicht, »dass *alle* und nicht nur ›wir‹ so gut wie möglich leben können«.[29] Geschlechtergerecht, aber jenseits der Zweigeschlechtlichkeit. Aus dem heteronormativen Käfig des Privaten befreit, aber nicht bürokratisch normalisiert und als prekarisierte, rassifizierte Dienstleistung kommodifiziert. Am Erhalt der Kräfte orientiert und nicht an deren Verschleiß. Von allen gestaltet und von allen getragen. Eine Aufgabe, derer sich viele längst angenommen haben. Überall dort, wo Menschen aufstehen und gehen und sich um ein gutes Leben für alle bemühen, wo sie sich umeinander, um die Welt und den Planeten sorgen und für Verhältnisse streiten, in denen Menschen gedeihen, sie erscheinen und reziprok handeln können. Wo sie es wagen, ein Licht anzuzünden, wie Arendt sagt, so flackernd dieses auch sein mag.[30] Diesen Aufstand gilt es zu vertiefen, ihn lebendiger, stärker und durchdringender zu machen. Den Grund für das Miteinander-Sein der Vielen und Verschiedenen zu befestigen. Das, was gebraucht wird und fehlt, müssen wir ins Leben bringen, heute vielleicht mehr denn je, sagte die Schriftstellerin, lesbisch-feministische Aktivistin und Gründerin des berühmten Lesbian Herstory Archive in New York City, Joan Nestle, in einer Videokonferenz anlässlich des 45. Jubiläums des Archivs und im Angesicht einer vernichtenden Pandemie im Oktober 2020.[31] *Bring into being that which is needed. Bring into being that which is absent. Because more than ever we're going to have to take care of each other.* Demokratie, mit anderen Worten, ist nicht umstandslos eine *caring democracy*, aber ohne Sorge ist Demokratie nichts.

In Gesellschaft aller Menschen

Epilog

Dieses Buch war der in allen Gesellschaften intensiv verhandelten Frage von Differenz und Zugehörigkeit gewidmet. Es folgte dabei einer ebenso schlichten wie nach wie vor unerhörten Einsicht: dass Menschen *im Plural* die Erde bewohnen und allen das gleiche Recht zukommt, in der Welt zu gedeihen. Und das heißt: Wir lernen, die Welt zu teilen und *in Gesellschaft aller Menschen* zu leben, oder wir leben nicht. Eine Aufgabe mit ungewissem Ausgang, zu der es gleichwohl keine Alternative gibt.

In *Der Pilz am Ende der Welt* spricht die Anthropologin und Wissenschaftsforscherin Anna Tsing davon, dass wir »Prekarität, Unbestimmtheit und das sogenannte Triviale ins Zentrum jener Systematik« rücken müssen, nach der wir suchen.[1] Von diesem Impuls waren auch meine Sondierungen geleitet: Wohin wird es uns führen, wenn wir die von Prekarität und Unbestimmtheit geprägten, oft als trivial beurteilten Leben jener ins Zentrum unserer analytischen Aufmerksamkeit und politischen Sorge rücken, die *ohne Standort* sind? Wohin wird es uns führen, wenn wir die Geschichten von Gemeinschaft, Zugehörigkeit und Gleichheit ausgehend von den Leben jener erzählen, deren Gemeinschaften mit Gewalt zertrennt werden, deren Aspirationen auf ein Leben frei von Zwang und Gewalt an den Grenzzäunen der Macht zerschellen, deren Stimmen unerhört bleiben und deren Gleichheit mit Füßen getreten wird? Wohin wird es uns führen, wenn wir die Ansteckungsketten von Hass und Herabwürdigung, Rassismus und Sexismus, imperialer Lebensweise und kapitalistischer Extraktion erfolgreich unterbrechen? Wohin wird es uns führen, wenn wir uns, statt vom Willen, Menschen zu triezen und einzuschüchtern, vom Willen, zu unterscheiden und herrschen, vom Begehren affizieren lassen, Gesten und Gebräuche der Nicht-Beherrschung und des Vertraut-Machens zu entwickeln? Gesten der Sorge und Rücksicht, des Teilens und der Zuwendung. Wohin wird es uns führen, wenn wir das Recht auf Assoziation, darauf, uns mit anderen zu verbinden, nicht als luxuriöses, eifersüchtig zu bewachendes Gut behandeln, und es stattdessen an uns alle verschwenden? Welche Zukunft wird möglich, wenn wir darum ringen, das »Koexistieren mit dem anderen«[2] zu erlernen, statt für das Recht des ›egoistischen, vom Mitmenschen und vom Gemeinwesen abgesonderten Menschen‹ einzutreten und exklusive, identitär ge- und bestimmte Kollektive zu stärken? Wohin wird es uns führen, wenn wir aufstehen und gehen, wenn wir eintreten für das ausnahmslose Recht aller, ein lebbares, von Zwang und Gewalt befreites Leben mit anderen führen zu können – dafür, gemeinsam atmen zu können?

Und wohin wird es uns führen, wenn wir andere Ansteckungsketten in Gang setzen? Ansteckungsketten des Füreinander-da-Seins, die weder paternalistisch noch gouvernemental daherkommen und schon gar nicht getränkt sind von den moralisierten Imperativen unterworfener Weiblichkeit. Eine Weise des Füreinander-da-Seins in der wir dennoch ausgehend von der Verwundbarkeit, Bedürftigkeit und Angewiesenheit der anderen auf andere handeln; eine Angewiesenheit, die zugleich unsere eigene ist. Die Angewiesenheit auf ein Gemeinwesen, in dem sichergestellt ist, dass alle gut füreinander und für sich selbst sorgen können. Wohin, andersherum gesagt, wird es uns führen, wenn wir den Politiken der systematischen Verwahrlosung des Lebens und der Lebenssorge aktiv entgegentreten und uns einem Leben widersetzen, »in dem nicht gut für den Menschen gesorgt ist«, in dem diejenigen, »deren Aufgabe das wäre, nicht gut für sich, für einander und die, die ihnen anvertraut sind, sorgen«, mit den Worten der Schriftstellerin Terézia Mora.[3] Und wohin, schließlich, wird es uns führen, wenn wir solche Netzwerke des Lebens dort schaffen, wo sie fehlen, auch und gerade unter der Bedingung ihres Fehlens beziehungsweise ihrer systematischen Verhinderung?

Hierzu will dieses Buch beitragen: Gemeinschaftlichkeit dergestalt zu imaginieren, dass neue, transversale und nicht an der Grenze der menschlichen Spezies Halt machende Verwandtschaften zwischen den Verschiedenen, die doch füreinander Gleiche sind, wirklich werden. Gemeinschaften, in denen das, was allgemein, jeder und jedem zukommend und für alle verbindlich ist, nicht etwas Vorausgesetztes und vermeintlich Selbstverständliches ist, sondern ein erst in Praktiken und Beziehungen herzustellender Bezugspunkt, den wir teilen müssen, um ihn zu erfahren: gekommen, um zu bleiben.

Und was ist deine Aufgabe?

Anmerkungen

Einleitung

1 Lorde/Rich, »Der Kampf, mir meine Wahrnehmungen zu erhalten …«, S. 45, Übersetzung modifiziert.
2 Vgl. Mitchell, »The police raid that killed two Black Panthers, shook Chicago and changed the nation«.
3 Arendt, *Menschen in finsteren Zeiten*, S. 23.
4 Vgl. Hark, »Von wo ich herkomme«, S. 207-220; dies., »Wissen wollen. Foucaults Flaschenpost«, S. 143-147.
5 Rommelspacher, *Dominanzkultur*. Für aktuelle Anschlüsse an Rommelspacher siehe Attia et al., *Dominanzkultur reloaded*.
6 Siehe hierzu auch Ahmed, »Kollektive Gefühle oder die Eindrücke, die andere hinterlassen«; Maihofer, »Sara Ahmed: Kollektive Gefühle – Elemente des westlichen hegemonialen Gefühlsregimes«.
7 Butler, *Raster des Krieges*, S. 56.
8 Vgl. Butler, *Rücksichtlose Kritik*.
9 Adorno, *Negative Dialektik*, S. 30.
10 Arendt, *Denktagebuch*, S. 469.
11 Arendt, *Menschen in finsteren Zeiten*, S. 124.
12 Morrison, »Der Preis des Wohlstands und die Kosten des Gemeinwohls«, S. 90.

Prolog

1 Woolf, *Ein eigenes Zimmer/Drei Guineen*, S. 110f., meine Hervorhebung.
2 Woolf, *Ein eigenes Zimmer/Drei Guineen*, S. 236.
3 Vgl. Bachmann, »Das Unglück und die Gottesliebe«.
4 Weil, *Cahiers/Aufzeichnungen*, S. 63.
5 Weil, *Über die Ursachen von Freiheit und gesellschaftlicher Unterdrückung*, S. 83.
6 Arendt, *Denktagebuch*, S. 9, meine Hervorhebung.
7 Arendt/Blücher, *Briefe 1936-1969*, S. 175.

8 Arendt, *Menschen in finsteren Zeiten*, S. 35.
9 Knott, *Verlernen*, S. 63.
10 Arendt, *Denktagebuch*, S. 7.
11 Thürmer-Rohr, »Abscheu vor dem Paradies«, S. 29, meine Hervorhebung.
12 Haraway, *Unruhig bleiben*, S. 9, S. 12f.
13 Donna Haraway spricht in *Monströse Versprechen* vom »Gottes-Trick«, von der Suggestion, die Wissenschaftler_in stünde über der Welt und den Dingen, über die sie Aussagen macht, und Hilary Putnam in V*ernunft, Wahrheit und Geschichte* vom »God's Eye View«, dem Gottesblick.
14 Hacking, *Leute (zurecht) machen*, S. 23.
15 Schaffer, *Ambivalenzen der Sichtbarkeit*, S. 35.
16 Vgl. Puig de la Bellacasa, *Matters of Care*.

Das andrängende Wirkliche

1 »Gekommen, um zu bleiben«, veröffentlicht auf dem Album *Von hier an blind* (2005).
2 Butler, *Anmerkungen zu einer performativen Theorie der Versammlung*, S. 151.
3 Vgl. Arendt, *Eichmann in Jerusalem*. Arendt, die im Eichmann-Buch wiederholt vom Recht aller, die Erde zu bewohnen, spricht, lehnt sich ihrerseits an Ideen Immanuel Kants an. Dieser schreibt, niemand habe »an einem Orte der Erde zu sein mehr Recht als der Andere« (»Zum ewigen Frieden«, S. 358).
4 Butler, *Anmerkungen zu einer performativen Theorie der Versammlung*, S. 151.
5 Ebd., S. 154, meine Hervorhebung.
6 Ebd., S. 152.
7 Ebd., S. 154.
8 Ebd., S. 150.
9 Arendt, *Was ist Politik?*, S. 9-12.
10 Butler, *Anmerkungen zu einer performativen Theorie der Versammlung*, S. 153.
11 Butler, *Die Macht der Gewaltlosigkeit*, S. 101f.
12 Vgl. Horn/Bergthaller, *Anthropozän zur Einführung*. Zum Anthropozän siehe auch das multimediale Webprojekt »Feral Atlas« der Stanford University, kuratiert von Anna L. Tsing, Jennifer De-

ger, Alder Keleman Saxena und Feifei Zhou; verfügbar unter: {feral atlas.org} (alle URL Stand Juni 2021).

13 Vgl. Moore, »Vom Objekt zum Oikos«. Zur Kritik am Begriff des Anthropozän siehe auch Haraway, *Unruhig bleiben*, besonders Kapitel 2, »Tentakulär denken. Anthropozän, Kapitalozän, Chthuluzän«, S. 47-84.

14 Chakrabarty, »The Human Condition in the Anthropocene«.

15 Johnson, *Jahrestage*, S. 1495.

16 Ebd., S. 955.

17 Seiler, *Kruso*, S. 81.

18 Ebd., S. 305.

19 Vgl. Müller/Müller, *Über die Ostsee in die Freiheit*. Zur Geschichte der Flucht aus der DDR über die Ostsee siehe auch die Webseite des an der Universität Greifswald angesiedelten Forschungsprojekts »Todesfälle bei Fluchtversuchen über die Ostsee« unter: {https://ipk.uni-greifswald.de/forschungsprojekte/verbundprojekt-grenzregime-teilprojekt-todesfaelle-bei-fluchtversuchen-ueber-die-ostsee/}.

20 N.N., »Umgang mit Migration ist für Seehofer ›Mutter aller politischen Probleme‹«.

21 Vgl. N.N., »›Aquarius‹-Flüchtlinge sind in Spanien an Land gegangen«.

22 Vgl. Kasang/Lanfranchi, »So leben die ›Aquarius‹-Flüchtlinge heute«.

23 Vgl. UNO-Flüchtlingshilfe, »UNHCR-Bericht: Jeden Tag 6 Tote im Mittelmeer«.

24 Vgl. M'Charek/Black, »Engaging bodies as matters of care«; M'Charek/Casartelle, »Identifying dead migrants«. Siehe auch International Organization for Migration, »Missing Migrants Project«.

25 Vgl. die Selbstbeschreibung des Bündnisses unter: {https://www.unteilbar.org/uber-unteilbar/}.

26 Vgl. N.N., »Sterben im Mittelmeer: Europas Rückzug bei der Seenotrettung«.

27 Vgl. International Organization for Migration, »Missing Migrants Project«.

28 Zu den Ereignissen im Sommer 2018 in Chemnitz siehe Friese/Nolen/Schreiter, *Rassismus im Alltag*; Heitmeyer/Freiheit/Sitzer, *Rechte Bedrohungsallianzen*, S. 234-247.

29 Arendt, *Eichmann in Jerusalem*, S. 429.

30 »Antiziganismus« ist ein mit Bedacht zu verwendender Begriff, da er von vielen als die Verletzung wiederholend empfunden wird. Siehe hierzu die Ausführungen auf der Webseite des Amaro Foro e. V. unter: {amaroforo.de/antiziganismus}.

31 Bauerschmidt/Brandt/Jentsch/Ohrowski, Heidelberger Manifest vom 17. Juni 1981. Siehe dazu auch Wagner, »Das ›Heidelberger Manifest‹ von 1981«.

32 Bangel »Baseballschlägerjahre«. An die allzu virulente faschistische Gewalt vor 1989 in der alten BRD erinnert Mescher, »Der Rollladen ging runter«.

33 Zum Pogrom in Rostock-Lichtenhagen und wie daran erinnert wird, siehe u. a. die Dokumentation »Grenzenloses Unbehagen« (22. August 2020) des Digitalen Deutschen Frauenarchivs in Kooperation mit DaMigra; verfügbar unter: {https://www.digitales-deutsches-frauenarchiv.de/angebote/dossiers/30-jahre-geteilter-feminismus/grenzenloses-unbehagen}. Siehe auch Rudolph/Thomas/Virchow, »Doing Memory and Contentious Participation«.

34 Whitman, *Demokratische Ausblicke*, S. 43.

35 Gramsci, *Gefängnishefte*, § 34, S. 354.

36 Whitman, *Ausblicke*, S. 22.

37 Vgl. Ramelsberger et al., *Der NSU-Prozess*; Bozay et al., *Die haben gedacht, wir waren das.* Siehe auch die Webseite des Projekts »Das Tribunal« des Aktionsbündnisses NSU-Komplex auflösen unter: {https://www.nsu-tribunal.de}. Siehe zum NSU und dem Umgang mit den Hinterbliebenen auch den Dokumentarfilm *Spuren* (2019) von Aysun Bademsoy.

38 Vgl. Rippl, »Rechte Radikalisierung«. Siehe auch *Feministische Studien* 36/2 (2018), »Normalisierung reaktionärer Politiken«. Die Identitäre Bewegung hatte bereits im Jahr davor, am 17. Juni 2017, in Berlin-Mitte zu einer Demonstration aufgerufen, an der neben den Identitären auch Mitarbeiter_innen von AfD-Politiker_innen und der Initiator von Pegida, Lutz Bachmann, teilnahmen. Siehe dazu Fuchs/Middelhoff, *Das Netzwerk der Neuen Rechten.*

39 Vgl. Pro Asyl, »Der menschenverachtende Deal der EU mit Libyen«.

40 Vgl. Ziegler, *Die Schande Europas.* Siehe hierzu auch Medico International, »Dringender Hilferuf in Zeiten von Corona«.

41 Brown, *Mauern*, S. 167.

42 Vgl. Heitmeyer, *Autoritäre Versuchungen*; Heitmeyer/Freiheit/Sitzer, *Rechte Bedrohungsallianzen.*

43 Rorty, »Menschenrechte, Rationalität und Gefühl«, S. 145.

44 »VerAnderung« ist Julia Reuters Übersetzung des englischen Begriffs »othering« (vgl. Reuter, *Ordnungen des Anderen*). Siehe hierzu auch Castro Varela/Mecheril, *Die Dämonisierung der Anderen*; Attia, *Die »westliche Kultur« und ihr Anderes*; Eggers et al., *Mythen, Masken und Subjekte*.

45 Vgl. Hark/Villa, *Unterscheiden und herrschen*.

46 Siehe dazu Clemm, *Akteneinsicht*.

47 Thürmer-Rohr, *Fremdheiten und Freundschaften*, S. 82.

48 Vgl. N. N., »›Say her name‹: Breonna Taylor and the underreported scourge of police violence against black women«.

49 Vgl. Beck, »(Staats-)Gewalt und moderne Gesellschaft«. Siehe auch Sofsky, *Traktat über die Gewalt*.

50 Arendt, *Zwischen Vergangenheit und Zukunft*, S. 110.

51 Zur Frage der *auctoritas* siehe besonders Hassauer, »Die Matrix des Wissens«; dies., »Festrede«.

52 Butler, *Die Macht der Geschlechternormen und die Grenzen des Menschlichen*, S. 20.

53 Am 21. April 2021 wird der Hauptangeklagte Derek Chauvin des Totschlags in einem schweren Fall, des einfachen Totschlags sowie der fahrlässigen Tötung für schuldig befunden. Das von Darnella Frazier aufgenommene Video dient als wichtiger Beweis im Strafprozess (vgl. Mendgen, »Darnella Frazier«).

54 Vgl. Senkin, »Kayla Moore«. Siehe hierzu auch die aktivistischen Blogs unter: {https://justiceforkaylamoore.wordpress.com}; {https://www.berkeleycopwatch.org/justice-for-kayla-moore}.

55 Auch in Deutschland ist die Liste der Opfer rassistischer Polizeigewalt lang. Oury Jalloh, Achidi John, Laye-Alama Condé, Ndeye Mareame Sarr, Christy Schwundeck, Yaya Jabbi, Amad Ahmad sind nur einige, die im Polizeigewahrsam getötet wurden. Racial Profiling und rassistische Polizeigewalt sind in jüngerer Zeit auch im deutschsprachigen Raum zum Thema geworden. Siehe hierzu u. a. Kollaborative Forschungsgruppe Racial Profiling, *Racial Profiling*; Mohamed Wa Baile et al., *Racial Profiling*; Loick, *Kritik der Polizei*.

56 Vgl. Thurow, *Die Zukunft des Kapitalismus*. Siehe auch Jensen, *Zornpolitik*.

57 Siehe hierzu u. a. Bauman, *Die Angst vor den anderen*.

58 Agier, *Managing the Undesirables*, S. 4, meine Übersetzung.

59 Vgl. Wildt, *Die Ambivalenz des Volkes*; Frei, »›Volksgemeinschaft!‹«; Gloy, *Im Dienst der Gemeinschaft*; Packheiser, *Heimaturlaub*.

60 Vgl. Moore/Patel, *Entwertung*.

61 So auch Charles W. Mills: »Liberalism [...] has historically been predominantly a racial liberalism, in which conceptions of personhood and resulting schedules of rights, duties, and government responsibilities have all been racialized. And the contract, correspondingly, has really been a racial one, an agreement among white contractors to subordinate and exploit nonwhite non-contractors for white benefit. Insofar as moral debate in contemporary political theory ignores this history it will only serve to perpetuate it [...] Racial liberalism established by the racial contract, must be recognized for what it is before the promise of a non-racial liberalism and a genuinely inclusive social contract can ever be fulfilled« (Mills, *Black Rights/White Wrongs*, S. 29, 48).

62 Vgl. Brand/Wissen, *Imperiale Lebensweise*.

63 Richter, *Demokratie*, S. 318.

64 Lorey, *Demokratie im Präsens*, S. 24.

65 Arendt, *Elemente und Ursprünge totaler Herrschaft*, S. 461.

66 Vgl. die Informationen der UNO-Flüchtlingshilfe zu Flüchtlingszahlen unter: {https://www.uno-fluechtlingshilfe.de/informieren/fluechtlingszahlen/}.

67 Mahnkopf, »Peak everything – peak capitalism?«.

68 Siehe dazu die Ergebnisse des Weltagrarberichts; online verfügbar auf der Webseite der Zukunftsstiftung Landwirtschaft: {https://www.weltagrarbericht.de/themen-des-weltagrarberichts/saatgut-und-patente-auf-leben.html.}.

69 Siehe dazu Wilson, *Half-Earth*; WWF, *Living Planet Report 2016*.

70 Vgl. die Informationen der UNO-Flüchtlingshilfe zu Flüchtlingszahlen unter: {https://www.uno-fluechtlingshilfe.de/informieren/fluechtlingszahlen/}. Zur Geschichte von Flucht in, nach und aus Europa siehe Ther, *Die Außenseiter*. Zur Geschichte der Einwanderung in Deutschland siehe Alexopoulou, *Deutschland und die Migration*.

71 Laut dem Übereinkommen über die Rechtsstellung von Staatenlosen vom 28. September 1954 gilt eine Person als staatenlos, »die kein Staat auf Grund seines Rechtes als Staatsangehörigen ansieht«. Siehe hierzu u. a. Rosa-Luxemburg-Stiftung, *Atlas der Staatenlosen*.

72 Die UNHCR definiert diese andauernde Situation wie folgt: »a protracted refugee situation is one in which refugees find themselves in a long-lasting and intractable state of limbo. Their lives may not be at risk, but their basic rights and essential economic, social and psychological needs remain unfulfilled after years in

exile. A refugee in this situation is often unable to break free from enforced reliance on external assistance« (UNHCR, »Protracted Refugee Situations«).

73 Siehe die Informationen der International Labour Organization unter: {https://www.ilo.org/global/topics/forced-labour/lang--de/index.htm.}. Zu heutigen Formen von Menschenhandel siehe auch die Dokumentationen der Berliner Ban Ying e.V. Koordinations- und Beratungsstelle gegen Menschenhandel unter: {https://www.ban-ying.de}.

74 Fassin, *Das Leben*, S. 61.

75 Arendt, »Wir Flüchtlinge«, S. 7f.

76 Fanon, *Die Verdammten dieser Erde*, S. 266, meine Hervorhebung, Übersetzung modifiziert. Im französischen Original heißt es: »Mais nous voulons marcher tout le temps, la nuit et le jour, en compagnie de l'homme, de tous les hommes« (*Les damnés de la terre*, Paris 2002, S. 304).

77 Hall, *Das verhängnisvolle Dreieck*, S. 76.

78 Siehe hierzu auch Därmann, *Undienlichkeit*.

79 Jaeggi, *Kritik von Lebensformen*, S. 89.

80 Vgl. Washington, *The Dispossessed*.

81 Cassee, *Globale Bewegungsfreiheit*, S. 166.

82 Arendt, *Elemente und Ursprünge totaler Herrschaft*, S. 462.

83 Rancière, »Wer ist das Subjekt der Menschenrechte?«.

84 Benhabib, *Kosmopolitismus ohne Illusionen*, S. 33.

85 Vgl. Alexander, *The New Jim Crow*. Siehe auch die Webseite des Sentencing Projects unter: {https://www.sentencingproject.org}; außerdem die Informationen der American Civil Liberties Union unter: {https://www.aclu.org/other/10-reasons-oppose-3-strikes-youre-out}.

86 Johnson Reagon, »Coalition politics«, meine Übersetzung.

87 Crimp, »Right On, Girlfriend!«, S. 314, meine Übersetzung. Zur globalen AIDS-Krise siehe u.a. Engelmann, *Mapping AIDS*; Weingart, *Ansteckende Wörter*.

88 Kant, »Zum ewigen Frieden«, S. 357.

89 Wer auf Kant Bezug nimmt, darf seinen Beitrag zum wissenschaftlichen Rassismus seiner Zeit sowie zu einer misogynen Sonderanthropologie ›der‹ Frau nicht ausblenden. Siehe hierzu u.a. Kapitel 6, »Kant's Untermenschen«, in: Mills, *Black Rights/White Wrongs*, S. 91-112; Kleingeld, »Kant's second thoughts on race«; Kleingeld, »On dealing with Kant's sexism and racism«; Hay, *Kan-*

tianism, Liberalism, and Feminism; Kerner, *Differenzen und Macht*, S. 64-72, Honegger, *Die Ordnung der Geschlechter*.

90 Cassee, *Globale Bewegungsfreiheit*, S. 279.

91 Arendt, *Elemente und Ursprünge totaler Herrschaft*, S. 729.

92 Rössler, *Autonomie*, S. 23.

93 Institut für Sozialforschung, *Soziologische Exkurse*, S. 47.

94 Für eine postsouveräne Ethik siehe auch Dornick, *Poetologie des postsouveränen Subjekts*.

95 Bauman, *Flüchtige Moderne*, S. 233.

96 Redecker, *Revolution für das Leben*, S. 32-38.

Die Aufgaben der Kritik

1 Passagenweise greift dieses Kapitel auf folgende Aufsätze von mir zurück: »Die Vermessung des Schweigens«; »Schweigen die Sirenen?«.

2 Boltanski, *Soziologie und Sozialkritik*, S. 75, Hervorhebung im Original.

3 Zum theoretischen Konzept und der Genealogie des Begriffs der epistemischen Gewalt siehe Brunner, *Epistemische Gewalt*.

4 »Die soziale Welt ist im Modus der *doxa* gegeben, jener Art von Glauben, die sich selbst nicht als Glauben wahrnimmt. Die soziale Welt ein historisches Artefakt, ein Produkt der Geschichte, das dank einer Amnesie der Genese, die alle sozialen Schöpfungen betrifft, in seiner Genese vergessen ist« (Bourdieu, *Über den Staat*, S. 326).

5 Bourdieu, *Die männliche Herrschaft*, S. 74, Hervorhebung im Original; Hacking, *Leute (zurecht) machen*.

6 Woolf, *Ein eigenes Zimmer/Drei Guineen*, S. 305. Zu Woolfs Überlegungen zu männlicher Dominanz siehe auch Maihofer, »Freiheit – Selbstbestimmung – Autonomie«, S. 50-54.

7 Dorlin, *Selbstverteidigung*, S. 225.

8 Mills, *Black Rights/White Wrongs*, S. 49-71. Zu *white ignorance* beziehungsweise *white innocence* siehe auch Bhopal, *White Privilege*; Bhambra, »Brexit, Trump, and methodological whiteness«; Wekker, *White Innocence*; Stoler, *Duress*; Santos, *Epistemologies of the South*; Fricker, *Epistemic Injustice*.

9 Baldwin, *Nach der Flut das Feuer*, S. 28.

10 Morrison, *Im Dunkeln spielen*, S. 13.

11 Spivak, *Can the Subaltern Speak?*, S. 81.
12 Lear, *Radikale Hoffnung*, S. 61, Hervorhebung im Original.
13 Gordon, *Ghostly Matters*, S. 57, hier und folgend meine Übersetzung.
14 Ebd., S. xvi.
15 Ebd., S. 57.
16 Diop, »Les Souffles«. Diops Gedicht wurde unzählige Male vertont, unter dem Titel »Breaths« u. a. von Sweet Honey in the Rock, dem von Bernice Johnson gegründeten A-cappella-Ensemble; online verfügbar unter: {https://www.youtube.com/watch?v=YwLgxyVjwk4}.
17 Siehe dazu u. a. Savoy, *Afrikas Kampf um seine Kunst*. Siehe auch Priya Basils Filmessay *Locked In and Out*, der anlässlich der Eröffnung des Berliner Humboldt Forums am 18. Dezember 2020 entstanden ist; online verfügbar unter: {https://www.humboldtforum.org/de/programm/digitales-angebot/digital/eingeschlossen-ausgeschlossen-22539/}.
18 Foucault, *Schriften in vier Bänden*, Bd. 1, S. 228f., Hervorhebung im Original.
19 Marx, »Brief an Arnold Ruge«, S. 346.
20 Aus dem Song »Shine a Light« von Jocelyn B. Smith; online verfügbar unter: {http://www.shine-a-light.org}.
21 Vgl. Azoulay, *Potential History*; Araujo, *Slavery in the Age of Memory*.
22 Tokarczuk, *Der liebevolle Erzähler*, S. 59.
23 Butler, *Die Macht der Geschlechternormen und die Grenzen des Menschlichen*, S. 56.
24 Butler, *Rücksichtslose Kritik*, S. 11.
25 Bourdieu hat diesen Umstand folgendermaßen beschrieben: »Überall ist Vorkonstruiertes. Es stürzt, wie auf alle Leute, auch auf den Soziologen geradezu ein. Er soll ein Objekt erkennen – die soziale Welt –, dessen Produkt er ist, so daß die Probleme, die er zu ihm formuliert, und die Begriffe, insbesondere die klassifizierenden, die er gebraucht, um es zu erkennen [...], alle Aussicht haben, ein Produkt eben dieses Objekts zu sein.« (Bourdieu/Wacquant, *Reflexive Anthropologie*, S. 269f.) Von der geschichtlichen Gebundenheit des Denkens spricht Max Horkheimer auch in »Traditionelle und kritische Theorie« (S. 212).
26 Thürmer-Rohr, »Dialog und dialogisches Denken«.
27 Melville, »Bartleby, the Scrivener«, S. 1043-1086. Zu feministischen

Relektüren von Bartleby siehe Carsten Junker, Julie Miess, Susann Neuenfeld und Julia Roth, »Was, wenn Bartleby eine Frau wäre?«, in: Dietze/Hark, *Gender kontrovers*, S. 243-260.

28 Vgl. Adamczak, *Beziehungsweise Revolution*.

29 Siehe hierzu auch Hark/Meissner, »Das Denken des Möglichen«; Knapp, »Für einen Weltbegriff feministischer Kritik«.

30 Vgl. Horkheimer, »Traditionelle und kritische Theorie«, S. 212.

31 Azoulay, *Potential History*, S. 16, meine Übersetzung.

32 Kirkpatrick, *Simone de Beauvoir*, S. 29.

33 Bourdieu, *Über den Staat*, S. 85.

34 Vgl. Freud, »Erinnern, Wiederholen und Durcharbeiten«.

35 Wacquant, »Auf dem Weg zu einer Sozialpraxeologie«, S. 80. Zu Bourdieus Konzeption von Reflexivität siehe auch Hark, »Vom Gebrauch der Reflexivität«.

36 Marcuse, *Der eindimensionale Mensch*, S. 14.

37 Butler, *Rücksichtslose Kritik*, S. 87.

38 Arendt, *Vom Leben des Geistes*, S. 369, Hervorhebung im Original.

39 Zum *reparative turn* in der queer-feministischen Theorie siehe u. a. Robyn Wiegman, »The times we're in«.

40 Woolf, *Ein eigenes Zimmer/Drei Guineen*, S. 110.

41 Bourdieu, *Die männliche Herrschaft*, S. 144.

42 Strathern, *Reproducing the Future*, S. 10, meine Übersetzung.

43 Vgl. Arendt, *Vita activa oder Vom tätigen Leben*.

44 Vgl. Wittig, *Les Guérillères*. Ausführlich mit Wittigs Roman beschäftigt habe ich mich in meinem Buch *Koalitionen des Überlebens*.

45 Spivak, *The Spivak Reader*, S. 4.

Die Ungewählten

1 Shklar, *Der Liberalismus der Furcht*.

2 Rai, »The Good Life and the Bad«, S. 4.

3 Benhabib, *Kosmopolitismus ohne Illusionen*, S. 86.

4 Beschluss der 2. Kammer des Zweiten Senats vom 26. Juni 2008; online verfügbar unter: {https://www.bundesverfassungsgericht.de/SharedDocs/Entscheidungen/DE/2008/06/rk20080626_2bvr021908.html}.

5 Benhabib, *Kosmopolitismus ohne Illusionen*, S. 89.

6 Fanon, *Ecrits sur l'aliénation et la liberté*, S. 287, meine Übersetzung.

7 Ebd., S. 297.

8 Der Algerienkrieg war einer der verlustreichsten Kriege in der zweiten Hälfte des 20. Jahrhunderts. Algerien schätzt die Zahl der Opfer auf rund 1,5 Millionen. Zu den bis heute wirksamen, traumatischen Folgen der französischen Kolonialherrschaft in Algerien und den mit dieser Herrschaft verbundenen transgenerationellen Traumatisierungen siehe die Studie der Psychoanalytikerin Karima Lazali, *Le trauma colonial*. Ich danke Amel Ouissa für den Hinweis. Zu den unbegriffenen postkolonialen Verwerfungen in Frankreich siehe Oloff, *Die Sprache der Befreiung*.

9 Fanon, *Die Verdammten dieser Erde*, S. 210.

10 Vgl. Hark, »Gleichheit ist nicht verhandelbar«.

11 Richter, *Demokratie*, S. 21.

12 Susanne Baer denkt Würde, Gleichheit und Freiheit in einem gleichschenkligen Dreieck: Alle drei seien unabdingbar für Verfassungsdemokratien (vgl. Baer, »Dignity, liberty, equality«). Zu Würde als essenziellem Wert der Demokratie siehe auch Margalit, *Politik der Würde*; Baldus, *Kämpfe um die Menschenwürde*.

13 Butler, *Anmerkungen zu einer performativen Theorie der Versammlung*, S. 152.

14 Butler, *Die Macht der Geschlechternormen und die Grenzen des Menschlichen*, S. 38.

15 Fanon, *Ecrits sur l'aliénation et la liberté*, S. 287, meine Übersetzung.

16 Vgl. Brown, *In the Ruins of Neoliberalism*, S. 23-53.

17 Fassin, *Das Leben*, S. 190.

18 Halbwachs, *La Théorie de l'homme moyen*, S. 94.

19 Ebd., S. 97.

20 Fassin, *Das Leben*, S. 184.

21 Mora, *Nicht sterben*, S. 25.

22 »Maafa« ist ein Wort aus der ostafrikanischen Sprache Swahili und bedeutet so viel wie »großes Unglück«. Marimba Ani hat es in die akademische Diskussion eingebracht, um die umfassende Zerstörung afrikanischer Welten durch die Kolonisierung zu beschreiben (vgl. Ani, *Let the Circle Be Unbroken*).

23 Vgl. Gilroy, *The Black Atlantic*; Hurston, *Barracoon*. Als *Barracoons* werden die Lager, Festungen und Gefängnisse entlang der westafrikanischen Küste bezeichnet, in denen die Verschleppten

gefangen gehalten wurden, bis sie verkauft und auf die Schiffe der Sklavenhändler verbracht worden waren.

24 Honegger, *Ordnung der Geschlechter*, S. X.

25 1791 hatte Olympe de Gouges ihre *Déclaration des droits de la femme* verfasst und veröffentlicht.

26 Butler, *Raster des Krieges*, S. 7.

27 Heitmeyer, *Deutsche Zustände*.

28 N. N., »Schröder fordert Optimismus«.

29 Die »Internalisierung sozialer Ordnung«, schreiben Susanne Völker und Stefan Trinkaus, geht niemals so weit, »dass sie eine totale Übereinstimmung zwischen Disposition und Position, zwischen dem Körper als Ort der Hervorbringung des Sozialen und seiner aktuellen sozialen Position herstellt« (Trinkaus/Völker, »Unbestimmtheitszonen«, S. 74).

30 Neckel/Sutterlüty, »Negative Klassifikationen«, S. 413.

31 Münch, *Das Regime des liberalen Kapitalismus*, S. 328.

32 Butler, *Anmerkungen zu einer performativen Theorie der Versammlung*, S. 161.

33 Fassin, *Das Leben*, S. 185.

34 Günther, »Zwischen Ermächtigung und Disziplinierung«, S. 123.

35 Fassin, *Das Leben*, S. 186.

36 Zur Verwicklung der Soziologie in die Produktion der sogenannten Überflüssigen siehe auch meinen Aufsatz »Überflüssig«.

37 Zum Stereotyp des *declassé* siehe auch Bauman, *Verworfenes Leben*.

38 Latour, *Eine neue Soziologie für eine neue Gesellschaft*, S. 61.

39 Um nur eine Dimension anzusprechen, und zwar die Vermögens- und Einkommensverteilung: Das Verhältnis der Durchschnittseinkommen zwischen dem reichsten einen Prozent der Bevölkerung und den ärmsten 50 Prozent erreicht in Europa ungefähr den Wert 25, in Russland 45, in den USA 80 und in Südafrika 103 (Piketty, *Kapital und Ideologie*, S. 824 f.). Laut einer Studie des Deutschen Instituts für Wirtschaftsforschung von 2020 verfügt das reichste eine Prozent der Bevölkerung in Deutschland über 35 Prozent des gesamten Volksvermögens, weitere neun Prozent besitzen 32 Prozent, die restlichen 90 Prozent der Bevölkerung nennen 33 Prozent des Vermögens ihr Eigen (vgl. Schröder et al., »MillionärInnen unter dem Mikroskop«).

40 Achebe, *Alles zerfällt*.

41 Schon Karl Polanyi weist darauf hin, dass die koloniale Katastrophe auch eine »direkte Folge der schnellen und heftigen Zerstö-

rung der gesellschaftlichen Institutionen« in den kolonisierten Gebieten gewesen sei. Am Beispiel Indiens führt Polanyi aus, dass die indische Bevölkerung nicht deshalb verhungert sei, »weil sie von Lancashire ausgebeutet« wurde; sie sei »vielmehr in großer Zahl zugrunde« gegangen, »weil die indische Dorfgemeinschaft zerstört worden war« (*The Great Transformation*, S. 220).

42 Dischereit, *Mama, darf ich das Deutschlandlied singen*, S. 15.

43 Foucault, *Schriften in vier Bänden*, Bd. 3, S. 315.

44 Mbembe, *Politik der Feindschaft*, S. 48, 55.

45 Brown, *Die schleichende Revolution*, S. 247.

46 Fanon, *Die Verdammten dieser Erde*, S. 266.

47 Butler, *Gefährdetes Leben*, S. 50.

48 Butler, *Anmerkungen zu einer performativen Theorie der Versammlung*, S. 154.

49 Marx, »Zur Judenfrage«, S. 366, 369. Zur Kritik subjektiver Rechte siehe Menke, *Kritik der Rechte*; Hark, »Enteignet euch!«. Zur Kritik der Marx'schen Rechtstheorie siehe Maihofer, *Das Recht bei Marx*.

50 Loick, *Juridismus*, S. 161.

51 Piketty, *Kapital und Ideologie*, S. 164ff.

52 Die Kritik an der auf Eigentum gründenden Form subjektiver Rechte sowie an liberaldemokratischen Rechtspolitiken ist grundlegend für die queere politische Theorie und Soziologie. Siehe hierzu u. a. quaestio, *Queering Demokratie*; Baer, »Sexuelle Selbstbestimmung?«.

53 Marx, »Zur Judenfrage«, S. 364.

54 Hegel, *Grundlinien der Philosophie des Rechts*, S. XX.

55 Zur Geschichte des Eigentums siehe Nuss, *Keine Enteignung ist auch keine Lösung*.

56 Butler, *Die Macht der Gewaltlosigkeit*, S. 53. Mit dem »Urmenschen« zielt Butler hier auf die Subjektfiktion, die dem vertragstheoretischen liberalen politischen Denken zugrunde liegt. Diese geht davon aus, dass wir als selbstgenügsame, frei von allen Bindungen und Abhängigkeiten existierende Individuen, die ausschließlich ihre eigenen Ziele verfolgen, in den Gesellschaftsvertrag eintreten. Wo im sogenannten Naturzustand also Chaos und der Kampf aller gegen alle herrscht, stiftet der Vertrag allererst soziale Bande und pazifiert diese zugleich.

57 Meissner, *Jenseits des autonomen Subjekts*, S. 247.

58 In ihrem bahnbrechenden Werk *The Sexual Contract* hat Carol

Pateman schon früh und überzeugend zeigen können, dass es *weiße* Männer sind, die sich brüderlich, als Gleichberechtigte, Macht und Rechte teilen. Siehe auch Broeck, »Das Subjekt der Aufklärung«.

59 Locke, *Zweite Abhandlung über Regierung*, S. 133. Zum Recht auf körperliche Unversehrtheit und auf Eigentum am eigenen Körper als konstitutives Moment des bürgerlichen männlichen Subjekts und seiner Rechte siehe auch Ludwig, *Geschlecht regieren*; Butler/Athanasiou, *Die Macht der Enteigneten.*

60 »Locke war der Denker einer Sklaverei-, Arbeits- und Eigentumsphilosophie im Interesse eines agrikulturell-kriegerischen Kapitalismus«, der »Begründer eines kolonialen Eigentums- und Arbeitsbegriffs im Zeichen der ›Legitimität‹«, so Iris Därmann in *Undienlichkeit* (S. 84, 101).

61 Vgl. Jones-Rogers, *They Were Her Property.*

62 Siehe hierzu Buck-Morss, *Hegel und Haiti*; Trouillot, »Undenkbare Geschichte«. Zu Haiti heute siehe insbesondere Schuller, *Killing with Kindness*; ders., *Humanitarian Aftershocks in Haiti.*

63 Für die rassifizierte Geschichte von *citizenship* in den USA siehe u. a. Mills, *Black Rights/White Wrongs*; Jones, *Birthright Citizens*; Jones-Rogers, *They Were Her Property.*

64 Shklar, *American Citizenship*, S. XX.

65 Zur Geschichte des Wahlrechts für Frauen siehe Richter/Wolff, *Frauenwahlrecht*.

66 Foucault, *Schriften in vier Bänden*, Bd. 3, S. 349.

67 Zunächst hatten vor allem die USA und Frankreich als ehemalige Kriegsgegner Nordvietnams vietnamesische Geflüchtete aufgenommen. In Westdeutschland sorgte das 1979 auf Initiative von Christel und Rupert Neudeck gegründete Hilfskomitee »Ein Schiff für Vietnam« für einen Umschwung der öffentlichen Meinung und einen Richtungswechsel in der bundesdeutschen Politik. Das vom Komitee gecharterte und ausgerüstete Schiff *Cap Anamur* rettete rund 10 000 Menschen aus dem Südchinesischen Meer. Siehe dazu die Webseite des Komitees unter: {https://www.cap-anamur.org/ueber-uns/geschichte/}.

68 Den Begriff der Nekropolitik hat Achille Mbembe geprägt; siehe Mbembe, »Necropolitics«.

69 Foucault, *Schriften in vier Bänden*, Bd. 4, S. 873-875. Die Untätigkeit westlicher Regierungen und Staaten war für die Gründungsmitglieder des Komitees ebenso skandalös wie die Unfähigkeit in-

ternationaler Organisationen, den an Leib und Leben bedrohten Menschen wirksam zu helfen. In der Folge mobilisierte das Komitee selbst ein Schiff, um die Bedrohten zu retten.

70 Fassin, *Das Leben*, S. 134.

71 Douglas, *Wie Institutionen denken*, S. 121, 31.

72 Lorde, *Lichtflut*, S. 50f.

73 Für Überblicke zur bis heute anhaltenden Verwissenschaftlichung von Gender und *race* in der Absicht der Teilung und Hierarchisierung der Menschen siehe Saini, *Inferior*; dies., *Superior*. Zur aktuellen Verwissenschaftlichung von *race* siehe Plümecke, *Rasse in der Ära der Genetik*; AG gegen Rassismus in den Lebenswissenschaften, *Gemachte Differenz*. Zur wissenschaftlichen Unhaltbarkeit des Begriffs »Rasse« siehe auch Fischer et al., »Jenaer Erklärung«.

74 Pratt, *Imperial Eyes*.

75 Hall, *Dreieck*, S. 80. Ich behalte, abweichend von der deutschen Übersetzung, den englischen Begriff *race* bei.

76 Ebd., S. 84.

77 Scott, »Gender«, S. 53.

78 Bublitz, *Das Geschlecht der Moderne*, S. 15.

79 Vgl. Memmi, *Rassismus*.

80 Kerner, *Differenzen und Macht*, S. 11.

81 Hall, *Dreieck*, S. 72.

82 Ebd., S. 62.

83 Ebd., S. 72.

84 Ebd., S. 135f.

85 Ebd., S. 101.

86 Ebd., S. 106, Hervorhebung im Original.

Gemeinschaft

1 Césaire, »L'homme de culture et ses responsabilités«.

2 Tsing, *Der Pilz am Ende der Welt*, S. 35.

3 Mit dem Jahr 1973 ist u.a. der Zusammenbruch des internationalen Währungssystems von Bretton Woods, das als Ölkrise bekannte Embargo der OPEC-Staaten in Folge des vierten arabisch-israelischen Krieges und der Putsch in Chile durch Augusto Pinochet verbunden. Diese Ereignisse werden in der Literatur oft als Auslöser der neoliberalen Transformation genannt.

4 Brown, *Die schleichende Revolution*, S. 18f.

5 Foucault, *Geschichte der Gouvernementalität II*, S. 314, Hervorhebung im Original.

6 Mau, *Das metrische Wir*, S. 275.

7 Foucault, *Geschichte der Gouvernementalität II*, S. 187, 207.

8 Lehmann, »Mein Druck soll sich in Spaß verwandeln«. Zum Angriff auf die Subjekte siehe u. a. Rau, *Psychopolitik*; Ehrenberg, *Das erschöpfte Selbst*.

9 Zur wachsenden Schere zwischen Produktivität und Einkommensentwicklung in den G20-Staaten siehe Przeworski, *Krisen der Demokratie*, S. 125-135. Zur Entwicklung ökonomischer Ungleichheit innerhalb der Nationalstaaten siehe Milanović, *Die ungleiche Welt*, S. 55-126. Zur Ungleichheit der Arbeitseinkommen siehe Piketty, *Das Kapital im 21. Jahrhundert*, S. 401-446.

10 Im inter- und transdisziplinären Berliner Forschungsverbund »Transforming solidarities. Praktiken und Infrastrukturen in der Migrationsgesellschaft« untersuchen wir in den Feldern Arbeit, Wohnen und Gesundheit die Bedingungen der Ermöglichung von Solidarität sowie die Praktiken und Infrastrukturen, in denen sie ausgehandelt wird; siehe die Webseite des Verbunds unter: {https://transformingsolidarities.net}. Zur Zerstörung der Infrastruktur der Gemeinwesen siehe auch Foundational Economy Collective, *Die Ökonomie des Alltagslebens*.

11 Weber, *Soziologische Grundbegriffe*, S. 69, Hervorhebung im Original.

12 Vgl. Plessner, *Grenzen der Gemeinschaft*.

13 Arendt, *Was ist Politik?*, S. 9, Hervorhebung im Original.

14 Ebd., S. 10.

15 Johnson Reagon, »Coalition Politics«, S. 358.

16 Azoulay, *Potential History*, S. 11.

17 Arendt, *Menschen in finsteren Zeiten*, S. 42.

18 Aus der schier unerschöpflichen Fülle der Literatur aus der Frauen- und Geschlechterforschung zur vergeschlechtlichten Aufspaltung des gesellschaftlichen Reproduktionszusammenhangs verweise ich hier exemplarisch auf Becker-Schmidt, *Pendelbewegungen*. Siehe auch Aulenbacher, »Gesellschaftsanalysen der Geschlechterforschung«.

19 Zur Care-Krise siehe aktuell u. a. The Care Collective, *The Care Manifesto*, Winker, *Solidarische Care-Ökonomie* sowie das Manifest der Initiative Care.Macht.Mehr zur Pflegekrise in der Corona-Pandemie (Thiessen et al., »Großputz!«).

20 Vgl. Lessenich, *Neben uns die Sintflut.*

21 Butler, *Die Macht der Geschlechternormen und die Grenzen des Menschlichen*, S. 48.

22 Butler, *Anmerkungen zu einer performativen Theorie der Versammlung*, S. 148.

23 Allen, *Politische Gleichheit*, S. 33, 228. Allen verfolgt hinsichtlich des Werts der Gleichheit eine im Grundsatz ähnliche Argumentation, insofern auch sie Gleichheit als Voraussetzung eines guten Lebens und als konstitutiven Wert einer demokratischen Lebensweise begreift. Eine »Theorie der Gerechtigkeit« müsse »mit der Anerkennung der moralischen Gleichheit der Menschen beginnen« (S. 196).

24 Zur Unterscheidung zwischen Individium *de jure* und Individuum *de facto* siehe Bauman, *Flüchtige Moderne*, S. 50ff.

25 Allen, *Politische Gleichheit*, S. 103.

26 Jaeggi, *Kritik von Lebensformen*, S. 447, Hervorhebung im Original.

27 Brown, *In the Ruins of Neoliberalism*, S. 27, S. 41, meine Übersetzung.

28 Bauman, *Flüchtige Moderne*, S. 53.

29 Mohanty, »Us and Them«, S. 66, meine Übersetzung.

30 Brown, *In the Ruins of Neoliberalism*, S. 27.

31 Gessen, *Leben mit Exil*, S. 9.

32 Morrison, *Im Dunkeln spielen*, S. 14; Haraway, *Unruhig bleiben*, S. 23 et passim.

33 Kaye/Kantrowitz, *The Colors of Jews*, S. 198, meine Übersetzung. Zu intersektionalen feministischen Koalitionen siehe auch Mohanty/Carty, *Feminist Freedom Warriors*; Taylor, *How We Get Free.*

34 Christina Thürmer-Rohr, »Anfreundung mit der Welt. Zum politischen Denken von Hannah Arendt«, in: dies., *Fremdheiten und Freundschaften*, S. 53-68.

35 Arendt, *Menschen in finsteren Zeiten*, S. 41.

36 Brecht, »Kindsmörderin«, S. 41.

37 Butler, *Anmerkungen zu einer performativen Theorie der Versammlung*, S. 147.

38 Allen, *Politische Gleichheit*, S. 77.

1 Mündliche Äußerung bei einer Online-Veranstaltung anlässlich des 45-jährigen Bestehens der Lesbian Herstory Archives. Eine Video-Aufzeichnung ist online verfügbar unter: {https://lesbianherstory archives.org/sinister-wisdom-118-launch-an-lha-tribute-to-forty-five-years/}.
2 Zur diskursiven Konstitution moralisierter Subjekte siehe Gloy, *Im Dienst der Gemeinschaft*, S. 112-143.
3 Adorno, *Einleitung in die Soziologie*, S. 32.
4 Saar, *Genealogie als Kritik*, S. 224.
5 Für einen Überblick zu Affekttheorie siehe Baier et al., *Affekt und Geschlecht*; Bose et al., *I is for Impasse*.
6 Siehe hierzu Pache, *Gefährdete Reziprozität*.
7 Butler, *Krieg und Affekt*, S. 37.
8 Becker-Schmidt, *Pendelbewegungen*, S. 404. Zu *care* und Sorgeverhältnissen siehe auch *Feministische Studien* 31/2 (2013), »Sorgeverhältnisse«. Für aktuelle Forschungen zu *care* siehe u. a. die Webseite des an bayrischen Hochschulen und Universitäten angesiedelten Forschungsverbunds ForGenderCare unter: {http://www.forgen dercare.de/home/}.
9 Erstmalig untersucht und auf den Begriff gebracht haben diesen Zusammenhang Gisela Bock und Barbara Duden in ihrem wegweisenden Aufsatz »Arbeit aus Liebe«.
10 So Cornelia Klinger in dies./Gerhard, »Ute Gerhard und Cornelia Klinger über Care/Fürsorgliche Praxis und Lebenssorge«, S. 268.
11 Vgl. Kohlrausch/Zucco, »Die Coronakrise trifft Frauen doppelt«.
12 Tokarczuk, *Der liebevolle Erzähler*, S. 60.
13 Butler, *Senses of the Subject*, New York 2015, S. 11, meine Übersetzung.
14 Ich orientiere mich hier abweichend von der deutschen Übersetzung am polnischen Original der Nobelpreisrede. Dort heißt es: »Czułość jest spontaniczna i bezinteresowna, wykracza daleko poza empatyczne współodczuwanie. Jest raczej świadomym, choć może trochę melancholijnym, współdzieleniem losu.« (»Czuły narrator« [7. Dezember 2019], The Nobel Foundation 2019) Ich danke Anna Kasten für die Hilfe bei der Übersetzung aus dem Polnischen.
15 Arendt, *Denktagebuch*, S. 249.
16 Arendt, *Vita activa*, S. 237.
17 Tokarczuk, *Der liebevolle Erzähler*, S. 60.

18 Ebd., S. 59.
19 Siehe hierzu Thürmer-Rohr, *Verlorene Narrenfreiheit*, S. 128.
20 Gualtieri, *Paessaggio con fratello rotto*, Übersetzung von Gritt Fröhlich.
21 Thürmer-Rohr, *Verlorene Narrenfreiheit*, S. 129.
22 Adorno, *Probleme der Moralphilosophie*, S. 251. Siehe hierzu auch Maihofer, »Sara Ahmed: Kollektive Gefühle«, S. 267f.
23 Arendt, *Menschen in finsteren Zeiten*, S. 26.
24 Siehe Tronto, *Caring Democracy.*
25 Tokarczuk, *Der liebevolle Erzähler*, S. 61. Die dt. Übersetzung spricht an dieser Stelle von Natur, die zu einem Objekt gemacht wurde. Im polnischen Original spricht Tokarczuk jedoch von Welt, *świat.* Ich folge dem Original.
26 Rudhof-Seibert, »Noch einmal von der Revolution sprechen«.
27 Klinger/Gerhard, »Ute Gerhard und Cornelia Klinger über Care/Fürsorgliche Praxis und Lebenssorge«, S. 269. Siehe auch Thiessen et al., »Großputz!«, sowie das erste Manifest des Bündnisses von 2013; beide sind online verfügbar unter: {https://care-macht-mehr.com/manifest-2013-2/}.
28 Fisher/Tronto, »Toward a feminist theory of caring«, S. 40. Siehe auch Tronto, »Demokratie als fürsorgliche Praxis«.
29 Puig de la Bellacasa, *Matters of Care*, S. 161, meine Übersetzung.
30 Arendt, *Menschen in finsteren Zeiten*, S. 16.
31 Eine Video-Aufzeichnung ist online verfügbar unter: {https://lesbianherstoryarchives.org/sinister-wisdom-118-launch-an-lha-tribute-to-forty-five-years/}.

Epilog

1 Tsing, *Der Pilz am Ende der Welt*, S. 35.
2 Irigaray, *Welt teilen*, S. 151.
3 Mora, *Nicht sterben*, S. 25.

Literatur

Achebe, Chinua, *Alles zerfällt*, aus dem Englischen von Uda Strätling, Frankfurt am Main 2012.

Adamczak, Bini, *Beziehungsweise Revolution. 1917, 1968 und kommende*, Berlin 2017.

Adorno, Theodor W., *Negative Dialektik*, Frankfurt am Main 1973.

Adorno, Theodor W., *Einleitung in die Soziologie*, herausgegeben von Christoph Gödde, Frankfurt am Main 2003 [1993].

Adorno, Theodor W., *Probleme der Moralphilosophie*, herausgegeben von Thomas Schröder, Frankfurt am Main 2010 [1996].

AG gegen Rassismus in den Lebenswissenschaften (Hg.), *Gemachte Differenz. Kontinuitäten biologischer »Rasse«-Konzepte*, Münster 2009.

Agier, Michel, *Managing the Undesirables. Refugee Camps and Humanitarian Government*, Cambridge 2011.

Ahmed, Sara, »Kollektive Gefühle oder die Eindrücke, die andere hinterlassen«, in: Baier et al., *Affekt und Geschlecht. Eine einführende Anthologie*, Wien 2014, S. 183-214.

Alexander, Michelle, *The New Jim Crow. Mass Incarceration in the Age of Colorblindness*, New York 2010.

Alexopoulou, Maria, *Deutschland und die Migration. Geschichte einer Einwanderungsgesellschaft wider Willen*, Ditzingen 2020.

Allen, Danielle, *Politische Gleichheit. Frankfurter Adorno-Vorlesungen 2017*, aus dem Englischen von Christine Pries, Berlin 2020.

Ani, Marimba, *Let the Circle Be Unbroken: The Implications of African Spirituality in the Diaspora*, Trenton 1992.

Araujo, Ana Lucia, *Slavery in the Age of Memory. Engaging the Past*, London/New Delhi/New York/Sydney 2021.

Arendt, Hannah, *Vita activa oder Vom tätigen Leben*, München 1981 [1958].

Arendt, Hannah, »Wir Flüchtlinge«, in: dies., *Zur Zeit. Politische Essays*, aus dem Englischen von Eike Geisel, herausgegeben von Marie Luise Knott, Berlin 1986 [1943], S. 7-21.

Arendt, Hannah, *Elemente und Ursprünge totaler Herrschaft*, aus dem Englischen von derselben, München 1986 [1951].

Arendt, Hannah, *Menschen in finsteren Zeiten*, aus dem Englischen

von Meino Büning, herausgegeben von Ursula Ludz, München 1989 [1955].
Arendt, Hannah, *Eichmann in Jerusalem. Ein Bericht von der Banalität des Bösen*, aus dem Englischen von Brigitte Granzow, Leipzig 1990 [1963].
Arendt, Hannah, *Was ist Politik? Fragmente aus dem Nachlaß*, herausgegeben von Ursula Ludz, München 1993.
Arendt, Hannah, *Zwischen Vergangenheit und Zukunft. Übungen im politischen Denken I*, herausgegeben von Ursula Ludz, München 1994.
Arendt, Hannah und Heinrich Blücher, *Briefe 1936-1969*, herausgegeben von Lotte Köhler, München 1996.
Arendt, Hannah, *Vom Leben des Geistes*, aus dem Englischen von Hermann Vetter, herausgegeben von Mary McCarthy, München 1998 [1979].
Arendt, Hannah, *Denktagebuch. 1950-1973*, 2 Bände, herausgegeben von Ursula Ludz und Ingeborg Nordmann, München 2002.
Attia, Iman, *Die »westliche Kultur« und ihr Anderes. Zur Dekonstruktion von Orientalismus und antimuslimischem Rassismus*, Bielefeld 2009.
Attia, Iman, Swantje Köbsell und Nivedita Prasad (Hg.), *Dominanzkultur reloaded. Neue Texte zu gesellschaftlichen Machtverhältnissen und ihren Wechselwirkungen*, Bielefeld 2015.
Aulenbacher, Brigitte, »Gesellschaftsanalysen der Geschlechterforschung«, in: dies., Michael Meuser und Birgit Riegraf (Hg.), *Soziologische Geschlechterforschung. Eine Einführung*, Wiesbaden 2010, S. 33-58.
Azoulay, Ariella Aïsha, *Potential History. Unlearning Imperialism*, London 2019.
Bachmann, Ingeborg, »Das Unglück und die Gottesliebe – Der Weg der Simone Weil«, in: dies., *Kritische Schriften*, herausgegeben von Monika Albrecht und Dirk Göttsche, München 2005, S. 155-186.
Baer, Susanne, »Sexuelle Selbstbestimmung? Zur internationalen Rechtslage und denkbaren Konzeptionen von Recht gegen geschlechtsbezogene Diskriminierung«, in: Claudia Lohrenscheit (Hg.), *Sexuelle Selbstbestimmung als Menschenrecht*, Baden-Baden 2009, S. 89-118.
Baer, Susanne, »Dignity, liberty, equality. A fundamental rights triangle of constitutionalism«, in: *University of Toronto Law School* 59 (2009), S. 417-468.

Baier, Angelika, Christa Binswanger, Jana Häberlein, Yv Nay und Andrea Zimmermann (Hg.), *Affekt und Geschlecht. Eine einführende Anthologie*, Wien 2014.

Baldus, Manfred, *Kämpfe um die Menschenwürde. Die Debatten seit 1949*, Berlin 2016.

Baldwin, James, *Nach der Flut das Feuer. ›The Fire Next Time‹*, aus dem Englischen von Miriam Mandelkow, München 2020, [1963].

Bangel, Christian, »Baseballschlägerjahre«, in: *Die Zeit* (7. November 2019); online verfügbar unter: {https://www.zeit.de/2019/46/neonazis-jugend-nachwendejahre-ostdeutschland-mauerfall} (alle URL Stand Juni 2021).

Bauerschmidt, Michael, Susanne Brandt, Ulli Jentsch und Kurt Ohrowski, Heidelberger Manifest vom 17. Juni 1981, zitiert nach Mecklenburg, Jens (Hg.): *Handbuch Deutscher Rechtsextremismus*, Berlin 1996, S. 167f.; online verfügbar unter: {https://www.apabiz.de/archiv/material/Profile/Heidelberger%20Kreis.htm}.

Bauman, Zygmunt, *Die Angst vor den anderen. Ein Essay über Migration und Panikmache*, aus dem Englischen von Michael Bischoff, Berlin 2016.

Bauman, Zygmunt, *Flüchtige Moderne*, aus dem Englischen von Reinhard Kreissl, Frankfurt am Main 2003.

Bauman, Zygmunt, *Verworfenes Leben. Die Ausgegrenzten der Moderne*, aus dem Englischen von Werner Roller, Hamburg 2005.

Beck, Teresa Koloma, »(Staats-)Gewalt und moderne Gesellschaft. Der Mythos vom Verschwinden der Gewalt«, in: *Aus Politik und Zeitgeschichte* 67 (2017), S. 16-20.

Becker-Schmidt, Regina, *Pendelbewegungen – Annäherungen an eine feministische Gesellschafts- und Subjekttheorie. Aufsätze aus den Jahren 1991 bis 2015*, Opladen/Berlin/Toronto 2017.

Benhabib, Seyla, *Kosmopolitismus ohne Illusionen. Menschenrechte in unruhigen Zeiten*, aus dem Englischen von Jeanette Ehrmann, Stefan Eich, Andreas Fliedner und Karin Wördemann, Berlin 2016.

Bhambra, Gurminder K., »Brexit, Trump, and methodological whiteness: On the misrecognition of race and class«, in: *British Journal of Sociology* 68/1 (2017).

Bhopal, Kalwant, *White Privilege. The Myth of a Postracial Society*, Bristol 2018.

Bock, Gisela und Barbara Duden, »Arbeit aus Liebe – Liebe als Arbeit«, in: Gruppe Berliner Dozentinnen (Hg.), *Frauen und Wissenschaft*, Berlin 1977, S. 118-199.

Boltanski, Luc, *Soziologie und Sozialkritik. Frankfurter Adorno-Vorlesungen 2008*, Berlin 2010.

Bose, Käthe von, Ulrike Klöppel, Katrin Köppert, Karin Michalski und Pat Treusch (Hg.), *I is for Impasse. Affektive Queerverbindungen in Theorie_Aktivismus_Kunst*, Berlin 2015.

Bourdieu, Pierre und Loïc Wacquant, *Reflexive Anthropologie*, Frankfurt am Main 1996.

Bourdieu, Pierre, *Die männliche Herrschaft*, aus dem Französischen von Jürgen Bolder, Frankfurt am Main 2005.

Bourdieu, Pierre, *Über den Staat. Vorlesungen am Collège de France 1989-1992*, aus dem Französischen von Horst Brühmann und Petra Willim, herausgegeben von Patrick Chamagne, Remi Lenoir, Franck Poupeau und Marie-Christine Rivière, Berlin 2014.

Bozay, Kemal, Bahar Aslan, Orhan Mangitay und Funda Özfirat (Hg.), *Die haben gedacht, wir waren das. MigrantInnen über rechten Terror und Rassismus*, Köln 2016.

Brand, Ulrich und Markus Wissen, *Imperiale Lebensweise. Zur Ausbeutung von Mensch und Natur im globalen Kapitalismus*, München 2017.

Brecht, Bertolt, »Von der Kindesmörderin Marie Farrar«, in: ders., *Die Gedichte*, herausgegeben von Jan Knopf, Frankfurt am Main 2007 [1922], S. 40-43.

Broeck, Sabine, »Das Subjekt der Aufklärung – Sklaverei – Gender Studies: Zu einer notwendigen Relektüre der Moderne«, in: Dietze/Hark, *Gender kontrovers*, S. 152-180.

Brown, Wendy, *Die schleichende Revolution. Wie der Neoliberalismus die Demokratie zerstört*, aus dem Englischen von Jürgen Schröder, Berlin 2015.

Brown, Wendy, *Mauern. Die neue Abschottung und der Niedergang der Souveränität*, aus dem Englischen von Frank Lachmann, Berlin 2018.

Brown, Wendy, *In the Ruins of Neoliberalism. The Rise of Antidemocratic Politics in the West*, New York 2019.

Brunner, Claudia, *Epistemische Gewalt. Wissen und Herrschaft in der kolonialen Moderne*, Bielefeld 2020.

Bublitz, Hannelore, *Das Geschlecht der Moderne. Genealogie und Archäologie der Geschlechterdifferenz*, Frankfurt am Main/New York 1998.

Buck-Morss, Susan, *Hegel und Haiti. Für eine neue Universalgeschichte*, aus dem Englischen von Laurent Faasch-Ibrahim, Berlin 2011.

Butler, Judith, *Körper von Gewicht. Die diskursiven Grenzen des Geschlechts*, aus dem Englischen von Karin Wördemann, Berlin 1995.

Butler, Judith, *Gefährdetes Leben. Politische Essays*, aus dem Englischen von Karin Wördemann, Frankfurt am Main 2005.

Butler, Judith, *Die Macht der Geschlechternormen und die Grenzen des Menschlichen*, aus dem Englischen von Karin Wördemann und Martin Stempfhuber, Frankfurt am Main 2009.

Butler, Judith, *Krieg und Affekt*, aus dem Englischen von Judith Mohrmann, Juliane Rebentisch und Eva Redecker, Zürich 2009.

Butler, Judith, *Raster des Krieges. Warum wir nicht jedes Leid beklagen*, aus dem Englischen von Reiner Ansén, Frankfurt am Main/New York 2010.

Butler, Judith und Athena Athanasiou, *Die Macht der Enteigneten. Das Performative im Politischen*, aus dem Englischen von Thomas Atzert, Berlin/Zürich 2014.

Butler, Judith, *Senses of the Subject*, New York 2015.

Butler, Judith, *Anmerkungen zu einer performativen Theorie der Versammlung*, aus dem Englischen von Frank Born, Berlin 2016.

Butler, Judith im Gespräch mit Gila Lustiger, Sahra Dornick und Sabine Hark, »Welt anders imaginieren«, in: *Feministische Studien* 36/2 (2018), S. 373-391.

Butler, Judith, *Rücksichtslose Kritik. Körper, Rede, Aufstand*, aus dem Englischen von Michael Adrian und Bettina Engels, Konstanz 2019.

Butler, Judith, *Die Macht der Gewaltlosigkeit. Über das Ethische im Politischen*, aus dem Englischen von Reiner Ansén, Berlin 2020

Cassee, Andreas, *Globale Bewegungsfreiheit. Ein philosophisches Plädoyer für offene Grenzen*, Berlin 2016.

Castro Varela, María do Mar und Paul Mecheril (Hg.), *Die Dämonisierung der Anderen. Rassismuskritik der Gegenwart*, Bielefeld 2016.

Césaire, Aimé, »L'homme de culture et ses responsabilités«, in: *Présence africaine* 24/25 (1959), S. 116-122.

Chakrabarty, Dipesh, »The human condition in the anthropocene«, Tanner Lectures in Human Values, Vortrag gehalten an der Yale University in New Haven am 18. und 19. Februar 2015; online verfügbar unter: {https://tannerlectures.utah.edu/Chakrabarty%20manuscript.pdf}.

Clemm, Christina, *Akteneinsicht. Geschichten von Frauen und Gewalt*, München 2020.

Crimp, Douglas, »Right on, girlfriend!«, in: Michael Warner (Hg.), *Fear of a Queer Planet*, Minneapolis 1993, S. 300-320.

Därmann, Iris, *Undienlichkeit. Gewaltgeschichte und politische Philosophie*, Berlin 2020.
Diop, Birago, »Les Souffles«, in: *Leurres et Lueurs*, Dakar/Paris 1960; online verfügbar unter: {https://www.biragodiop.com/extraits/79-leurres-et-lueurs/109-les-souffles.html}.
Dischereit, Esther, *Mama, darf ich das Deutschlandlied singen. Politische Texte*, Berlin/Wien 2020.
Dorlin, Elsa, *Selbstverteidigung. Eine Philosophie der Gewalt*, aus dem Französischen von Andrea Hemminger, Berlin 2020.
Dornick, Sahra, *Poetologie des postsouveränen Subjekts. Die Romane Gila Lustigers im Kontext von Judith Butlers Ethik*, Bielefeld 2019.
Douglas, Mary, *Wie Institutionen denken*, aus dem Englischen von Michael Bischoff, Frankfurt am Main 1991.
Ehrenberg, Alain, *Das erschöpfte Selbst. Depression und Gesellschaft in der Gegenwart*, aus dem Französischen von Manuela Lenzen und Martin Klaus, Frankfurt am Main/New York 2004.
Eggers, Maureen Maisha, Grada Kilomba, Peggy Piesche und Susan Arndt (Hg.), *Mythen, Masken und Subjekte. Kritische Weißseinsforschung in Deutschland*, Münster 2005.
Engelmann, Lukas, *Mapping AIDS. Visual Histories of an Enduring Epidemic*, Cambridge 2018.
Fanon, Frantz, *Die Verdammten dieser Erde*, aus dem Französischen von Traugott König, Frankfurt am Main 1966.
Fanon, Frantz, *Ecrits sur l'aliénation et la liberté*, herausgegeben von Jean Khalfa und Robert J. C. Young, Paris 2018.
Fassin, Didier, *Das Leben. Eine kritische Gebrauchsanweisung*, aus dem Französischen von Christine Pries, Berlin 2017.
Federici, Silvia, *Aufstand aus der Küche. Reproduktionsarbeit im neoliberalen Kapitalismus und die unvollendete feministische Revolution*, aus dem Englischen von Max Henninger, Berlin 2012.
Fischer, Martin, Uwe Hoßfeld, Johannes Krause und Stefan Richter, »Jenaer Erklärung. Das Konzept der Rasse ist das Ergebnis von Rassismus und nicht dessen Voraussetzung« (o. D.); online verfügbar unter: {https://www.uni-jena.de/190910_JenaerErklaerung}.
Fisher, Berenice und Joan C. Tronto, »Toward a feminist theory of caring«, in: Emily K. Abel und Margaret K. Nelson (Hg.), *Circles of Care. Work and Identity in Women's Lives*, Albany 1990, S. 35-62.
Foucault, Michel, *Schriften in vier Bänden. Dits et Ecrits*, Bd. 1, 1954-1969, aus dem Französischen von Michael Bischoff, Hans-Dieter Gondek und Hermann Kocyba, herausgegeben von Daniel Defert

und François Ewald unter Mitarbeit von Jacques Lagrange, Frankfurt am Main 2001.

Foucault, Michel, *Schriften in vier Bänden. Dits et Ecrits*, Bd. 3, 1976-1979, aus dem Französischen von Michael Bischoff, Hans-Dieter Gondek, Hermann Kocyba und Jürgen Schröder, herausgegeben von Daniel Defert und François Ewald unter Mitarbeit von Jacques Lagrange, Frankfurt am Main 2003.

Foucault, Michel, *Geschichte der Gouvernementalität II. Die Geburt der Biopolitik. Vorlesungen am Collège de France 1978-1979*, aus dem Französischen von Jürgen Schröder, herausgegeben von Michel Sennelart, Frankfurt am Main 2004.

Foucault, Michel, *Schriften in vier Bänden. Dits et Ecrits*, Bd. 4, 1980-1988, aus dem Französischen von Michael Bischoff, Ulrike Bokelmann, Horst Brühmann, Hans-Dieter Gondek, Hermann Kocyba und Jürgen Schröder, herausgegeben von Daniel Defert und François Ewald unter Mitarbeit von Jacques Lagrange, Frankfurt am Main 2005.

Foundational Economy Collective, *Die Ökonomie des Alltagslebens. Für eine neue Infrastrukturpolitik*, aus dem Englischen von Stephan Gebauer, Berlin 2019.

Frei, Norbert, »›Volksgemeinschaft!‹ Erfahrungsgeschichte und Lebenswirklichkeit der Hitler-Zeit«, in: ders. (Hg.), *1945 und wir. Das Dritte Reich im Bewusstsein der Deutschen*, München 2005, S. 107-128.

Freud, Sigmund, »Erinnern, Wiederholen und Durcharbeiten. Weitere Ratschläge zur Technik der Psychoanalyse II«, in: ders., *Schriften zur Behandlungstechnik*, herausgegeben von Ilse Grubrich-Simitis, Frankfurt am Main 2000 [1975], S. 205-216.

Fricker, Miranda, *Epistemic Injustice. Power and the Ethics of Knowing*, Oxford 2009.

Friese, Heidrun, Marcus Nolen und Miriam Schreiter (Hg.), *Rassismus im Alltag. Theoretische und empirische Perspektiven nach Chemnitz*, Bielefeld 2019.

Fuchs, Christian und Paul Middelhoff, *Das Netzwerk der Neuen Rechten. Wer sie lenkt, wer sie finanziert und wie sie die Gesellschaft verändern*, Reinbek 2019.

Gessen, Masha, *Leben mit Exil. Über Migration sprechen*, aus dem Englischen von Ursel Schäfer, Berlin 2020.

Gilroy, Paul, *The Black Atlantic: Modernity and Double Consciousness*, London 1993.

Gloy, Thomas, *Im Dienst der Gemeinschaft. Zur Ordnung der Moral in der Hitler-Jugend*, Göttingen 2018.

Gordon, Avery, *Ghostly Matters. Haunting and the Sociological Imagination*, London/Minneapolis 2008.

Gouges Olympe de, *Die Rechte der Frau/Déclaration des droits de la femme*, aus dem Französischen und herausgegeben von Gisela Bock, München 2018 [1791].

Gradowski, Salmen, *Die Zertrennung. Aufzeichnungen eines Mitglieds des Sonderkommandos*, aus dem Jiddischen von Almut Seiffert und Miriam Trinh, herausgegeben von Aurélia Kalisky unter Mitarbeit von Andreas Kilian, Berlin 2019.

Gramsci, Antonio, *Gefängnishefte*, Heft 3, aus dem Italienischen von K. Bochmann et al., herausgegeben von Klaus Bochmann und Wolfgang Fritz Haug unter Mitarbeit von Peter Jehle, Hamburg 1991 [1930].

Gualtieri, Mariangela, *Paessaggio con fratello rotto*, Rom 2007.

Günther, Klaus, »Zwischen Ermächtigung und Disziplinierung. Verantwortung im gegenwärtigen Kapitalismus«, in: Axel Honneth (Hg.), *Befreiung aus der Mündigkeit. Paradoxien des gegenwärtigen Kapitalismus*, Frankfurt am Main/New York 2002, S. 123-129.

Hacking, Ian, *Leute {zurecht} machen, Making Up People*, aus dem Englischen von Axel Dielmann, Frankfurt am Main 2000.

Halbwachs, Maurice, *La Théorie de l'homme moyen. Essai sur Quetelet et la statistique morale*, Paris 1912.

Hall, Stuart, *Das verhängnisvolle Dreieck. Rasse, Ethnie, Nation*, aus dem Englischen von Frank Lachmann, herausgegeben von Kobena Mercer, Berlin 2018.

Haraway, Donna, *Monströse Versprechen. Die Gender- und Technologie-Essays*, aus dem Englischen von Michael Haupt et al., Hamburg 2017.

Haraway, Donna, *Unruhig bleiben. Die Verwandtschaft der Arten im Chtuluzän*, aus dem Englischen von Karin Harrasser, Frankfurt am Main/New York 2018.

Hark, Sabine, »Vom Gebrauch der Reflexivität. Für eine ›klinische Soziologie‹ der Frauen- und Geschlechterforschung«, in: Ulla Bock, Irene Dölling und Beate Krais (Hg.), *Prekäre Transformationen. Pierre Bourdieus Soziologie der Praxis und ihre Herausforderungen für die Frauen- und Geschlechterforschung*, Querelles, Jahrbuch für Frauen- und Geschlechterforschung 2007, Bd. 12, Göttingen 2007, S. 39-62.

Hark, Sabine, »Geschlecht und Sexualität: Die Grenzen des Menschlichen und die Paradoxien einer Politik der Rechte«, in: Claudia Lohrenscheit (Hg.), *Sexuelle Selbstbestimmung als Menschenrecht*, Baden-Baden 2009, S. 119-134.

Hark, Sabine, »Schweigen die Sirenen? Epistemische Gewalt und feministische Herausforderungen«, in: Steffi Hobuß und Nicola Tams (Hg.), *Lassen und Tun. Kulturphilosophische Debatten zum Verhältnis von Gabe und kulturellen Praktiken*, Bielefeld 2014, S. 99-118.

Hark, Sabine, »Die Vermessung des Schweigens – oder: Was heißt sprechen?«, in: Attia et al., *Dominanzkultur reloaded*, S. 297-310.

Hark, Sabine, *Koalitionen des Überlebens. Queere Bündnispolitiken im 21. Jahrhundert*, Göttingen 2017.

Hark, Sabine und Paula-Irene Villa, *Unterscheiden und herrschen. Ein Essay zu den ambivalenten Verflechtungen von Rassismus, Sexismus und Feminismus in der Gegenwart*, Bielefeld 2017.

Hark, Sabine, »Enteignet euch! oder: Keine Frage der Wahl. Über Autonomie in der Demokratie«, in: Susanne Baer und Ute Sacksofsky (Hg.), *Autonomie im Recht – Geschlechtertheoretisch vermessen*, Baden-Baden 2018, S. 157-172.

Hark, Sabine, »Wissen wollen. Foucaults Flaschenpost«, in: Nicolas Wackerbarth, Marcus Seibert (Hg.), *Filmfunke – 50 Jahre DFFB*, Berlin 2018, S. 143-147.

Hark, Sabine und Hanna Meissner, »Das Denken des Möglichen. Kritische Theorie als Projekt des Zusammenhangs von Erkenntniskritik und Gesellschaftskritik – Feministische Reartikulationen«, in: Uwe Bittlingmayer, Alex Demirović und Tatjana Freytag (Hg.): *Handbuch Kritische Theorie*, Wiesbaden 2019, S. 755-775.

Hark, Sabine, »Gleichheit ist nicht verhandelbar«, in: *Aus Politik und Zeitgeschichte* 70 (2020), S. 12-15.

Hark, Sabine, »Von wo ich herkomme«, in: Julia Reuter, Markus Gamper, Christina Möller, Frerk Blome (Hg.), *Vom Arbeiterkind zur Professur. Sozialer Aufstieg in der Wissenschaft*, Bielefeld 2020, S. 207-220.

Hark, Sabine, »Überflüssig. Symptom gesellschaftlicher Transformationsprozesse, analytische Kategorie zur Beschreibung neuer Ungleichheiten oder negative Klassifikation?«, in: Roland Anhorn und Johannes Stehr (Hg.), *Handbuch Soziale Ausschließung und Soziale Arbeit*, Wiesbaden 2021, S. 513-531.

Hartman, Saidiya, »The plot of her undoing«, *Notes on Feminisms* 2 (2020), herausgegeben von der Feminist Art Coalition; online ver-

fügbar unter: {https://feministartcoalition.org/essays-list/saidiya-hartman}.
Hassauer, Friederike, »Die Matrix des Wissens. Autorität und Geschlecht«, in: *Freiburger Frauenstudien* 12 (2002), S. 49-77.
Hassauer, Friederike, »Festrede: Die schlauen Frauen. Dignitas. Veritas. Nobilitas. Wie geschlechtsreif ist die Wissenschaft?«, in: *Feministische Studien* 27/2 (2009), S. 7-21.
Hay, Carol, *Kantianism, Liberalism, and Feminism: Resisting Oppression*, New York 2013.
Hegel, Georg Wilhelm Friedrich, *Grundlinien der Philosophie des Rechts*, Werke Bd. 7, Frankfurt am Main 1986 [1821].
Heitmeyer, Wilhelm, *Deutsche Zustände. Folge 10*, Frankfurt am Main 2012.
Heitmeyer, Wilhelm, *Autoritäre Versuchungen. Signaturen der Bedrohung I*, Berlin 2018.
Heitmeyer, Wilhelm, Manuela Freiheit und Peter Sitzer, *Rechte Bedrohungsallianzen. Signaturen der Bedrohung II*, Berlin 2020.
Honegger, Claudia, *Die Ordnung der Geschlechter. Die Wissenschaften vom Menschen und das Weib*, Frankfurt am Main/New York 1991.
Horkheimer, Max, »Traditionelle und kritische Theorie«, in: ders., *Gesammelte Schriften*, Bd. 4 (1936-1941), herausgegeben von Alfred Schmidt, Frankfurt am Main 2009, S. 162-225.
Horn, Eva und Hannes Bergthaller, *Anthropozän zur Einführung*, Hamburg 2019.
Hurston, Zora Neale, *Barracoon. Die Geschichte des letzten amerikanischen Sklaven*, aus dem Englischen von Hans-Ulrich Möhring, herausgegeben von Deborah G. Plant, München 2020.
Institut für Sozialforschung, *Soziologische Exkurse*, Frankfurt am Main 1956.
International Organization for Migration, »Missing Migrants Project«, Online-Datenbank; verfügbar unter: {https://missingmigrants.iom.int/}.
Irigaray, Luce, *Welt teilen*, aus dem Französischen von Angelika Dickmann, Freiburg/München 2010.
Jaeggi, Rahel, *Kritik von Lebensformen*, Berlin 2014.
Jensen, Uffa, *Zornpolitik*, Berlin 2017.
Johnson Reagon, Bernice, »Coalition politics. Turning the century«, in: *Feministische Studien* 33/1 (2015) [1983], S. 115-123.
Johnson, Uwe, *Jahrestage. Aus dem Leben von Gesine Cresspahl*, Bd. 4, Frankfurt am Main 1983.

Jones, Martha S., *Birthright Citizens. A History of Race and Rights in Antebellum America*, Cambridge 2018.

Jones, Martha S., *Vanguard. How Black Women Broke Barriers, Won the Vote and Insisted on Equality for All*, New York 2020.

Jones-Rogers, Stephanie E., *They Were Her Property. White Women as Slave Owners in the American South*, London/New Haven 2019.

Junker, Carsten, Julie Miess, Susann Neuenfeld und Julia Roth, »Was, wenn Bartleby eine Frau wäre?«, in: Gabriele Dietze und Sabine Hark (Hg.), *Gender kontrovers. Genealogien und Grenzen einer Kategorie*, Königstein/Taunus 2006, S. 243-260.

Kant, Immanuel, »Zum ewigen Frieden. Ein philosophischer Entwurf«, in: ders., *Werke*, Bd. 11, herausgegeben von Wilhelm Weischedel, Frankfurt am Main 1977 [1795].

Kasang, Marco und Nicoló Lanfranchi, »So leben die ›Aquarius‹-Flüchtlinge heute«, in: *Spiegel Online* (10. November 2019); verfügbar unter: {https://www.spiegel.de/politik/ausland/aquarius-fluechtlinge-was-wurde-aus-den-geretteten-migranten-a-1295483.html}.

Kaye/Kantrowitz, Melanie, *The Colors of Jews. Racial Politics and Radical Diasporism*, Bloomington 2007.

Kerner, Ina, *Differenzen und Macht. Zur Anatomie von Rassismus und Sexismus*, Frankfurt am Main/New York 2009.

Kirkpatrick, Kate, *Simone de Beauvoir. Ein modernes Leben*, aus dem Englischen von Erica Fischer und Christine Richter-Nilsson, München 2020.

Kleingeld, Pauline, »Kant's second thoughts on race«, in: *The Philosophical Quarterly* 229/57 (2007), S. 573-592.

Kleingeld, Pauline, »On dealing with Kant's sexism and racism«, in: *SGIR Review* 2/2 (2019), S. 3-22; online verfügbar unter: { https://philarchive.org/archive/KLEODW}.

Klinger, Cornelia und Ute Gerhard, »Ute Gerhard und Cornelia Klinger über Care/Fürsorgliche Praxis und Lebenssorge«, in: *Feministische Studien* 31/2 (2013), S. 267-277.

Knapp, Gudrun-Axeli, »Für einen Weltbegriff feministischer Kritik«, in: *Feministische Studien* 31/1 (2013), S. 105-112.

Knott, Marie-Luise, *Verlernen. Denkwege bei Hannah Arendt*, Berlin 2011.

Kohlrausch, Bettina und Aline Zucco, »Die Coronakrise trifft Frauen doppelt – Die Folge der Re-Traditionalisierung für den Gender Care Gap und Gender Pay Gap«, in: *Feministische Studien* 38/2 (2020), S. 322-336.

Kollaborative Forschungsgruppe Racial Profiling, *Racial Profiling: Erfahrung, Wirkung, Widerstand*, Berlin/Bern 2019.

Koloma Beck, Teresa, »(Staats-)Gewalt und moderne Gesellschaft. Der Mythos vom Verschwinden der Gewalt«, in: *Aus Politik und Zeitgeschichte* 67 (2017), S. 16-20.

Latour, Bruno, *Eine neue Soziologie für eine neue Gesellschaft. Einführung in die Netzwerktheorie*, aus dem Englischen von Gustav Roßler, Frankfurt 2007.

Lazali, Karima, *Le trauma colonial. Une enquête sur les effets psychiques et politiques contemporains de l'oppression coloniale en Algérie*, Paris 2019.

Lear, Jonathan, *Radikale Hoffnung. Ethik im Angesicht kultureller Zerstörung*, aus dem Englischen von Jens Pier, Berlin 2020.

Lehmann, Armin, »Mein Druck soll sich in Spaß verwandeln«, in: *Der Tagesspiegel* (21. Januar 2021); online verfügbar unter: {https://www.tagesspiegel.de/themen/reportage/die-traumschule-von-kindern-und-jugendlichen-mein-druck-soll-sich-in-spass-verwandeln/26839228.html}.

Lessenich, Stephan, *Neben uns die Sintflut. Die Externalisierungsgesellschaft und ihr Preis*, Berlin 2016.

Locke, John, *Zweite Abhandlung über Regierung*, aus dem Englischen von Hans Jörn Hoffmann, durchgesehen und überarbeitet von Ludwig Siep, Frankfurt am Main 2008 [1689].

Loick, Daniel, *Juridismus. Konturen einer kritischen Theorie des Rechts*, Berlin 2017.

Loick, Daniel, (Hg.), *Kritik der Polizei*, Frankfurt am Main/New York 2018.

Lorde, Audre und Adrienne Rich, »Der Kampf, mir meine Wahrnehmungen zu erhalten ...«, in: dies., *Macht und Sinnlichkeit. Ausgewählte Texte*, aus dem Englischen von Renate Stendhal, herausgegeben von Dagmar Schultz, Berlin 1983, S. 27-59.

Lorde, Audre, *Lichtflut. Neue Texte*, aus dem Englischen von Margarete Längsfeld, Berlin 1988.

Lorey, Isabell, *Demokratie im Präsens. Eine Theorie der politischen Gegenwart*, Berlin 2020.

Ludwig, Gundula, *Geschlecht regieren. Zum Verhältnis von Staat, Subjekt und heteronormativer Hegemonie*, Frankfurt am Main/New York 2011.

M'Charek, Amade und Julia Black, »Engaging bodies as matters of care. Counting and accounting for death during migration«, in: Paolo

Cuttita, Tamara Last (Hg,), *Border Deaths. Causes, Dynamics and Consequences of Migration-Related Mortality*, Amsterdam 2020, S. 85-101.

M'Charek, Amade und Sara Casartelle, »Identifying dead migrants: forensic care work and relational citizenship«, in: *Citizenship Studies* 23/7 (2019), S. 738-757.

Mahnkopf, Birgit, »Peak everything – peak capitalism? Folgen der sozial-ökologischen Krise für die Dynamik des historischen Kapitalismus«, Working Paper 02/2013 der DFG-KollegforscherInnengruppe »Postwachstumsgesellschaften«; online verfügbar unter: {http://www.kolleg-postwachstum.de/sozwgmedia/dokumente/WorkingPaper/wp2_2013.pdf}.

Maihofer, Andrea, *Das Recht bei Marx. Zur dialektischen Struktur von Gerechtigkeit, Menschenrechten und Recht*, Baden-Baden 1992.

Maihofer, Andrea, »Sara Ahmed: Kollektive Gefühle – Elemente des westlichen hegemonialen Gefühlsregimes«, in: Baier et al., *Affekt und Geschlecht*, a. a. O., S. 253-272.

Maihofer, Andrea, »Freiheit – Selbstbestimmung – Autonomie«, in: Susanne Baer, Ute Sacksofsky (Hg.), *Autonomie im Recht – Geschlechtertheoretisch vermessen*, Baden-Baden 2018, S. 31-60.

Marcuse, Herbert, *Der eindimensionale Mensch. Studien zur Ideologie der fortgeschrittenen Industriegesellschaft*, Darmstadt/Neuwied 1967.

Margalit, Avishai, *Politik der Würde. Über Achtung und Verachtung*, Berlin 1997.

Marx, Karl, »Brief an Arnold Ruge«, in: ders. und Friedrich Engels, *MEW*, Bd. 1, Berlin 1976, S. 337-346.

Marx, Karl, »Zur Judenfrage«, in: ders. und Friedrich Engels, *MEW*, Bd. 1, Berlin 1976, S. 341-377.

Mau, Steffen, *Das metrische Wir. Über die Quantifizierung des Sozialen*, Berlin 2017.

Mbembe, Achille, »Necropolitics«, in: *Public Culture* 15/1 (2003), S. 11-40.

Mbembe, Achille, *Politik der Feindschaft*, aus dem Französischen von Michael Bischoff, Berlin 2017.

Medico International, »Dringender Hilferuf in Zeiten von Corona« (21. April 2020); online verfügbar unter: {https://www.medico.de/dringender-hilferuf-in-zeiten-von-corona-17726/}.

Meissner, Hanna, *Jenseits des autonomen Subjekts*, Bielefeld 2010.

Melville, Herman, »Bartleby, the Scrivener«, in: Nina Baym et al. (Hg.),

The Norton Anthology of American Literature. Shorter Fourth Edition, London/New York 1995 [1853], S. 1043-1086. Dt. Ausgabe: *Bartleby, der Schreiber: Eine Geschichte aus der Wall Street*, Berlin 2019.

Memmi, Albert, *Rassismus*, Hamburg 1992.

Mendgen, Alisha, »Darnella Frazier: Die junge Frau, die mit ihrer Floyd-Aufnahme traurige Geschichte schrieb«, in: *Redaktionsnetzwerk Deutschland* (21. April 2021); online verfügbar unter: {https://www.rnd.de/panorama/darnella-frazier-ihre-george-floyd-aufnahmen-gehen-auf-facebook-viral-und-entfachten-weltweite-proteste-DNCQ2VZMWZCN3FIYKNTIIOWY7E.html}.

Menke, Christoph, *Kritik der Rechte*, Berlin 2015.

Mescher, Martina, »Der Rollladen ging runter«, in: *der Freitag* (24. September 2020); online verfügbar unter: {https://www.freitag.de/autoren/martina-mescher/der-rollladen-ging-runter}.

Milanović, Branko, *Die ungleiche Welt. Migration, das eine Prozent und die Zukunft der Mittelschicht*, aus dem Englischen von Stephan Gebauer, Berlin 2016.

Mills, Charles W., *Black Rights/White Wrongs. The Critique of Racial Liberalism*, Oxford 2017.

Mitchell, Robert, »The police raid that killed two Black Panthers, shook Chicago and changed the nation«, in: *The Washington Post* (4. Dezember 2019); online verfügbar unter: {https://www.washingtonpost.com/history/2019/12/04/police-raid-that-left-two-black-panthers-dead-shook-chicago-changed-nation/}.

Mohanty, Chandra Talpade und Linda E. Carty, *Feminist Freedom Warriors. Genealogies, Justice, Politics, and Hope*, Chicago 2018.

Mohanty, Satya, »Us and Them. On the Philosophical bases of political criticism«, in: *New Formations* 8 (1989), S. 55-80.

Moore, Jason, »Vom Objekt zum Oikos: Die Schaffung der Umwelt in der kapitalistischen Welt-Ökologie«, in: *Zeitschrift für Weltgeschichte* 17/2 (2016), S. 143-162.

Moore, Jason und Raj Patel, *Entwertung. Eine Geschichte der Welt in sieben billigen Dingen*, Berlin 2018.

Mora, Terézia, *Nicht sterben. Frankfurter Poetik-Vorlesungen*, München 2014.

Morrison, Toni, *Im Dunkeln spielen. Weiße Kultur und literarische Imagination*, aus dem Englischen von Helga Pfetsch und Barbara von Bechtolsheim, Hamburg 1994.

Morrison, Toni, »Der Preis des Wohlstands und die Kosten des Gemeinwohls«, in: dies., *Selbstachtung. Ausgewählte Essays, Reden und Betrachtungen*, aus dem Englischen von Thomas Piltz, Nikolaus Stingl und Dirk van Gunsteren, Hamburg 2020, S. 83-90.

Müller, Christine und Bodo, *Über die Ostsee in die Freiheit: Dramatische Fluchtgeschichten*, Bielefeld 2017 [1992].

Münch, Richard, *Das Regime des liberalen Kapitalismus. Inklusion und Exklusion im neuen Wohlfahrtsstaat*, Frankfurt am Main/New York 2009.

Neckel, Sighard und Ferdinand Sutterlüty, »Negative Klassifikationen. Konflikte um die symbolische Ordnung sozialer Ungleichheit«, in: Wilhelm Heitmeyer, Peter Imbusch (Hg.), *Integrationspotenziale einer modernen Gesellschaft. Analysen zu gesellschaftlicher Integration und Desintegration*, Wiesbaden 2005, S. 409-428.

N. N., »Schröder fordert Optimismus«, in: *Spiegel Online* (6. April 2001), online verfügbar unter: {https://www.spiegel.de/politik/deutschland/konjunktur-schroeder-fordert-optimismus-a-126777.html}.

N. N., »›Aquarius‹-Flüchtlinge sind in Spanien an Land gegangen«, in: *Der Tagesspiegel* (17. Juni 2018); online verfügbar unter: {https://www.tagesspiegel.de/politik/fluechtlinge-im-mittelmeer-aquarius-fluechtlinge-sind-in-spanien-an-land-gegangen/22699548.html}.

N. N., »Umgang mit Migration ist für Seehofer ›Mutter aller politischen Probleme‹«, in: *Handelsblatt* (6. September 2018); online verfügbar unter: {https://www.handelsblatt.com/politik/deutschland/fluechtlingspolitik-umgang-mit-migration-ist-fuer-seehofer-mutter-aller-politischen-probleme/23002644.html?ticket=ST-6995087-wosEVaaAwTWee4CrMBoB-ap1}.

N. N., »Sterben im Mittelmeer: Europas Rückzug bei der Seenotrettung«, Beitrag in der *Monitor*-Sendung vom 28. Mai 2020; online verfügbar unter: {https://www1.wdr.de/daserste/monitor/sendungen/seenotrettung-corona-100.html}.

N. N., »›Say her name‹: Breonna Taylor and the underreported scourge of police violence against black women«, in: *The Independent* (5. Juni 2020); online verfügbar unter: {https://www.independent.co.uk/news/world/americas/breonna-taylor-birthday-george-floyd-protests-louisville-a9551946.html}.

Nuss, Sabine, *Keine Enteignung ist auch keine Lösung. Die große Wiederaneignung und das vergiftete Versprechen des Privateigentums*, Berlin 2019.

Oloff, Aline, *Die Sprache der Befreiung. Frauenbewegung im postkolonialen Frankreich*, Bielefeld 2018.

Pache, Ilona, *Gefährdete Reziprozität. Kommunikative Praktiken im Bewerbungsgespräch*, Wiesbaden 2004.
Packheiser, Christian, *Heimaturlaub. Soldaten zwischen Front, Familie und NS-Regime*, Göttingen 2020.
Pateman, Carol, *The Sexual Contract*, Cambridge 1988.
Piketty, Thomas, *Das Kapital im 21. Jahrhundert*, aus dem Französischen von Ilse Utz und Stefan Lorenzer, München 2014.
Piketty, Thomas, *Kapital und Ideologie*, aus dem Französischen von André Hansen, Enrico Heinemann, Stefan Lorenzer, Ursel Schäfer und Nastasja S. Dresler, München 2020.
Plessner, Hellmuth, *Grenzen der Gemeinschaft*, Frankfurt am Main 2002 [1924].
Plümecke, Tino, *Rasse in der Ära der Genetik. Die Ordnung des Menschen in den Lebenswissenschaften*, Bielefeld 2013.
Polanyi, Karl, *The Great Transformation. Politische und ökonomische Ursprünge von Gesellschaften und Wirtschaftssystemen*, aus dem Englischen von Heinrich Jelinek, Frankfurt am Main 1978.
Pratt, Mary Louise, *Imperial Eyes. Travel Writing and Transculturation*, London 1992.
Pro Asyl, »Der menschenverachtende Deal der EU mit Libyen« (26. März 2019); online verfügbar unter: {https://www.proasyl.de/news/der-menschenverachtende-deal-der-eu-mit-libyen/}.
Przeworski, Adam, *Krisen der Demokratie*, aus dem Englischen von Stephan Gebauer, Berlin 2020.
Puig de la Bellacasa, Maria, *Matters of Care: Speculative Ethics in More than Human Worlds*, London/Minneapolis 2017.
Putnam, Hilary, *Vernunft, Wahrheit und Geschichte*, aus dem Englischen von Joachim Schulte, Frankfurt am Main 1982.
quaestio (Hg.), *Queering Demokratie. Sexuelle Politiken*, Berlin 2000.
Rai, Shirin, »The good life and the bad: Dialectics of solidarity«, in: *Social Politics* 25/1 (2018), S. 1-19.
Raj, Patel und Jason Moore, *Entwertung. Eine Geschichte der Welt in sieben billigen Dingen*, Berlin 2018.
Ramelsberger, Anette, Wiebke Ramm, Tanjev Schultz und Rainer Stadler, *Der NSU-Prozess. Das Protokoll*, 2 Bände, Bonn 2018.
Rancière, Jacques, »Wer ist das Subjekt der Menschenrechte?«, in: Christoph Menke, Francesca Raimondi (Hg.), *Die Revolution der Menschenrechte: Grundlegende Texte zu einem neuen Begriff des Politischen*, Berlin 2011, S. 474-489.

Rau, Alexandra, *Psychopolitik. Macht, Subjekt und Arbeit in der neoliberalen Gesellschaft*, Frankfurt am Main/New York 2010.

Reckwitz, Andreas, *Die Gesellschaft der Singularitäten*, Berlin 2017.

Redecker, Eva von, *Revolution für das Leben. Philosophie der neuen Protestformen*, Frankfurt am Main 2020.

Reuter, Julia, *Ordnungen des Anderen. Zum Problem des Eigenen in der Soziologie des Fremden*, Bielefeld 2002.

Richter, Hedwig und Kerstin Wolff (Hg.), *Frauenwahlrecht. Demokratisierung der Demokratie in Deutschland und Europa*, Hamburg 2018.

Richter, Hedwig, *Demokratie. Eine deutsche Affäre. Vom 18. Jahrhundert bis zur Gegenwart*, München 2020.

Rippl, Susanne, »Rechte Radikalisierung. Besorgte Bürger_innen, rechte Subkultur und gesellschaftliche Rahmenbedingungen: Hintergründe der Ereignisse von Chemnitz«, in: Friese et al., *Rassismus im Alltag*, a.a.O., S. 101-118.

Rommelspacher, Birgit, *Dominanzkultur. Texte zu Fremdheit und Macht*, Berlin 1995.

Rorty, Richard, »Menschenrechte, Rationalität und Gefühl«, in: Stephen Shute, Susan Hurley (Hg.), *Die Idee der Menschenrechte*, Frankfurt am Main 1996, S. 144-170.

Rosa-Luxemburg-Stiftung, *Atlas der Staatenlosen. Daten und Fakten über Ausgrenzung und Vertreibung*, Berlin 2020.

Rössler, Beate, *Autonomie. Ein Versuch über das gelungene Leben*, Berlin 2017.

Rudhof-Seibert, Thomas, »Noch einmal von der Revolution sprechen« (19. Januar 2021); verfügbar unter: {https://www.medico.de/blog/noch-einmal-von-der-revolution-sprechen-18074}.

Rudolph, Steffen, Tanja Thomas und Fabian Virchow, »Doing memory and contentious participation: Remembering the victims of right-wing violence in German political culture«, in: Miriam Stehling, Tanja Thomas, Merle Marie Kruse (Hg.), *Participation and Media in Post-Migrant Societies*, London/New York 2019, S. 181-196.

Saar, Martin, *Genealogie als Kritik. Geschichte und Theorie des Subjekts nach Nietzsche und Foucault*, Frankfurt am Main/New York 2007.

Saini, Angela, *Inferior. The True Power of Women and the Science that Shows it*, London 2017.

Saini, Angela, *Superior. The Return of Race Science*, Boston 2019.

Santos, Boaventura de Sousa, *Epistemologies of the South. Justice against Epistemicide*, Boulder 2014.

Savoy, Bénédicte, *Afrikas Kampf um seine Kunst. Geschichte einer postkolonialen Niederlage*, München 2021.
Schaffer, Johanna, *Ambivalenzen der Sichtbarkeit. Über die visuellen Strukturen der Anerkennung*, Bielefeld 2008.
Schröder, Carsten, Charlotte Bartels, Konstantin Göbler, Markus M. Grabka und Johannes König, »MillionärInnen unter dem Mikroskop: Datenlücke bei sehr hohen Vermögen geschlossen – Konzentration höher als bisher ausgewiesen«, in: *DIW Wochenbericht* 97/29 (2020), S. 512-521; online verfügbar unter: {https://www.diw.de/documents/publikationen/73/diw_01.c.793785.de/20–29–1.pdf}.
Schuller, Mark, *Killing with Kindness: Haiti, International Aid, and NGOs*, New Brunswick 2012.
Schuller, Mark, *Humanitarian Aftershocks in Haiti*, New Brunswick 2016.
Scott, Joan W., »Gender: Eine nützliche Kategorie der historischen Analyse«, in: Nancy Kaiser (Hg.), *Selbst Bewusst. Frauen in den USA*, Leipzig 1994 [1986], S. 27-75.
Seiler, Lutz, *Kruso*, Berlin 2014.
Senkin, Aaron, »Kayla Moore: Death of schizophrenic transgender woman in Berkeley police custody draws activists' ire«, in: *Huffpost* (2. April 2013); online verfügbar unter: {https://www.huffpost.com/entry/kayla-moore-death_n_3 000 575}.
Shklar, Judith, *American Citizenship: The Quest for Inclusion*, Cambridge, MA 1991.
Shklar, Judith, *Der Liberalismus der Furcht*, aus dem Englischen von Hannes Bajohr, herausgegeben von dems., Berlin 2013.
Smith, Anna Marie, »Wider die depolitisierenden Effekte des liberaldemokratischen Pluralismus: Die Rechte von Lesben und Schwulen jenseits der single-issue-Politik«, aus dem Englischen von Dagmar Fink und Elke Koch, in: quaestio (Hg.), *Queering Demokratie*, S. 45-62.
Sofsky, Wolfgang, *Traktat über die Gewalt*, Frankfurt am Main 1996.
Spivak, Gayatri Chakravorty, *The Spivak Reader*, herausgegeben von Donna Landry und Gerald Maclean, London/New York 1996.
Spivak, Gayatri Chakravorty, *Can the Subaltern Speak? Postkolonialität und subalterne Artikulation*, aus dem Englischen von Alexander Koskowicz und Stefan Nowotny, Wien 2008.
Stoler, Ann, *Duress. Imperial Durabilities in Our Times*, Durham/London 2016.
Strathern, Marilyn, *Reproducing the Future*, Manchester 1992.

Taylor, Keeanga-Yamahtta, *How We Get Free. Black Feminism and the Combahee River Collective*, Chicago 2017.

The Care Collective, *The Care Manifesto. The Politics of Interdependence*, London 2020.

Ther, Philipp, *Die Außenseiter. Flucht, Flüchtlinge und Integration im modernen Europa*, Berlin 2017.

Thiessen, Barbara, Bernhard Weicht, Maria S. Rerrich, Frank Luck, Karin Jurczyk, Claudia Gather, Eva Fleischer und Margit Brückner, »Großputz! Care nach Corona neu gestalten. Ein Positionspapier zur Care-Krise aus Deutschland, Österreich, Schweiz« (2020); verfügbar unter: {https://care-macht-mehr.com}.

Thürmer-Rohr, Christina, »Abscheu vor dem Paradies«, in: dies., *Vagabundinnen. Feministische Essays*, Berlin 1986, S. 21-37.

Thürmer-Rohr, Christina, *Verlorene Narrenfreiheit. Essays*, Berlin 1994.

Thürmer-Rohr, Christina, »Dialog und dialogisches Denken. Der Anspruch von anderswo: Eine Herrschaftsabsage«, in: Attia et al., *Dominanzkultur reloaded*, a. a. O., S. 297-310.

Thürmer-Rohr, Christina, *Fremdheiten und Freundschaften. Essays*, Bielefeld 2019.

Thurow, Lester, *Die Zukunft des Kapitalismus*, aus dem Englischen von Ursel Reineke, Düsseldorf/München 1996.

Tokarczuk, Olga, *Die Jakobsbücher*, aus dem Polnischen von Lisa Palmes und Lothar Quinkenstein, Zürich 2019.

Tokarczuk, Olga, *Der liebevolle Erzähler. Vorlesung zur Verleihung des Nobelpreises für Literatur*, aus dem Polnischen von Lisa Palmes, Zürich 2020.

Trouillot, Michel-Rolph, »Undenkbare Geschichte. Zur Bagatellisierung der haitischen Revolution, in: Sebastian Conrad, Shalini Randeria und Regina Römhild (Hg.), *Jenseits des Eurozentrismus. Postkoloniale Perspektiven in den Geschichts- und Kulturwissenschaften*, 2. erw. Aufl., Frankfurt am Main/New York 2013, S. 73-703.

Trinkaus, Stefan und Susanne Völker, »Unbestimmtheitszonen. Ein soziologisch-kulturwissenschaftlicher Annäherungsversuch«, in: Irene Dölling, Dorothea Dornhof, Karin Esders, Corinna Genschel und Sabine Hark [Hg.], *Transformationen von Wissen, Mensch und Geschlecht. Transdisziplinäre Interventionen*, Königstein/Taunus 2007, S. 61-77.

Tronto, Joan C., »Demokratie als fürsorgliche Praxis«, aus dem Englischen von Regine Othmer, in: *Feministische Studien* 18/3 (2000), S. 25-42.

Tronto, Joan C., *Caring Democracy. Markets, Equality, and Justice*, New York/London 2013.
Tsing, Anna Lowenhaupt, *Der Pilz am Ende der Welt. Über das Leben in den Ruinen des Kapitalismus*, aus dem Englischen von Dirk Höfer, Berlin 2019.
UNHCR, »Protracted refugee situations«, EC/54/SC/CRP.14; online verfügbar unter: {https://www.unhcr.org/excom/standcom/40c982172/protracted-refugee-situations.html}.)
UNO-Flüchtlingshilfe, »UNHCR-Bericht: Jeden Tag 6 Tote im Mittelmeer« (30. Januar 2019); online verfügbar unter: {https://www.uno-fluechtlingshilfe.de/informieren/aktuelles/news/uebersicht/detail/artikel/unhcr-bericht-jeden-tag-6-tote-im-mittelmeer}.
Wa Baile, Mohamed, Serena O. Dankwa, Tarek Naguib, Patricia Purtschert und Sarah Schillinger (Hg.) *Racial Profiling. Struktureller Rassismus und antirassistischer Widerstand*, Bielefeld 2019.
Wagner, Andreas, »Das ›Heidelberger Manifest‹ von 1981. Deutsche Professoren warnen vor ›Überfremdung des deutschen Volkes‹«, in: Klatt, Johanna (Hg.): *Manifeste. Geschichte und Gegenwart des politischen Appells*, Bielefeld 2011, S. 285-313
Wacquant, Loïc, »Auf dem Weg zu einer Sozialpraxeologie. Struktur und Logik der Soziologie Pierre Bourdieus«, in: Bourdieu und ders., *Reflexive Anthropologie*, S. 17-94.
Washington, John, *The Dispossessed. A Story of Asylum at the US-Mexican Border and Beyond*, London/New York 2020.
Weber, Max, *Soziologische Grundbegriffe*, Tübingen 1984 [1921].
Weil, Simone, *Über die Ursachen von Freiheit und gesellschaftlicher Unterdrückung*, aus dem Französischen von Thomas Laugstien, Zürich 2012 [1955].
Weil, Simone, *Cahiers/Aufzeichnungen*, Bd. 1, aus dem Französischen von Elisabeth Edl und Wolfgang Matz, herausgegeben von dens., München/Wien 2017 [1994].
Weingart, Brigitte, *Ansteckende Wörter. Repräsentation von AIDS*, Frankfurt am Main 2002.
Wekker, Gloria, *White Innocence. Paradoxes of Colonialism and Race*, Durham/London 2016.
Whitman, Walt, *Demokratische Ausblicke*, aus dem Englischen von Martin Nissen, Freiburg 2005 [1871].
Wiegman, Robyn, »The times we're in: Queer feminist criticism and the ›reparative turn‹«, in: *Feminist Theory* 15/1 (2014), S. 4-25.
Wildt, Michael, *Die Ambivalenz des Volkes. Der Nationalsozialismus als Gesellschaftsgeschichte*, Berlin 2019.

Wilson, Edward O., *Half-Earth. Our Planet's Fight for Life*, London 2016.
Winker, Gabriele, *Solidarische Care-Ökonomie. Revolutionäre Realpolitik für Care und Klima*, Bielefeld 2021.
Wittig, Monique, *Les Guérillères*, 1969; dt. Übersetzung: *Die Verschwörung der Balkis*, München 1980.
Woolf, Virginia, *Ein eigenes Zimmer/Drei Guineen. Zwei Essays*, aus dem Englischen von Heidi Zerning und Brigitte Walitzek, herausgegeben von Klaus Reichert, Frankfurt am Main 2001.
World Wide Fund For Nature (WWF), *Living Planet Report 2016: Risk and resilience in a new era*, Gland 2016; online verfügbar unter: {https://wwf.panda.org/wwf_news/?282370/Living-Planet-Report-2016}.
Ziegler, Jean, *Die Schande Europas. Von Flüchtlingen und Menschenrechten*, München 2020.

Dank

»Nothing comes without its worlds«, hat Donna Haraway einmal gesagt. Das trifft auch auf dieses Buch zu. Es kommt mit und aus verschiedenen intellektuellen, institutionellen, aktivistischen und freundschaftlichen Welten, die allesamt zu seinem Erscheinen beigetragen haben. Die Spuren ihrer Anwesenheit sind in den Text eingetragen, auch wenn diese Welten niemals in Gänze erzählt werden können. Die Förderung der VolkswagenStiftung im Rahmen der Förderinitiative »Originalitätsverdacht?« ermöglichte es, dass ich meinen Gedanken so lange nachgehen konnte, wie es brauchte, um daraus ein Buch zu machen. Das Team am Zentrum für Interdisziplinäre Frauen- und Geschlechterforschung (ZIFG) an der TU Berlin, meine institutionelle *homebase*, machte es möglich, dass mein Sabbatjahr auch tatsächlich ein Sabbatjahr war. In unzähligen Gesprächen im ZIFG, im Colloquium mit meinen Promovierenden und in meinen Seminaren zu feministischer Theorie reiften die Ideen zu diesem Buch. Tanja Thomas und Ina Kerner halfen, aus diesen Ideen ein förderungswürdiges Projekt zu machen. In den Diskussionen der DFG-Forschungsgruppe »Recht, Geschlecht, Kollektivität« wurden sie verfeinert. Priya Basil und Amel Ouissa waren zugewandte Leserinnen erster Kapitel und gaben wertvolle Hinweise. An Lagerfeuern, am Strand und auf sonnigen Terrassen hörten Susanne Baer und Uta Stiegler, Dorit Stenke und Günther Portune, Rahel Jaeggi und Andreas Fischer sich bereitwillig und mit kritischen Nachfragen nicht geizend erste Kapitelentwürfe an. Kritische und weiterführende Nachfragen hatte wie immer auch Paula-Irene Villa. Michaela Volkmann entwirrte akribisch meine Sätze, schmuggelte Verben ein und stellte adäquate Bezüge her. Lisa Schürmann vom Suhrkamp Verlag ließ dem Manuskript jene Sorgfalt angedeihen, die eine Autor_in sich wünscht. Robin Celikates und Manuela Bojadžijev boten mir die Gelegenheit, das Kapitel zu Gemeinschaft in ihrem Seminar zu diskutieren. Christina Thürmer-Rohr und Laura Gallati bereicherten nicht nur dieses Buch großzügig mit ihren Ideen und ihrer Musik. Die Gespräche mit Axeli Knapp und Cornelia Klinger in einem langen Tegeler Sommer schärften meine Überlegungen. Die Gespräche mit Sasha Salzmann über das Schreiben und die Versuche, schreibend andere Wirklichkeiten wirklich werden zu lassen, waren von unschätzbarem Wert für die finale Gestalt des Buches. Wendy Brown teilte in einem frühen Stadium des Projekts freigiebig ihre Ideen und ihre Bibliothek mit mir. Judith Butler verdankt das Buch so viel mehr als seinen initiierenden Impuls. Dass wir das Mögliche denken können, kann aus Butlers Texten gelernt werden. Mich daran über die Jahre auch in unzähligen, an verschiedenen Orten der Welt geführten Gesprächen immer wieder erinnert zu haben, hat meinem Denken eine Richtung gegeben. Für anhaltende Freundschaft sei JB gedankt.

Sasha Salzmann, Doris Plöschberger und Ilona Pache waren in einem langen Jahr der Pandemie, in dem wir alle Gemeinschaft neu lernen mussten, eine Virengemeinschaft, wie ich sie mir zugewandter nicht hätte wünschen können. Ich danke euch für euer Da-Sein. Einmal mehr begleitete meine Lebensgefährtin Ilona Pache mich durch die Entstehung und Produktion eines Buches. Mit großer und heiterer Gelassenheit ertrug sie alle meine Launen, lauschte jedem meiner noch so unfertigen Gedanken, las und kommentierte kritisch Kapitel in allen Stadien der Fertigstellung, steuerte Ideen bei und sorgte bei Bedarf für Kurswechsel. Danke für viele Jahrzehnte geteiltes Leben.